KB175239

한중여성의
교류와 정치참여

중국을
생각한다

한중여성의
교류와 정치참여

중국을
생각한다

하영애 지음

저자 서문

1992년에 한중수교가 개최되었고 2017년이 되었으니, 올해 25주년을 맞이하게 된다. 흔히 우리가 10년이면 강산도 변한다고 했는데, 두 번 변하고 그리고 절반을 향해나가고 있다.

돌이켜보면, 수교 후 2년이 지나고 대 중국을 상대로 한 여성단체를 만들자는 주위의 의견을 받아들여 '한중여성교류협회'의 발족을 했지만 사회단체로서는 미약하니까 사단법인을 만들기로 하였다. 그당시만 해도 무척이나 어려웠던 사단법인을 만들기 위해서는 협회의 활동사항과 수 천 만원의 경제적 상황도 갖추고 있어야 가능했다. 뜻을 같이하는 임원들이 이사 일백 만원, 부회장 오백 만원을 내기도 하였고, 나는 회장으로 당시 강사 신분에 가족들 몰래 일천 만원을 대출받아 내었다. 산고의 아픔만큼이나 어려움을 겪은 뒤 우리협회는 1994년 사단법인으로 승인 발족되었다. 협회는 올해 23주년이 되는 셈이다. 필자는 그간 중국의 중화전국부녀연합회 천무화(陳慕華) 펑페이윈(彭佩云) 꾸쉬렌(顧秀蓮)주석 등과 만났다. 최초로 만난 천무화 주석은 당시 김장숙 정무 제 2장관의 초청으로 한국을 방문하였는데, 외교부의 요청으로 필자가 공식적인 통역을 맡게 되었다. 그다음 북경 시, 상해 시, 연길 시, 심천 시 부련회의 주석들과도 긴밀한 유대를 가졌다.

역대 주한 중국대사들의 세미나의 축하와 격려사를 비롯하여 대사부인들과 공동으로 다양한 활동을 추진하였다. 또한 대사관내 여성외교관들로 구성된 부녀연의회와는 국제세미나, 경북문화탐방, 산업시찰, 중국어 한국어 말하기 대회를 개최하였고, 본 협회의 회원들이 중국 대사부인의 초청을 받고 중국문화원과 대사관저에서 함께 만두를 빚었던 추억은 한중양국의 여성정치참여 증가와 더불어 힘들었던 점도 있었지만 필자로 하여금 보람을 느끼게 한다.

본 연구는 다음과 같이 구성하였다.

제 1부는 한중 여성의 정치참여를 다루었다. 한중일 여성들이 과거의 삼종지도, 여성억압, 봉건예교, 가부장제도 등의 질곡에서 글로벌시대를 맞이하여 어떻게 그 어려움을 극복하고 정치참여를 이루어 내었는지를 고찰하였다. 이 과정에서 한중일을 비롯한 아시아 여성들의 '닮음'과 '상호 중첩성'에서 초국가적 여성들의 연대를 강조한다. 글로벌화의 외재적 영향으로는 세계여성대회를 통한 전환점, 동아시아 여성포럼의 영향, 1999서울 NGO 세계대회의 경험을, 그리고 내재적 영향으로는 교육과 의식혁명을 통한 자아발견, 상호 교류활동의 증가로 고찰하였다. 이를 통해 한중일 여성들은 권력구조에서 여성정치력이 강화하였고 나아가 정치제도화를 통해 여성정책의 변화와 여성지위가 향상되었다. 무엇보다도 교류협력을 통해 '여성 가치'를 제고했음을 목도할 수 있을 것이다.

제2부에서는 한중여성정치인의 사상과 리더십을 다루었다. 당나라에서 35년간을 비롯하여 주나라를 세워 황제로서 15년간을 집권하여 총 50년간 정치를 해온 측천여황제의 카리스마적 정치리더십을 다루었다. 신라 선덕여왕에 이어 두 번째 여왕이 된 진덕 여왕이 당나라 고종과의 정치를 펼침에 있어서의 다양한 외교, 즉 조공외교,

숙위외교, 청병외교를 통해 라·당 외교의 극치를 이끌어 낸 당과의 상호호혜외교정치를 모색하였다. 중국과 대만에서 함께 나라의 아버지, 국부로 일컬어지고 있는 손중산. 그의 아내이며 중국과 세계무대에서 혁명운동을 진두지휘한 세계적인 여걸 송칭린의 정치사회사상을 통해 중국 근대사의 과정과 여성운동의 면모를 보게 된다.

제3부에서는 한중간의 사회문화관광 교류를 고찰하였다. 수교이후 양국 간의 학술교류, 인적교류, 문화예술교류를 통해 각 분야에서 두 나라 국민들은 상호이해 할 수 있는 계기를 마련하였다. 또한 작은 섬나라였던 한국의 포항과 중국의 심천에 대해 역사적 학술적 문화산업적으로 고찰하고 두 지역이 상호 더욱 발전할 수 있는 '포항-심천 우호 도시' 교류를 제안하였다.

제4부에서는 한중·중한 여성들이 펼친 민간외교활동을 살펴본다. 서울과 북경에서 펼친 대외협력활동을 다루었다. 특히 대표적 단체들로써 중국 전국부녀연합회, 북경대학 대외부녀연구중심, 주한중국대사관 부녀연의회, 한국 여성가족부, 한중여성교류협회에 대해서 연혁과 주요활동에 대해 개략적으로 고찰하였다.

본 저서를 출간하면서 감사드려야 할 분들이 많다. 중국의 펑페이윈 주석, 북경대학 악소란 부총장, 대외부녀연구중심의 정필준 주임, 위국영 교수, 왕춘매 교수에게 감사드린다. 역대 주한중국대사와 부인들, 특히 왕완 대사부인을 비롯하여 현재 추궈훙(邱國洪)중국대사와 이산(李珊)대사부인 그리고 주중한국 대사를 역임하신 정종욱 교수님, 재중국한인회 정효권 회장, 심천의 현태식 회장부부, 하정수 회장부부, 길림대 서문길 교수께도 감사를 드린다.

무엇보다도 '한중여성교류협회'가 중국 여성들과의 교류활동을 왕성하게 펼칠 수 있도록 크게 도와주신 '한중우호협회' 박삼구 회장께 존경과 커다란 감사를 표한다. 항상 감사드리는 경희대학교 후마니타스칼리지의 전체 교수들을 비롯하여, 특히 유정완 학장님, 이상임 교수님, 또한 많은 아이디어로 책이 더욱 품격 있도록 도와준 이준호 박사님, 교정을 도와준 최성현, 金星군에게도 고마움을 전한다. 특히 23주년을 맞이하는 한중여성교류협회의 중앙회 회원들을 비롯하여, 왕성한 활동을 하고 있는 전북지회, 대구지회, 제주지회의 임원들 및 회원들에게도 감사를 보낸다.

끝으로 필자가 책을 집필 할 수 있도록 모든 환경과 배려를 아끼지 않는 시어머니 남편 아들과 딸, 사위에게도 사랑과 감사를 드린다.

더욱 감사함과 사랑을 간직하며
후마니타스 칼리지 연구실에서
저자 하영애 씀
2017. 7. 17.

목차

제1부

한중 여성의 정치참여

1장_글로벌화와 한중일 여성정치의 변화와 발전

1. 서론

아시아 여성들은 비인간적인 삶을 살아왔다. 불과 50-60년 전만 하더라도 이들은 남존여비, 삼종지도, 칠거지악 등 숱한 관습과 제도에 얽매여 너무나도 비인간적인 삶을 살아왔으며 물질적 정신적 측면의 삶의 질은 생각할 겨를도 없었고 자아의식 없이 타자로서만 살아왔다. 그러나 글로벌화와 더불어 1975년 멕시코 세계여성대회를 시작으로, 1995년 북경 세계여성대회, '99서울NGO 세계대회 등 내외적 영향을 받은 여성은 가정에서, 직장에서, 사회에서 성 평등, 남녀평등을 이루어 가는 변화를 통해 인간적이고 주체성을 가진 한 독립된 인격체로서의 삶을 가지게 되었다. 이는 가히 아시아의 근현대사 100여 년 동안 어떤 것과도 비교할 수 없는 가장 획기적인 발전적 변화라고 할 수 있다.

본 연구의 목적은 글로벌시대와 더불어 아시아 여성정치가 어떻게 변화 하였는가? 에 역점을 두고 연구하고자 한다. 따라서 Ⅱ절에서 여성정치의 발전을 위한 이론배경으로 글로벌화, 연대, 정치발전, 제도화에 대해 고찰하고자 한다. Ⅲ절에서는 아시아여성들이 이러한 변화를 가져오게 된 동인은 무엇인가를 살펴보고, Ⅳ절에서는 아시아 여성정치의 변화와 발전을 고찰해본다. 이에 대해서는 1. 권력구조에서 여성정치력 강화 2. 여성정책의 변화, 정치제도화와 여성지위향상 3. 교류협력(交流協力)을 통한 여성가치(女性價値) 제고(提高)로 나누어 분석하였다. 4절 결론에서는 미래사회의 여성발전을 위한 과제를 제기해본다

동양에서 처음으로 발상된 인류의 문명은 시간의 흐름과 함께 미국 대륙에서 태평양으로 옮겨왔으며 21세기에는 아시아가 그 중심축이 될 것으로 많은 학자들은 전망하고 있다. 특히 한, 중, 일 세 나라는 경제적 잠재력과 상호의존성이 높고 지리적 인접성과 문화적 유사성이 클 뿐만 아니라 여성문제와 관련하여 많은 공통점을 가지고 있다. 따라서 본 논문에서의 아시아의 범위는 한·중·일 세 나라로 제한하고 여성을 중점으로 다루고자 한다.

2. 글로벌화와 여성정치발전의 이론배경

글로벌화(Globalization)[1]는 무엇을 말하는가? 이는 다른 표현으로 세계화를 말할 수 있으며 이미 오래 전부터 많은 사람들에게 알려져

---

1) Jan Aart Scholte, "The Globalization of World Politics" in John Baylis and Steve Smith (eds), *The Globalization of World Politics*(Oxford: Oxford University Press, 2001), pp.14-15.

왔던 것도 사실이다. 그 다양성에도 불구하고 글로벌화는 다음과 같이 정의될 수 있다. 글로벌화는 다양한 사회적 관계들이 지역적(영토적)단위로부터 상대적으로 단절되면서, 점차적으로 인간의 생활이 세계를 하나의 장소로 보고 활동하게 되는 과정이라고 할 수 있다. 페미니즘 국제정치학자도 같은 맥락에서 글로벌화를 다음과 같이 개념화하고 있다. 즉, 글로벌화는 "지구의 시간과 공간개념의 변화와 관련된다. 지역수준의 상호작용이 지구적 네트워크에 포함되기도 하고, 공간적 면에서 정치적, 경제적, 사회적 활동이 세계적 차원으로 확대되면서 국내와 국외의 경계선을 흐리게 만들고 있다."[2] 이처럼 글로벌화는 세계를 하나의 장소로 보고 시공간을 초월하여 다양한 활동을 하는 현상들을 내포한다고 할 수 있다. 이러한 글로벌화 현상의 근원은 어디에서 출발하는가? 일부 국제정치학자들은 글로벌화가 이미 수세기전에 발생한 것으로 보고 있지만[3] 또 다른 학자들은 비교적 최근의 현상으로 여긴다. 왜냐하면, 첫째, 세계화(글로벌화)가 냉전의 종결에서 시작되었고 둘째, 글로벌화는 신자유주의적 자본주의의 확산과 관련된다고 본다. 셋째, 글로벌화는 교통수단의 발전과 정보통신혁명과 관련된다고 판단한다.[4] 1970년대 이후 냉전이 종식되고 여성들의 교육향상과 사회화의 영향으로 점차 사적 영역의 가정생활 내에서 공적 영역인 사회생활로 진출하면서 또한 지리적인 경계를 타파할 수 있는 교통의 발달과 정보통신의 확대로 여성들은 국경을 초월하여 함께 모이고 의논하고 협력하며 점차

---

2) J. Ann Tickner, *Gendering World Politics* (NewYork: Columbia University Press, 2001), p.66.

3) 기든스(Anthony Giddens)는 19세기 이후 근대화성의 확장과정을 글로벌화의 일부로 보고 있다. 정기웅 "세계화와 민족주의:, 미네르바 정치연구회, 『국제질서의 패러독스』(인간사랑, 2005), p.378.

4) 이정호, "세계화의 빛과 그늘", 21세기 정치연구회, 『정치학으로의 산책』(한울출판사, 2005), pp.208-209.

생활의 변화를 가져오게 되었다.

무엇보다도 글로벌화와 여성과의 관계를 가장 적절하게 표현하는 슬로건의 하나인 '여성의 눈으로 세계를 보라'(Look at the World Through Women's Eyes)는 95년 세계 제4차 여성대회를 통해 전 세계적 여성들뿐만 아니라 특히 아시아 여성들에게는 자각의식을 갖게 되는 중요한 계기가 되었다.

글로벌화는 아시아 여성들에게 어떠한 영향을 주었으며 특히 아시아 여성정치를 어떻게 변화 시켰는가? 우선 여성의 연대에 주목할 필요가 있다. 왜 여성들의 연대는 필요 한가? Mackie에 따른다면, 여성들의 초국가적 연대의 필요성은 자신이 처한 삶과 정치, 사회, 경제, 문화의 관계 속에서 발견되는 여성들 사이의 '닮은(similarity)'과 '상호 중첩성(multiple imbrication)'에서 출발한다. 한편으로 여성들은 국경선과 관계없이 상당히 유사한 삶의 방식을 영위하고 있다. 즉 여성들은 국경선을 가로지르는 연대를 만들어 내는데 그것은 자신의 상황이 타국 여성의 그것과 닮아있다는 느낌을 가지고 있기 때문이다. 여기에서 '닮음'은 국적, 민족, 종족을 기반으로 하기보다는 오히려 여성의 사회적 위치에서 이루어지는 공통의 경험을 바탕으로 한다. 예를 들면, 한국, 중국, 일본 세 나라 여성들은 삼종지도와 칠거지악, 전족, 노예 등의 전통적 관습과 인습에서 오래도록 비인간적인 생활을 하였음을 공감하고 있다. 다른 한편으로 여성들은 자신의 삶들이 서로 간에 상호 중첩되어 있고, 이와 같은 사실에서 더욱 더 여성적 연대의 필요성을 절감하게 된다. "여성들이 닮음을 통해서 연대하지 않는다면, 불평등 구조 속에서 '상호 중첩성'을 인지하는 것에서 출발하는 경우가 많다. 상호 중첩성은 이러한 국제적 상호관련성에 대하여 인지하고 개선하려는 초국가적 여성적 연대의 단초를 제공한다."5) 이와 같은 배경에서 여성들은 국제적 연대를 통해서 초국가적 공동체(transnational community)를 가질 수 있다.6) 이처럼 연대의 중요성을 따라 아시아 여성들은 다양한 국내외적 연대와 교류를 통해서 개인과 자국에 적지 않은 변화를 가져왔다고 할 수 있다.

연대와 교류를 통해 여성정치는 어떻게 발전할 수 있는가를 모색하기 위해 정치발전의 개념을 살펴보면, 정치발전의 개념은 여러 가지로 정의를 내리고 있으나 개괄적으로 다음 몇 가지의 내용으로 설명할 수 있다. 첫째, 정치발전은 정치현대화(Political Modernization)라고 말할 수 있다. 이는 선진국가의 정당, 행정조직과 입법기관의 건립을 말한다. 둘째, 정치발전은 민주제도의 건설(building of democracy)이라고 할 수 있다. 기실 민주발전의 목적은 바로 민주정치의 제도와 민주적 생활방식을 일컫는다. 셋째, 정치발전은 행정과 법률적 발전을 지칭한다. 넷째, 정치발전은 시민교육의 향상과 보편적 참여를 필요로 한다. 정치발전과 행정발전은 정치과정과 행정과정으로 하여금 더욱 활발하게 발전할 수 있으며, 그 주요한 작용을 하는 것은 정당인, 국회의원과 행정관료 이다. 그러므로 여성의 정치발전은 곧 여성이 정당에 가입하고, 국회, 정부기관을 통해야 비로써 실현을 할 수 있다.

이처럼 정치발전과 사회발전은 불가분의 관계에 있다. 왜냐하면, 정치발전은 다방면적 사회변천중의 일 방면(One aspect of a multidimensional process of social change)7)라고 할 수 있다. 그러므

---

5) 황영주, "지역여성 국제교류: 여성연대성의 실현", 2005년도 한국국제정치학회 연례학술회의, 2005. 12. 9. 발표논문, p.121.

6) 황영주, "지역여성 국제교류: 여성연대성의 실현", pp.121-122.

7) Samuel P. Huntington, *Political Participation in Developing Countries*(Cambridge: Harvard

로 정치발전과 사회발전은 본질적으로 볼 때 하나의 역사적 과정이다.

앞의 내용을 종합해 볼 때, 여성은 더욱 적극적으로 정치기구와 사회 각계의 활동에 참여해야 하며 또한 자신이 담당하고 있는 업무를 효율적이고 뛰어나게 처리할 수 있도록 해야 한다.

그러나 한 국가적 차원에서 여성문제가 다른 국가의 여성의 문제이고 이 문제를 여론화 법제화 규정화 할 수 있도록 한 것은 제도화를 통해서만이 가능할 수 있다. 즉 각 국가의 좋은 제도는 타 국가에서 타산지석의 효과로 답습하였고 여성들은 정치제도 사회제도 교육문화에서 이를 자국에 뿌리내리게 하였다. 이렇게 할 때 여성의 권익은 보장을 받을 뿐만 아니라 여성의 지위도 향상시킬 수 있으며 비로써 여성의 정치와 사회적 참여활동은 크게 발전을 가져올 수 있을 것이다.

아시아여성들은 시대정신(時代精神)의 영향을 받고 발전하였다. 조영식은 저서 "오토피아"(Oughtopia)에서 시대정신을 중요시 한다.[8] 이는 정신적・문화적・역사적・사회적 현상 속에서 일관되게 흐르는 시대사조(時代思潮)나 관습 대기(大氣) 사상과 같은 것을 가리켜 하는 말로서 말하자면 풍습과 취향 등의 정신적 흐름의 여건을 가리켜 말한다.[9] 이러한 시대정신은 지금까지 여성들이 사적 영역인 가사노동에서 공적 영역인 사회의 임금노동으로 전환하게 된 자연스런 현상임과 동시에 정치적으로 발전과 지속적인 변신적 변화를 가져오게 한 중요한 요인이다. 필자는 이를 발전적 변화라고 지칭한다.

University Press, 1976), p.4.

8) 조영식, 『오토피아』, 경희대학교 출판국, 1996. p.161.

9) 차원과 범주가 다른 변화, 오늘의 시점은 인간을 부분으로 본 과거의 정신시대나 물질의 시대가 아닌, 즉 정신과 물질이 융합되고 더 나아가 그것이 인간적으로 또 인격적으로 승화통정(昇華統整)된 완전한 하나의 입체적인 새 시대로 들어가는 결실의 시대라고 하는 데서 비롯되었다. 조영식, 『오토피아』, 경희대 출판국, 1996년 4판, p.7, p.79.

3. 아시아 여성사회의 발전적 변화와 글로벌화의 내외재적 영향

글로벌화는 아시아여성들로 하여금 아시아를 무대로 여성들의 '닮음'과 '상호 중첩성'의 문제를 변화시켜나갔다. 그러나 여성들의 오늘이 있기까지는 불과 수 십 년도 되지 않았다.

이에 관해서 봉건예속의 아시아 여성의 삶, 글로벌화의 내외재적 영향에 대해 간략하게 살펴본다.

1) 봉건예속의 아시아 여성의 삶

과거의 아시아 여성은 가사영역에만 매여 있었고 국가의 중심부에서는 거리가 멀었으며 하나의 인격체로서 대우 받지를 못했다. 뿐만 아니라 칠거지악, 관습 인습 등으로 인해 여성은 노예와 동등 신분으로 취급되었으며 자아의식이 없는 타자로서만 살아왔다. 대표적인 예로 여성은 태어나 출가하기 전에는 아버지에 의존하였고 결혼하고 난 후에는 남편에게 의지하였으며 남편이 죽고 난 후에는 아들에게 의지하게 함으로서 여성은 자신이 독립적인 주체성을 가진 하나의 인격체로서보다는 타인에게 의지하는 의존적 존재(依存的 存在)였다. 동양의 이러한 여성을 비인간화했던 관습, 인습, 제도 등은 아시아의 중국, 일본, 한국이 대동소이했다. 예를 들면, 중국여성의 전족, 삼종사덕(三從四德)[10]은 오랫동안 여성의 사회활동을 억압했

---

10) 중국여성은 한국여성과 동일한 삼종지도(三從之道)외에 4가지 여성이 지켜야할 덕목을 명시하였으니 바로 삼종사덕(三從四德)이다. 이는 婦德, 婦容, 婦功, 婦言이 있으며 또한 "女子無才便是德"이라 하여 "여자는 지식 교양 사리판단력, 문제해결능력, 능력이 없어야 德이있다."라고 인식하였다.

다. 중국여성운동사는 다음과 같이 적고 있다. "여자는 인신(人身)의 자유가 없었을 뿐 아니라 생존의 권리마저도 없었다. 여자는 남자에게 반드시 복종해야 하고 정신적·육체적인 업신여김을 참고 견뎌야 했으며 삼종사덕과 현모양처는 여자가 지켜야 할 규칙이었다." 중국영화 훙떵(紅燈)은 중국의 축첩제도를 통한 여성의 비인간적이고 잔인한 사회상을 고발한 것으로 전 세계의 관심을 끈 영화였다.

일본 역시 남녀 간의 차별적인 사회체계가 여전히 나타나는 것을 알 수 있다. '99 NGO 대회에서 주제발표를 한 가나가와 여성협회 대표인 가이 후사노(Key Fusano)씨는 발표에서 "문제는 여자들이 자신들의 남편을 '주인님'이라고 부르는 관습이다. 주인의 반대는 노예이다. 그러므로 일본에서의 남편과 아내와의 관계는 주인과 하인의 관계라는 것이 자주 지적 된다."11) 이외에도 일본여성의 꿇어앉아 생활하는 관습 등 전통적인 생활에서 여성들은 비인간적인 생활을 해왔다.

그러나 이러한 아시아 여성들의 생활에 직 간접적인 변화가 일어나 여성자신도 자아를 발견하고 독립된 인격체로서 역할을 하게 되었으며 각 국에서 행정수장(行政首長)을 비롯하여 정치적, 사회적 지도자역할을 하는 등 과거와는 비교할 수 없는 발전적 변화를 하고 있다. 아래에서 글로벌화와 내외적 영향을 구체적으로 살펴보자.

---

11) 중화전국부녀연합회 편, 박지훈 외 공역, 『중국여성운동사(상)』, 한국여성개발원, 1991, pp.9-10. 가이 후사노, "가족과 사회에서의 평화를 위한 여성NGO 들의 연대", 밝은 사회 한국본부 여성클럽, 한. 중 여성교류협회 공동주최, '99 서울NGO 세계대회 여성분과 워크샵, 『가정평화와 밝은 사회를 위한 여성NGO의 역할과 연대』, 발표 논문, 1999. 10. 12. p.60.

2) 글로벌화의 외재적 영향

(1) 세계여성대회를 통한 전환점

세계여성대회는 1975년 멕시코에서 처음으로 시작한 이후 매 10년마다 개최 하고 있다.

1995년 아시아의 중국 북경에서 개최된 4차 세계여성대회는 그 참석인원수와 규모 면에서 전 세계의 이목을 끌었다. 미국의 영부인 힐러리 여사를 비롯하여 한국 등 수 개 국가의 영부인이 참석하였고 GO가 15,000여명, NGO가 약 3만 명, 총 45,000여명이 참석하였으며 한국에서도 세계 여성대회 중 가장 많은 700여명의 여성이 참여하였다. 수많은 워크샵이 연일 개최되었으며 '여성의 눈으로 세계를 보라' 는 슬로건과 함께 이 회의에서 최종 채택한 문서는 정부기구와 비정부기구의 의견을 수렴하여 북경 "행동강령(Platform for Action)"을 채택하였으며 주요관심분야별 전략적 목표와 조치(strategic objectives and actions)는 여성과 빈곤, 여성과 인권, 여성과 교육훈련 등 12개 항목이다.[12] 이 12개 항목은 5년 동안 각 국가에서 실천하도록 한 후 매년 개최되는 [유엔여성지위위원회]에서 각 국가 보고서를 통해 이행실태를 발표하고 있다. 한국에서 실천한 [한국여성발전기금법] 통과와 [여성발전기금]의 집행에 대한보고는 참석한 수많은 국가들로부터 환호와 부러움을 사게 하였으며 이는 바로 한국

---

[12] 북경행동강령은 총6장 361항으로 구성되어있다. 제1장은 임무의 기술, 제2장 세계적 구도, 제3장 주요관심분야, 제4장 전략목표와 행동, 제5장 제도적 조치, 제6장 재정적 조치이다. 12개 관심분야는 1. 여성과 빈곤, 2. 여성의 교육과 훈련, 3.여성과 보건, 4.여성에 대한 폭력, 5. 여성과 무력분쟁, 6. 여성과 경제, 7. 권력 및 의사결정과 여성, 8. 여성향상을 위한 제도적 장치, 9. 여성의 인권, 10. 여성과 미디어, 11. 여성과 환경, 12. 여아. 『유엔 여성지위위원회 50년과 한국 활동 10년』, 한국여성개발원발행, 1997. 12. pp.185-191; 정책자료 95-7, 『유엔 제4차 세계여성회의 참가보고서』, (1995.9.4-15, 북경), 정무장관 (제2)실 발행.

의 여성NGO와 GO가 공동으로 이룬 노력의 결실이라고 하겠다.

(2) 동아시아 여성포럼의 영향

동아시아 여성포럼은 1994년부터 2년에 한번 씩 동아시아 국가들만 회의를 개최하고 있다. 제1차 동아시아 대회는 1994에 일본에서, 2차는 1996년 한국 서울에서 제3차는 1998년 몽골에서, 제4차는 2000년에 대만에서 개최하였는데 대만에서는 여성장애인들이 많이 참석하여 동북아장애인들의 목소리를 대변한 것이 특색이라고 하겠다. 한국, 일본, 중국, 대만, 몽골, 홍콩 등 7개 국가에서 350-500여 명이 참석하여 동북아 여성들의 문제를 논의하고 서로 상관분야의 여성단체가 상호방문교류를 하는 등 동북아 여성들의 폭넓은 교류 활동을 통해 여성은 더욱 성숙하고 보다 인간적이고 보람 있는 여성의 삶을 실천에 옮겼다.

(3) 1999 서울NGO 세계대회의 경험

1995년 북경 여성대회 이후 NGO라는 용어가 많은 사람들에게 알려지기 시작했다면 1999년 10월 10일부터 6일간 개최된 서울 NGO 세계대회는 인권, 여성, 아동 등 단일주제로 열렸던 이전 세계대회와는 달리 성향이 각기 다른 세계NGO들이 한자리에 모여 21세기 비정부기구의 미래를 논하는 자리가 됐다.

이 대회에는 세계 각 국의 여성NGO가 대거 참석하였으며 동북아에서는 중국, 일본, 몽골에서도 많이 참석하여 [여성분과 워크샵]이 활발히 전개되었다 전주, 광주, 부산 등 지방의 여성단체들 임원들도 많이 대회에 참가했다. 부산여성단체협의회 회장의 참관기록은 여성단체들의 NGO로서 바람직한 활동과 더 많은 여성들이 참여하도록 촉구하고 있다.

NGO는 정부와 기업 그리고 또 하나의 권력기관이 된 언론까지를 감시하고 향상시키며 보편적 가치가 있어야 한다. 특히 우리의 가정과 우리 후손에게 의미부여가 되어야 하며 감시와 견제만 할 것이 아니라 대안제시와 평가지표 지역 경영에 책임 있는 주체가 되어야 한다. 우리가 속해있는 현장 즉, 여성단체에서부터 시민운동을 활발하게 해야만 한다.[13]

서울NGO 대회 이후 한국에서는 정부로부터 NGO의 지원비가 책정 집행되고 있으며 국내외로부터 좋은 평가를 받았을 뿐만 아니라 시민단체와 수많은 여성NGO의 의식변화에도 큰 영향을 끼쳤다. 아시아여성들의 발전적 변화에는 글로벌화의 외재적 영향 외에 내재적 영향으로 다음을 살펴 볼 수 있다.

3) 글로벌화의 내재적 영향

(1) 교육, 의식혁명을 통한 자아발견

교육만큼 인간의 인식과 의식을 바꾸는데 중요한 기제는 없다. 여성들이 오늘의 발전이 있기까지는 앞에서 살펴본 대외적 영향 외에 대내적으로는 각 국의 여성들의 교육수준의 증가와 자발적 의지를 통한 사회교육, 각종세미나 참여 등을 통한 의식혁명은 더욱 직간접적으로 여성들의 마음을 가다듬게 하여 가정 내는 물론 각 분야에서 여성들의 목소리를 내고 자신들의 권리를 쟁취하였다.

아시아 여성들은 국제세미나, 국제포럼, 또는 각종 교류활동을 통

---

13) 김기묘, "'99 서울 NGO세계대회를 다녀와서", 한국여성단체협의회 발행, 『여성』, 1999년 12월. p.9.

해 의견을 수렴하고 자료를 교환하며 각국 여성들의 문제를 함께 논의하고 공동으로 정보를 교환하며 경험을 공유하는 등 여성들의 의식개혁, 의식혁명을 통한 자아발견에 많은 영향을 끼쳤다고 하겠다. 이에 관해서는 뒷부분에서 상세히 논의 할 것이다

(2) 상호 교류활동의 증가

교류활동의 개념은 국가나 집단 혹은 개인이 상호교류활동을 통하여 이질적(異質的)인 요소를 발전적 측면에서 통합할 필요가 있으며 부족한 부분을 상호 협조하여 창조적으로 발전시키는 것을 말한다.

중국 북경대학 부녀연구중심과 이화여대, 숙명여대가 공동으로 매년 서울과 북경에서 번갈아 학술활동과 세미나를 개최하며 최근에는 교환 교수제도를 실시하고 있다. 북경대학 개교 100주년 기념 [21세기 여성발전 국제학술회의], ['99 서울NGO 세계대회 여성분과 워크샵], [한·중 여성경제세미나 및 청소년문화예술교류대회], [아태지역의 여성과 정치], [동북아여성지도자회의] 등 다양한 세미나, 워크샵, 포럼 등을 통해 아시아 여성들은 가까우면서도 멀었던 아시아 각 국가들과 여성관련 각 분야에 대해 폭넓게 이해하며 서로가 많은 닮음을 발견하기도 한다. 또한 학술교류 및 문화탐방을 통해 여성들의 사고전환과 각 국의 역사 문화에 대한 이해를 높이고 여성들만이 갖는 장점은 계승 발전시키고 단점은 상호 보완 내지 개선하는 정보교환을 하게 된다.14) 무엇보다도 이러한 상호정보교류 및 방문활동들을 통해 여성은 자아발전과 새로운 경험을 갖게 되고 타인의, 타 국가의 다양한 경험을 공유함으로서 단순히 한 가정의 주부로

---

14) 하영애, "사회분야에서의 미래지향적인 한중 교류", 1998. 한국북방학회, 『한국북방학회 논집』 제5권, pp.5-7 ; 하영애, "韓, 中간의 社會文化교류를 통한 양국의 발전모색", 한국동북아학회, 중국양주대학 공동 주최, 발표논문, 중국양주. 2008. 7. 1.

서 뿐만 아니라 사회의 일원으로서 나아가 아시아 지역의 공동체로서 여성 일익을 담당해야 된다는 새로운 주체성을 갖게 되었다.

4. 아시아 여성정치의 변화와 발전

글로벌화는 아시아의 여성과 여성의 정치에 커다란 변화를 가져왔다. 이 발전적 변화는 자국에서는 물론 타국가의 여성들에게도 적지 않는 영향을 끼치는 계기가 되었으며 무엇보다 제도적인 측면에서 상호보완적인 역할을 하였다. 이는 권력구조에서 여성정치력 강화, 여성정책의 변화, 정치제도화와 여성지위향상, 교류협력을 통한 여성가치(女性價値) 提高로 고찰할 수 있다.

1) 권력구조에서 여성정치력 강화

권력구조는 통상 행정수반을 비롯하여 행정부의 장관차관, 정당의 정치인, 의회의원 등을 포함한다. 본 문에서는 행정부와 입법부를 중심으로 한·중·일 세 나라 여성들을 중심으로 고찰한다.

(1) 행정부의 여성참여

아시아에서는 아로요 필리핀대통령, 메가와티 인도네시아대통령, 스리랑카 대통령, 방글라데시 수상 등 수 많은 여성국가 수반들이 나라를 이끌어 가고 있다. 한국에서는 최초로 여성 한명숙 총리가 집권하여 헌정사상가장 높은 정부직에 오른 여성으로 기록되었으며, 한국의 젊은 여성들에게 여성정치지도자로써의 꿈과 이상을 갖는 계기를 마련하였다는 의미에서 대단히 고무적이라고 하겠다. 장관으로는 초대 여성장관인 임영신을 비롯하여 김옥길 문교부 장관, 김정례, 김화중, 전재희 보사부장관, 권영자, 김장숙, 김윤덕, 이연숙 정무장관, 신낙균 문광부 장관, 김명자 환경부장관, 한명숙, 지은희, 변도윤 여성부장관 등이 정치권력에서 여성장관의 역할을 하였다. 여성 차관으로는 초대 김정숙 차관, 김정자 차관 등이 활동을 하였다. 제헌에서 30년까지 단 2명의 여성장관을 배출했던 한국의 여성사에 다수 장관이 등용되어 각 분야에서 커다란 역할을 하였다. 중국도 쟁쟁한 여성 지도자들이 중국정치를 이끌고 있다. 경제전문가 우이(吳儀) 국무원 부총리이며 당 중앙정치국 위원은 중국을 사회주의체제에서의 자본주의경제를 훌륭히 성공시키고 있다.15) 그가 미국방문 시 보여준 탁월한 외교력은 미국을 놀라게 했음을 우리는 잘 알고 있다. 전인대 상무위 부위원장과 전국부녀연합회 주석을 역임한 펑페이윈(彭佩云, 中華人民共和國全國人民代表大會常務委員會 副委員長)주석을 비롯하여 당시 주석인 꾸시오롄(顧秀蓮, 中華全國婦女聯合會 主席)은 명실공히 6억 5천 만 명의 중국여성을 이끌고 있으며 중국여성정책을 주도하고 있는 포용력 큰 여성리더이다. 여자대학교 방문 등 왕성한 활동을 펼치면서 한국과 중국 양국의 여성 지도자들의 교류의 중요성을 고취시켰다. 뿐만 아니라 국무원 40%를 여성리더가 장악하고 있음은 우리에게 시사 하는 바가 크다.

　　일본에서는 미국보다 훨씬 앞서서 중의원 여성의장(1993-96)을 배출한 국가이다. 도이 다까꼬 사민당 전 당수가 바로 그다. 일본 "진보세력의 대모", "호헌의원", "여성의회 진출의 기폭제 역할" 등

---

15) 이민자, "중국 최초의 여성 부총리: 우이(吳儀)" 한국국제정치학회 연례학술회의, 『세계 여성 정치인의 리더십』한국 국제정치학회발행, 2006. 12. 1. p.6

그를 나타내는 대명사는 많다. 36년간 정치활동을 하면서 12회 연속 중의원 당선이라는 대기록을 세우기도 한 그는 일본의 재무장과 우경화에 맞서 일관되게 정치 리더십을 발휘해 온 큰 정치인이다. 일본은 또 두 명의 여성외무상을 가진 나라이기도 하다. 최초의 여성 외무상 다나카 마키꼬와 뒤를 이은 가와구치 요리코이다. 고이즈미 내각에서 국제적 외교역량을 발휘했다. 한국은 여성 국무총리를 배출했지만 아직 여성국회의장, 여성외교부장관을 갖지 못한 나라로 기록되고 있다.16) 그러나 이러한 비평이후 2017년 문재인 정부는 유엔본부에서 다양한 경험을 가지고 있는 강경화를 최초의 외교부 장관으로 임용하였다. 한국에서도 핵심 국무위원에 여성들이 기용되는 것은 바람직 현상이라고 하겠다.

(2) 입법부의 정치참여와 여성지위향상

권력구조 중에서도 입법부의 기능은 현대 민주사회에서 가장 중요하다고 하겠다. 입법부는 의회의원들로 하여금 정책을 입안하고 의결하는 역할을 하기 때문에 입법, 행정, 사법 3권 중 가장 중요하다고 해도 과언이 아닐 것이다. 한국은 1946년 12월 남조선 과도입법의원에서 4명이 여성의원으로 참여한 것을 시작으로 하여17) 제헌국회에서부터 13대까지 여성 국회의원 수는 총 61명으로 전체의원 2,919명중 평균 2.1% 수준에 머물렀다.18) 그러나 14대부터 증가하

---

16) 김정자, "e-세기의 여성, 진정한 여성리더십이 필요한 세기.", 한중 여성교류협회 주최, 『제3회 한 중 일 여성대회 여성포럼자료집』, 2007. 10. 25. p.54.

17) 한국여성개발원, 연구보고서 210-4, 『해방 후 한국여성의 정치참여 현황과 향후 과제』, 2001, 발간사 중에서.

18) 하영애, 『대만지방자치선거제도』, 삼영사, 1991.5. pp.261-262.
    17대 국회의원은 39명이 선출되었으나 후에 보궐선거를 통해 42명으로 증가하였으며, 18대 선거에서는 41명이 선출되었다.

다가 16대는 여성국회의원이 16명으로 상당히 높은 비율을 차지하였는데 이는 16대 국회의원선거를 앞두고 정당법에 비례대표제 여성할당 30%를 도입하면서부터 5.9%로 늘어났다. 이어 17-18대 국회의원선거에서는 이러한 추세를 이어 여성 국회의원수가 각각 13.9%, 14.2%를 기록하였다. 이는 자연히 이루어 진 것이 아니다. 학계와 여성단체 사회각계에서는 각종 세미나 학술대회에 여성의 정치참여를 주요의제로 다루고[19] 또한 한국여성단체협의회 등 많은 여성단체에서는 각 정당과 행정부를 비롯한 고위직 정치인들에게 서한을 보내는 등[20] 끊임없는 주장과 건의 등의 결과로 이루어진 것이라 하겠으며 특히 할당제, 쿼터제도가 학계에 발표됨으로써 여성정치참여가 열악한 한국의 현실에서 이 제도의 도입이 설득력을 얻는 등 여성계, 학계. 사회 각층의 단합된 힘 결집의 소산이라고 하겠다.[21]

중국여성의 정치참여는 전국인민대회대표(全國人民大會代表: 약칭 人大代表)와 女性常務委員(약칭 女常委)으로 먼저 살펴볼 수 있다. 제 1代때 총 人民大會代表중 여성 人大代表 수는 147명으로 전체의 12%를 차지하였으나 4~7대까지 평균 21.6%로 높은 비율을 나타내고 있다. 女常委는 매번 큰 차이를 나타내고 있으나 7대에는 16명

---

19) 한국여성정치문화연구소 세미나 '여성의 정치참여와 의회진출' (1989. 7. 14.); '여성의 정치참여확대를 위한 전문가 회의' (1998. 6.); 한국여성단체협의회 제29회 전국여성대회 (4,000여명 참석) 대 주제: 새 시대의 주역, 여성의 정치참여 (1992. 10. 8.); 부산여성정책연구소 세미나 '한국여성의 정치참여' (1992. 10. 14.); 한국여성유권자 연맹 주최 '지방자치의 발전과 여성의 정치참여' (1994); '여성입후보자에 대한 저해요인 연구' (1996); '여성유권자의 정치참여 증대를 위한 원탁토론회' (1999); 한국여성정치연구소 '여성의 정치세력화: 현실과 전망' (1992) 등 90年代는 가히 여성의 정치참여가 모든 여성단체들의 세미나, 국제회의, 강연의 주요 이슈로 등장하였으며 큰 결실을 맺었다.

20) 정당법 여성 30% 할당 명시를 위한 범국민 서명 캠페인, 1999. 9. 16. 한국여성단체협의회 창립 40주년 기념 제 36회 전국여성대회(3,000여명 참석)시 서명운동 전개하다; 정당법에 비례대표 여성30% 할당 명시 촉구 성명서 발표 및 각 정당에 송부하다 2000. 1. 17.

21) 당선할당제, 쿼터제도에 관해서는 하영애, 『대만지방자치선거제도』 제2장 2절(여성참정평등권의 주장과 여성당선보장제도), 4장 3절(여성의원 당선보장제도), 삼영사, 1991 ; 하영애, "대만권력구조에서 여성의 정치참여와 활동", 한국국제정치학회 발표논문, 2000. 12. 14. 참고.

으로 11.6%를 나타내고 있다. 전국정치협상회의의 여성위원은 7대 때 284명으로 13.6%를 나타내고 있으며, 女常委 수는 22명으로 9.7%를 나타내고 있다.[22] 사회주의 국가의 대부분이 그러하듯 여성 정치인들의 비율은 아시아 세 나라 중에서 한국과 일본에 비해 중국이 월등히 높으며 얼마 전에는 북경에서 여성시장(市長) 500명이 모여 회의를 하기도 하였다.

일본여성의 정치참여는 여성이 처음참정권을 행사한 1946년4월 중의원 선거에서 39명의 여성의원이 참여하여 의원총수의 8.4%를 차지하였으나 그 후 감소를 거듭하다 2000년 6월에 증가하였으나 480명중 35명(7.3%)이었다. 참의원은 해마다 증가하는 추세에 있지만 10%를 넘은 것은 1989년 13.1%(252명중 33명) 이후이며, 1998년에는 17.1%(252명중 43명)을 획득하였다.[23] 일본의 지방의회의원 중 여성의원의 참정비율은 아주 낮다.[24] 가장 낮은 비율은 띵춘(町村)의회의원으로 0.5%, 최고의 비율은 특별구의회(特別區議會)의 7.1% 이다. 1975년의 평균비율이 0.9%에서 1982년의 1.2%로 증가추세에 있으나 타 국가에 비하면 여전히 상당한 차이가 있다고 하겠다.

대만여성의 정치참여는 아시아에서 가장 큰 변화를 가져왔으니 천수이삐엔(陳水扁) 정부는 부총통에 여성 뤼시오리옌(呂秀蓮)을 발탁하고 여성10명을 내각에 참여시켰으며 요직인 내무부장관, 교통부장관을 비롯하여 대만과 중국본토문제의 첨예한 사안을 주관하는 대륙위원회주임에 역시 여성을 기용함으로서 여성정치참여의 진면

---

22) 『中國婦女統計資料(1949-1989)』, 中華全國婦女聯合會 婦女研究所, 陝西省婦女聯合會 研究室 編, 中國統計出版社, p.571.

23) 야마모토 카즈요(일본여학사회 회장), "젠더의 주류화에 있어서 여성의 역할".여성부 발행, 『동북아시아 여성지도자회의』자료집, (2001. 5. 7-9), (2001. 5. 7-9), p.26.

24) 일본지방의회의원에 관해서는 하영애, 대만지방 자치 선거제도, 삼영사, 1991. 5. pp.260-262.

목을 보여주어 한국, 중국, 일본 등 아시아 여성정치참여의 신기원을 마련하였다고 하겠다.

이상에서 알 수 있듯이 각국의회의 여성의원들의 참여증가와 의회진출은 여성당선 할당제, 정당법 개선 등 제도화의 영향과 개개인 여성들의 끈질긴 노력과 발전의 의지(發展的意志), 시대정신(時代精神)에 의해 그 자신들이 꾸준히 쟁취한 결과라 하겠다.

2) 여성정책의 변화, 정치제도화와 여성지위향상

1975년 제1회 세계여성대회 이후 20여 년간 한국여성정책에는 큰 변화가 있었다. 1983년에 [한국여성개발원]이 설립되고 여성정책을 전담하는 오늘의 여성부의 전신인 정무장관실(제2)이 탄생하여 여성국무위원이 국가의 정책결정과정에 참여하게 되었다. 1995년12월에 "여성발전 기본법"[25]이 제정되고, "여성주간" (매년 7.1~7.7까지)이 설정되는 등 1996년 [유엔여성지위위원회] 회의에서 많은 국가들로부터 가장 발전적인 성과를 거둔 나라로 평가 받았다. 또한 국가의 중장기 여성정책인 여성정책기본계획이 이 법에 근거하여 1997년 5개년 계획으로 만들어져 시행하였으며 특히 주목할 것은 2001년에는 [여성특별위원회]를 [여성부](女性部: gender equality)로 승격하여 여성관련 법규를 입법할 수 있는 실권을 갖게 함으로서 여성의 인권, 권익향상, 제도개선 등 여성평등에 관해 실질적이고 긍정적인 발전을 거듭하고 있다. 한편 여성관련 3대 법규 "모성보호산법", "남녀고용평등법", "고용보험법"을 개정하여 새로운 활력소를

---

25) 이연숙, "여성정책주류화에 있어서 여성 지도자의 역할", 여성부 발행, 『동북아시아 여성지도자회의』 자료집 pp.38-39.

갖게 하였으며 60일간의 산후휴가를 90일로 연장하는 등 관련법규를 개정하여 시행하고 있다.

일본에서는 1975년 '세계여성의 해'를 계기로 국가의 추진체제·기구정비가 이루어져왔으며 '부인문제기획추진본부 (婦女事業組織推進總部)'가 출범하였고 1977년에는 부인의 능력, 적성에 대한 편견과 고정적인 남녀의 역할분담이 뿌리 깊기 때문에 유아기의 예절교육을 비롯 교육, 직업선택 등 고정적인 성역할 분업에서 탈피하고 여성의 주체성 확립에 중점적인 일들을 하였다. 그 후 나이로비회의를 거쳐 1986년 '부인문제기획추진본부'의 구성원을 확대했으며 1994년에는 '남녀공동참여추진본부'로 명칭을 변경, 모든 각료가 구성원이 되었다. 또한 종합적으로 여성문제를 담당하기 위해 내각관방장관(內閣官方長官)이 부인문제담당 장관으로 임명되었다가 94년 이후 여성문제담당장관(女性問題負責長官)으로 명칭을 변경하였다.

특기 할 것은 남녀공동참여에 관하여 사회제도·관습의 재고, 의식개혁이 국가, 지방공공

단체 및 국민의 책무로 꾸준히 추진되어오다가 1996년 6월 "남녀공동참여사회기본법"26)이 제정 시행되는 획기적인 결실을 갖게 되었다. 이 기본법에 입각하여 정부가 실현해나갈 시책을 종합적 체계적으로 정비하고 추진하는 것을 목적으로 2000년 12월 '남녀공동참여 기본계획'이 책정되었으며 이 안에는 가정생활, 지역사회에 대한 남녀공동참여추진, 고령자의 자립을 용이하게 하는 사회기반정비, 남녀평등을 추진하는 교육 학습 등 현재여성들이 직면하고 있고 활동하고 있는 과제들이 다수 포함되어 있다.

중국정부는 1990년 국무원 여성아동공작위원회를 설립했는데 여

---

26) 야마모토 카즈요, "젠더의 주류화에 있어서 여성의 역할" pp.24-25.

기에는 24개 정부부문과 5개 비정부기구로 구성되었으며 여성과 아
동관련 업무와 사업의 발전을 추진하였다. 또한 [중국여성발전강령]
을 제정하고 이를 [중국사회와 경제발전의 10차 5개년 계획]에 포함
토록 전국부녀연합회가 꾸준히 노력 추진한 결과 정부의 2001-2010
계획에 [중국여성발전강령]이 제정·통과되었다. (2000. 4. 20.)

남녀평등관련 법규로는 [중화인민공화국 여성권익 보장 법(中華
人民共和國 婦女權益 保障法)]이 제정 통과되었는데 여기에는 중화
전국부녀연합회, 전국인대대표, 정협위원, 여성대회 대표들이 의안,
제안, 건의를 제출하였고 상무위원회가 중요하게 다루어 이루어졌
다.[27] 이 법률의 공포시행은 여성기구가 입법부의 성 주류화(성 평
등)를 성공적으로 추진한 사례라고 하겠다. 여성기구와 정부 각 부
문이 협력하여 여성인권, 국가 공무원의 남녀평등의식을 고취시키고
법 집행의 공정성을 강화하고 있다.

3) 교류협력(交流協力)을 통한 여성가치(女性價值)의 제고 (提高)

글로벌화는 아시아 여성들에게 예전과는 다른 다양한 분야의 교
류활동을 증가시켰다. 교류활동과 관련해서는 학술교류와 여성 GO
및 NGO, 여성 단체 간 교류를 대표로 설명 할 수 있다. 국제학술세
미나로서 대표적인 것으로는 이화여대와 숙명여대가 공동주최로 개
최한 제1차 동북아 여성학술대회를 들 수 있다.[28] 1993년 12월 1일

---

27) 劉保紅, "中國婦女在性別主流化中的 作用", 여성부 발행, 『동북아시아 여성지도자회의』 자료
   집 pp.108-109.

28) 주제발표는 여성의 정치적 경제적 지위, 여성과 가족에서의 지위, 여성과 교육. 문화적 지위,
   중국 동북3성 조선족 여성의 지위로서 총 4개 분야의 주제발표에 12명이 발표를 하였으며 '한
   국여성의 지위' 에는 김옥렬 전 숙명여대대 총장이, '동북아의 여성과 평화' 에는 정의숙 전
   이대 총장이 각 각 기조연설을 하였다 한. 중 여성의 지위, 이화여대·숙명여대 주최 제1차 동

부터 2일까지 개최한 이 학술대회는 '한. 중 여성의 지위' 라는 주제
로 한국의 양 대학에서도 많은 학자들이 참여하였으며, 중국에서는
북경대학교수와 중국 여성정치인 및 조선족 여성대표들이 참여한
양국의 여성관련 학자들이 대거 참여한 주목할 만한 학술대회였다.
1998년은 북경대학 개교 100주년을 맞이하여 북경대 여성연구중심
(北京大 婦女研究中心)에서는 여성국제학술회의를 북경에서 개최하
였다.[29] 이 여성학술세미나는 미국. 일본. 홍콩을 비롯한 많은 학자
와 여성 전문가가 참석 하였으며 한국에서는 이화여대, 경희대, 숙
명여대에서도 많은 교수가 참여하여 동북아를 비롯한 세계의 여성
문제를 폭넓게 논의하였다.

<표-1> 北京大 100주년 기념 '21世紀 女性研究與 發展'
국제학술세미나 한국 측 주제발표현황

성 명	소 속	주 제	비 고
장필화	이화여대 교수	Towards a common understanding of conceptual frameworks	1998.6. 20-23, 北京
하영애	경희대 교수	韓國女性參與政治與社會活動的發展概況	
노혜숙, 한정신 외	숙명여대 교수	Study on the Housewives' Movement in Korea	

자료 출처: '21世紀 女性研究與 發展', 北京大 對外婦女研究中心發行,1998.

'한중 여성 교류 협회'는 중국관련 세미나와 다양한 문화행사를
하고 있다. 강연의 주제는 음주문화, 환경보호, 중국의 가정, 중국 여
성의 이해 등 다양하며 창립4주년 기념학술세미나에서는 현 국내의

북아 여성 학술대회, 1993. 12. 1-2. 자료집I, II 참고.

29) 이 세미나에서는 북경대 논문 33편, 중국 내 기타 참여논문 33편, 해외학자 및 여성관련 논문
15편이 발표되었으며 한국 측 주제는 다음과 같다. 북경대 여성문제연구중심, 100주년 개교기
념 여성 국제학술대회 개최, 1998. 6. 20-23. 중국 북경

경제문제와 연관하여 '한·중 경제 교류현황과 여성의 역할'이란 대주제 하에 한. 중 양국의 경제교류현황과 전망. 중국의 외국인 투자 유치정책. 한국여성 기업인의 대 중국 투자유망 업종. 한국 여성 기업인의 대 중국사업 성공사례의 주제발표를 이 분야의 전문가와 중국대사관의 경제 상무처 1등 서기관. 성공한 여성CEO 등을 초청하여 실질적인 문제에 대해 열띤 토론을 벌이는 등 세미나를 성황리에 개최하였다.[30]

　　중국과 정부차원의 여성교류는 중화전국부녀연합회(中華全國婦女聯合會)主席 겸 전국인민대표대회(全國人民代表大會) 상무위원회 부위원장 천무화(陳慕華)단장일행이 김장숙(金長淑)정무장관(제2)의 초청으로 1994년 2월 13일부터 18일까지 한국을 방문한 것을 들 수 있겠다. 이 방문기간에 김장관과 천주석은 한국과 중국의 여성분야 상호교류협력 증진방안에 관하여 협의하였으며 정책 자료교환, 지도급 인사교류 등 양국 간의 이미 합의된 사항을 재확인 하는 한편 1995년 9월 북경에서 개최되는 제4차 세계여성회의를 계기로 양국의 교류 협력을 더욱 강화해 나갈 것을 상호 약속하였다.[31] 이후 동년 8월 30일부터 9월 15일까지 개최된 북경의 제4차 세계여성에 한국에서는 대통령부인 손명순 여사를 비롯하여 정부차원에서 50여명, 95개 민간여성단체에서 700여명이 참석하였고, 전체규모는 미국의 영부인 힐러리 여사를 비롯하여 GO가 15,000여명, NGO가 45,000여명에 이르렀다. 한국에서 이처럼 대규모의 여성들이 참여한 것은 지리적으로 인접한 점도 있겠지만 천주석의 직접적인 방한과 교류

---

30) 『사단법인 한. 중 여성교류협회, 창립 2, 3, 4주년 기념 자료집』, 한중 여성교류협회 발행, 1996, 1997, 1998.

31) 『여성정책』, 정무장관 제2실 발행, 1995. 3. 20: 천무화(陳慕華)주석 방한기간 하영애 교수 통역 담당.

협력에 기인한 점, 당시 점차적으로 의식이 높아진 한국여성단체들의 참여열기도 한몫 했다고 하겠다. 이 대회는 여성문제를 세계의 장으로 끌어들여서 논의하였다. 가장 핵심으로는 '북경행동강령(Platform for Action)' 12개 항목을 결정하고 아시아를 비롯한 각국은 매년 3월 미국 유엔에서 열리는 '유엔 여성지위위원회 회의'에서 북경행동강령의 이행에 대해보고 및 발표를 하고 문제점과 해결방안에 대해 각국이 열렬한 토론을 하였다. 이러한 세계대회는 특히 아시아 여성국가에 다양한 변화를 효과적으로 가져왔다 예를 들면, 한국에서는 '한국 여성 발전 법'이 제정되었고 이 일환으로 '여성발전기금법'이 제정되어 여성들의 권익향상에 직접적인 기여를 하고 있으며, 중국은 한국에서 여자대학교를 답습하여 중국에 여자대학교를 설립하였고 또한 부녀발전권익법(婦女發展權益法)을 제정하는 등 아시아여성의 정치와 지위향상에 제도화를 통한 실제적인 영향을 끼쳤다고 하겠다 이외에도 2001년 한국 여성부에서 '한중일 여성지도자 회의'를 개최하여 일본의 전 수상부인 미키 무츠코(三木陸子)와 참의원 의원 시미즈 스미코(淸水登子)등이 참석하였고, 중국에서는 중화전국부녀연합회 주석 펑페이윈 주석과 일행 7명이 참석하여 다양한 주제의 세미나를 개최하였다. 2007년에는 한중 수교 15주년 행사의 일환으로 한국의 [여성부]와 중국 [전국부녀연합회]가 공동 학술세미나를 북경에서 개최하였고 한국대표단 34명이 각 분야의 대표로 참여하여 의상 패션 쇼, 문화교류 등 다양한 활동을 추진하였고 그 해 10월에는 중국부녀연합회 부주석을 비롯한 대표단이 한국을 방문하여 역시 양국여성관련 세미나와 중국 특유의 다양한 문화행사가 개최되었다.[32)]

---

32) 2007년 5월 15일부터 19일까지 중국 북경의 好園建國 飯店에서, 동년 10월에는 서울의 아미

무엇보다도 아시아의 한중일 세 나라는 아시아에서 여성교류활동의 선두주자 역할을 하고 있다. "한중일 여성교류대회"는 3차에 진행되어 왔는데 제1회는 중국의 산동에서, 제2회는 일본의 시모노 세끼에서, 제3회는 한국의 서울에서 각각 개최되었으며[33] 포럼 (여성경제, 정치참여, 교육)과 그리고 문화예술교류를 민간차원에서 개최하여 세 나라 여성들의 다양한 실제 생활을 함께 배워 나갔다. 이를 통하여 앞서 논의한 여성들 사이의 '닮음'을 체험하고 통감하며 국적과 민족을 초월하여 자신의 상황이 타국여성의 생활과 닮아있다는 사실을 공감하였다. 그리고 서로 닮아가려고 노력하고 발전적 변화를 하며 나아갔다.

'한·중 여성교류협회'는 1994년에 창립된 사회단체로서 1999년에 문화관광부 허가 제72호에 의해 사단법인화 되었다. 주로 여성관련 학술대회, 문화교류, 여성기업인을 위한 자료제공 등을 하고 있으며, 상해부녀연합회, 북경대 여성연구중심, 연변대 여성연구중심 등과 좌담회 및 간담회를 개최하는 등 양국 간의 사회문제에 대한 폭넓은 교류를 해오고 있다. 1996년에는 '중국동포 사기사건 피해자 자녀 돕기 운동'을 전개하여 연변동포피해자 88명에게 장학금을 현지에 가서 전달하고 그들의 생활상을 직접 참관 격려하였으며, 2008년에는 '쓰촨 성 지진 참사모금운동'으로 대형천막 10동을 구입하여 전달함으로서 이웃국가의 일이 바로 나의 일과 같이 아픔을 함께하였다.[34] 이러한 국경을 초월한 따뜻한 인정은 양국 민간외교에 작은

가 호텔에서 각 각 대규모의 행사를 개최하여 양국 여성 GO와 NGO간의 학술교류는 물론 친선교류가 더욱 강화 되었다.

33) 한중 여성교류협회는 '제3차 한중일 여성교류대회'를 서울 교육문화회관에서 2007년 10월 25일부터 27일까지 행사를 개최, 중국 43명, 일본 57명, 국내 200여명이 참여하여 여성교류활성화에 일익을 담당하였다.

34) 한중 여성교류협회 중앙회, 대구 지회; 포항 지회, 경주 지회를 비롯하여 한국동북아학회 등이

밀알의 역할을 하였다고 하겠다.

중국의 [상해부녀연합회]와 [북경대 대외부녀연구중심]은 한국, 일본여성단체들과 교류활성화에 대한 좌담회를 개최하는가 하면 번 갈아 가면 상호방문하기도 한다. 또한 중국여성경제인 방문단이 한 국을 방문하여 여성사업 참여에 대한 의견교환과 산업시찰을 하는 등 경제사회활동에도 적극적인 관심을 보였으며 상해, 심천, 요녕, 연변 등과의 사업을 전개하여 양국경제교류에 일조를 하고 있다.

이상과 같이 아시아 여성들은 정치참여를 통하여 정치권력을 획 득함으로서 각국의 정치적 민주화에 많은 영향을 끼쳤으며 각국의 여성정책의 변화는 관습과 제도에 묶여 비인간적 생활을 하던 아시 아 여성들에게 정책변화를 통하여 구제도를 폐지하거나 보충개선하 고 새 제도를 도입하고, 각국 여성단체들의 연대 등 참여 활동은 여 성의 권익향상, 여성에 대한 취업, 여성근로자의 처우개선 등의 직 간접적인 도움을 주었다.

5. 결론

30여 년 전부터 본격적으로 시작된 세계 여성운동은 남녀 평등운 동으로 이어지고 글로벌화와 더불어 아시아 여성들 에게도 자아의 식, 교류활동, 참여연대를 통하여 정치와 사회의 각 분야에 발전적 변화를 가져왔다. 또한 여성들은 자발의식 · 시대정신 · 발전적 意志 作用의 영향으로 의존적이고 타의적이던 생활에서 벗어나 이제 객

성금을 내어 대형천막 10동을 구매하고 아시아나 항공의 운송협찬으로 "쓰촨 성 이재민 돕기" 에 동참함으로서 이웃나라의 재난에 작은 정성을 보냄.

체로써 뿐만 아니라 사회의 주체적인 일을 할 수 있는 역할변화를 가져왔다.

아시아 여성들은 대외적 활동 즉 세계여성대회, 동아시아 여성포럼, 각종 NGO행사 등을 통하여 여성들로 하여금 자아의식을 갖는 계기를 마련하였으며 국회의원, 행정 각료에 이르는 권력의 핵심부에 남녀가 같이 참여함으로서 정치적 민주화에 기여하였으며 여성의 심성을 대변하고 여성지위향상을 가져왔다. 뿐만 아니라 대내적으로는 각 국가마다 NGO, 시민단체 등 여성조직의 확산, 사회교육 학습의 기회확대, 여성관련 다양한 국제회의, 인터넷, 정보기술 등을 통한 정보의 공유 등 아시아를 가히 하나의 무대로 시공을 압축시켰다. 그러므로 70, 80년대가 여성정치의 萌芽期라면 90년대-2008년의 오늘날에는 여성이 각 방면에서 주도적 역할을 할 수 있는 制度的 定着期의 기초를 닦았다고 하겠다.

그러나 앞으로 아시아여성의 政治的成熟期를 위해서는 몇 가지 과제가 요구되고 있다. 첫째 정치에서 兩性平等이 이루어 져야 한다. 여성운동의 발전적 변화를 통해 아시아 여성들의 사회참여는 향상되었다. 그러나 정치참여에 있어서 아시아여성은 서구 선진 국가와 비교해 볼 때 여전히 열악한 상황이다. 따라서 여성정치 참여 면에서, 특히 권력구조에서 아시아 여성들의 장관, 국회의장, 외교부, 국방부, 상임위원장 등 핵심권력기구에 선임되어 실질적 권한을 행사할 수 있어야 정치에 있어서 양성평등을 이루어 질 수 있고 또한 진정한 남녀평등이 이루어질 수 있다.

둘째, 지속적인 交流活動과 적극적인 參與連帶가 추진되어야 한다. 아시아 여성들은 각 국의 문화와 생활면에서 교류활동을 통해 차별적 요소를 찾아내어 제도화와 발전적 변화로 용해 시켜야 한다.

뿐만 아니라 연대는 어떠한 가치보다 우선한다. GO와 NGO의 교류, 각 국가의 NGO와 NGO교류, 크고 작은 다양한 여성단체들이 교류 활동과 참여연대를 통해 행복한 미래 여성의 삶을 추구해야 한다.

셋째, 교육훈련을 통한 女性政治指導者의 양성이 급선무이다.

정치에서의 여성의 지위와 역할은 사회전체에서의 여성의 지위를 나타내는 바로미터가 된다. 아시아 여성들은 지속적인 여성정치발전 을 위해 대학이나 대학원의 학교교육을 통하여 차세대 여성정치지 도자를 배양해야 하고, 여성단체에서도 다양한 프로그램으로 꾸준히 여성 지도자를 양성해야 한다. 정치에 대한 전문능력과 경험을 익히 고 보다 적극적으로 정치에 참여하고 미래를 위한 준비를 해야 더 많은 여성들이 미래의 아시아를 이끌고 나갈 수 있을 것이다.

2장_한중 양국여성의 사회참여와 의회활동

1. 서론

　제 17, 18대 한국국회에서 여성의원이 39명과 41명이 당선되어 각각 13.5%와 13.7%을 나타냄으로서 한국정치사 이래 가장 높은 비율을 차지하였다. 이는 다양한 제도도입에 따른 것이다. 반대로 중국 전국인민대표대회 여성대표(이하 약칭 전인대 여성대표)는 과거에 비해 전인대 여성대표수가 낮은 비율을 나타내고 있으므로 각계에서 법적 제도적 장치를 요구하고 있는 실정이다. 이러한 현실 상황은 여성의 의회진출에 있어 제도의 중요성을 재확인시켜준다. 그러나 한국 여성의 의회진출은 과거보다는 향상되었다고 할 수 있으나 그 실질적인 권력핵심에는 여전히 극소수 일뿐이다. 또한 중국에서는 여성시장(市長) 500명-600명이 회의를 했다고 보도하지만 기실 이중에는 정직(正職)보다는 부직(副職)이 절대다수를 차지하는 실정이다. 이러한 양국여성의 정치현실에 1995년의 북경대회는 전세계 여성들의 권익과 의회참여의 정당성을 부여함으로써 커다란 역량을 발휘하였다. 즉, 1995년 북경에서 개최된 세계 제4차 여성대회는 북경행동강령(Platform for Action of Beijing)을 제정하고 여성의 정치참여와 정책결정 등 12개 이행항목을 결정하고 세계 각국이 1996년부터 이를 시행한 후에 매년 3월 유엔에서 개최하는 '유엔여성지위위원회'에서 그 결과를 발표하도록 함으로서 각 국가는 남성독주의 정치무대에 빨간불이 켜지는 새로운 제도의 변혁을 맞게 된다.

여성의 정치참여란 일반대중여성들의 정치의식·사회의식·역사의식 등을 고양시키고 여성정치지도자를 양성하여 의회와 내각은 물론 행정 각 부서에 이르기까지 여성이 적극적으로 참여 하는 것을 의미한다. 이처럼 여성의 정치참여는 다각도로 논의 될 수 있으나 구체적으로는 유권자로서의 정치참여와 지도자로서의 정치참여로 나눌 수 있다. 20세기 초에 대부분의 국가에서 여성도 남성과 같이 투표권을 행사하게 됨으로서 뒤늦게나마 유권자로서는 동등권을 갖게 되었다. 그러나 지도자로서의 여성의 의회참여는 대단히 열세하며 특히 권력핵심에서의 여성의 참여는 극소수에 불과하다. 여기에서의 권력핵심은 정책을 결정하는 핵심구성원을 말하게 되는데 누가 정책을 결정 하는가? 일반적으로 정책결정의 공식주체로서 대통령, 국회의원, 고급 행정 각료를 포함하는 행정기관을 들 수 있고 비공식주체로는 이익집단·정당·언론기관 그리고 개인으로서의 국민 등을 들 수 있다.

일반적으로 중국여성의 사회진출은 높은 것으로 알려져 있는데 의회진출은 어떠한가? 특히 세계 제4차 여성대회 이후 많은 나라에서 여성의 정계진출은 향상되었고, 여성정치의 사각지대라고 할 수 있는 한국에서도 괄목할만한 성과를 가져왔다. 그러면 대회를 주최한 당사국인 중국여성들의 의회진출은 어떠한 변화를 가져 왔는가? (특히 95년 전후를 비교하여 증가 하였는가 감소하였는가?) 이러한 문제들은 필자로 하여금 학문적 호기심을 갖게 되었고 양국여성의 의회진출에 관해 제도적 고찰을 시도하게 되었다. 또한 1995년 북경에서 개최된 제4차 세계 여성대회에서 제정된 북경행동강령의 이행 조치라는 '강력하고도 실질적인 제도'를 통해 각국에서의 여성의회 진출과 여성의 사회참여에 어떠한 변화를 가져왔는지 고찰 해 본다. 연구의 논의를 위하여 북경행동강령의 이행에 대한 배경을 살펴보자.

유엔은 지난 35년간 멕시코(1975), 코펜하겐(1980), 나이로비(1985), 북경(1995)에서 네 차례의 세계여성회의를 개최하였다. 특히 1985년 나이로비회의 에서는 '2000년을 향한 나이로비 여성발전 미래전략'(Nairobi Forward-Looking Strategies for the Advancement of women to The Year 2000)' 372개항을 채택하고 세계 각 국이 이 전략을 이행 할 것을 촉구하였다.[35] 1995년의 세계 제4차 북경여성회의는 그 참석인원수와 규모면에서 전 세계의 이목을 끌었다. 미국의 영부인 힐러리 여사를 비롯하여 한국 등 수개 국가의 영부인 참석하였고 GO(Governmental Organization)15,000여명과 NGO(Non-Governmental Organization) 30,000여명 총 45,000여명이 참석하였으며 한국에서도 700여명이 참석하였다. 수많은 워크샵이 연일 개최되었으며 GO와 NGO의 의견을 수렴하여 '북경행동강령'을 채택하였다. 이 '북경행동강령'은 '전략목표와 조치(strategic objectives and

---

35) 강선혜외 1명,『북경행동강령 이행조사 보고서 2000』, (서울: 한국여성개발원, 2000), 연구배경과 의의.

actions)'에 초점을 두고 있다. 즉, 나이로비에서의 '2000년을 향한 나이로비 여성발전 미래전략'의 종합평가와 검토에 근거하여 2000년까지 남녀평등이 실현될 수 있도록 12개 관심분야에서 '2000년을 향한 나이로비 여성발전 미래전략'의 이행을 촉진하기 위한 전략목표와 행동계획으로 구성되었다.[36] 뿐만 아니라 이 북경행동강령은 국가적, 지역적, 국제적 차원에서 발전계획과 여성 통합을 목표로 하는 행동계획과 미래전략을 채택하였고 이러한 여성향상을 위한 행동계획과 공동목표는 전 세계를 하나로 결집시키는 역할을 하였다.[37]

그렇다면, 북경행동강령이라는 국제규범이 어떠한 경로를 통해 국내에 영향을 미쳐 국내 정치의 제도적 변화에 이르게 되었는가? 또한 1995년 12월 「여성발전 기본법」제정이 북경행동강령의 영향을 받아 제정된 것과 어떤 상관관계가 있는가? 이에 대해『북경행동강령 이행 보고서』조사연구에 따르면, 한국에서는 북경세계여성회의의 후속으로 가장 먼저 취해진 조치인 '여성의 사회참여 확대를 위한 10대 과제'를 1995년에 채택하였다[38]. 이 10대 과제중의 하나로 「여성발전기본법」을 제정하는 계기가 된다. 즉, 「여성발전기본법」이 제정되게 된 것은 대통령 자문기구인 세계화추진위원회가 21세기 세계화·정보화시대를 맞아 국민의 삶의 질을 향상시키고 여성의 사회적 역할과 지위를 향상시키기 위하여 "여성의 사회참여확대를 위한 10대 과제"를 마련하였는데, 그 과제 중 하나로서 「여성발전기본법」(가칭)의 제정추진을 1995년 10월 대통령에게 보고한 것이 결정적 계기가 되었다.[39]

---

36) 강선혜외 1명,『북경행동강령 이행조사 보고서 2000』, pp.1-2.

37) http://blog.daum.net/nowetalk/6426551

38) 강선혜외 1명,『북경행동강령 이행조사 보고서 2000』, p.125.

특히 북경행동강령은 12개의 구체적인 항목[40]을 정했는데 본 논문에서는 북경행동강령 중에 권력 및 의사결정과 여성(7항)과 여성 향상을 위한 제도적 장치(8항) 두 개 항목에 대하여 중점적으로 고찰해본다. 왜냐하면, 북경행동강령의 이 두개항목의 전략적 조치를 통해 각국 여성의 의회진출은 향상 되었으며 한국의 '비례대표 공천 할당제' 역시 그러한 맥락에서 제도화되었고 학계와 여성단체들의 끈질긴 여론화, 행동화, 단결화로 이루어내었기 때문이다.

2. 이론적 논의

우리는 제도를 연구할 때 가치·규범·구조와 인간행위 4요소를 필히 분석하지 않으면 안 된다. 이들 요소 중 가치와 인간행위는 실질요건이라 할 수 있으며, 규범과 구조는 형식요건이라고 할 수 있다. 첫째, 사회과학중 가치(Values)에 관한 보편적인 용법은 인간의 주관에 따른 필요(needs), 태도 혹은 욕망(desires)과 상관된 목표 또는 이 목표와 관련된 사물이라고 말할 수 있다. 가치관은 많은 사람들이 받아들이거나 혹은 변혁을 거친 다음에 왕왕 하나의 제도의 형성 혹은 발전의 힘으로 조성될 수 있다. 따라서 본 논문과 관련하여 가치를 말하면 하나의 선거제도 즉, 당선할당제도나 정당비례대표제

---

39) http://blog.daum.net/nowetalk/6426551

40) 북경행동강령은총 6장 361항으로 구성되어있다. 제1장 임무의 기술, 제2장 세계적 구도, 제3장 주요관심 분야, 제4장 전략목표와 행동, 제5장 제도적 조치, 제6장 재정적 조치이다. 12개 관심분야 항목은 ⑴여성과 빈곤, ⑵여성과 교육훈련, ⑶여성과 보건, ⑷여성에 대한 폭력, ⑸여성과 무력분쟁 ⑹여성과 경제 ⑺권력 및 의사결정과 여성 ⑻여성향상을 위한 제도적 장치 ⑼여성의 인권 ⑽여성과 미디어 ⑾여성과 환경 ⑿여아 이다. 한국여성개발원 발행, 『유엔여성지위위원회 50년과 한국활동10년』, 1977. pp.185-191:정책자료95-7, 『유엔 제4차 세계여성회의 참가 보고서(1995. 9. 4-15, 북경』, 정무장관 (제2실) 발행.

도의 탄생은 사회대중의 가치관(받아들이느냐 혹은 배척하느냐)에
의한 영향을 받지 않을 수 없다. 둘째, 규범(norms)은 일종의 규칙
(rule), 표준(standard), 혹은 행동양식(Pattern for action)을 일컫는다.
본 연구의 주제는 의회진출에 관한 제도적 고찰이다. 그러므로 규범
은 정부기구가 제정한 법률위주가 된다. 즉 헌법, 신·구 선거법규,
각종 법칙과 세칙이 연구범위가 된다. 셋째, Gabriel A. Almond와
G.B. Powell Jr.은 『Comparative Politics』에서 구조(structure)에 대해
언급하기를 政治體系의 기본단위의 하나가 곧 政治役割이며, 또한
한 組織의 역할은 곧 하나의 구조라고 역설한다. 그들은 또한 하나
의 구조(예를 들면 입법구조)는 일련의 상관적이고 상호적인 역할로
만들어지며, 정치체계는 서로 聯動의 구조이다(예를 들면 입법기구
와 선거민, 압력단체와 법원)41)라고 제시했다. 넷째, 인간의 行爲:
앞에서 말한 가치·규범과 구조는 모두 제도의 정태적 要素이다. 이
러한 요소들만 가지고는 제도가 제대로 운영되기 힘들며, 그 기능을
발휘할 수가 없을 것이다. 그러므로 필히 人間이 개입되어 직위를
가지고 역할행위의 각종 활동을 執行해야만 비로소 제도체계에 動
態的現象이 발생하며, 나아가 기능을 발휘하게 된다.

이처럼 Mill 역시 정치제도가 근거 없이 제정되는 것은 아니라고
말했다. 그것은 인류의 뜻에 의해서 특정의 역사와 사회배경에 기초
를 두어야하며 그리고 제도에 영향을 미치는 사회대중의 받아들임
과 지지적인 행동에 달려있다고 보았다. 여성의 의회진출에 관한 다
양한 제도들, 예를 들면 할당제, 정당비례대표제도 등은 한국을 비
롯하여 노르웨이, 벨기에, 영국 등 각 국가에서 제정시행하고 있으

---

41) Gabriel A. Almond and G. Bingham Powell, Jr., *Comparative Politics: System, Process, and Policy*,
  2nd(Boston: Little, Brown and Co., 1978).

며 이러한 특정한 제도를 한국이 도입한 이후 한국여성의 의회진출
이 향상되었다. 그것은 여성학자, 여성단체, 많은 유권자들이 연대하
여 압력단체의 세력을 형성하고 정당에 편지쓰기 등 수십 년간의 노
력과 투쟁에 의해 얻은 것이다.

　이상의 논의에서 알 수 있듯이 어떤 제도라도 하나의 시공적 차원
에서 볼 때 어느 일면에서는 과거 제도의 영향을 받을 뿐 아니라 그
후에 나온 제도의 영향을 받으며 동시에 기타 병존하는 제도의 영향
을 받기도 한다.

3. 각 국가 여성의 의회진출에 대한 제도적 근거

　여성의 의회진출에 있어 제도(institute)는 지대한 영향을 미친다.
특히 한 국가적 차원에서 여성문제는 다른 국가의 여성의 문제이며
이 문제를 여론화 법제화 규정화 할 수 있는 것은 제도(화)를 통해
서 만이 가능하다고 할 수 있다. 이러한 의미에서 각 국가의 좋은 제
도는 타 국가에서 타산지석의 효과로 답습하고 있으며 여성의 의회
진출이 낮은 국가에서는 쿼터제, 할당제, 비례대표 정당명부제 등의
정치제도를 통해서 여성의 대표성을 확대 시키고 있다.

　<표-1>에서 살펴보면, 북유럽국가들 중에서 노르웨이, 스웨덴, 독
일은 여성이 40% 비율로 정당에 참여하고 있다. 이탈리아에서는
20~40%, 오스트리아, 네델란드, 프랑스에서는 여성이 20%로 정하
고 있고 세네갈은 24개 정당에서 25%, 1개의 정당에서 30%로 명문
규정하고 있다. 그러나 동북아의 국가 중 이러한 특별한 제도를 갖
고 있지 않는 나라들, 예를 들면 일본과 한국은 국회의원과 지방의

<표-1> 부분국가와 지역의 정당규정중의 성별비례지표

국가 / 지역	정당명칭	성별비례지표
노르웨이(Norway)	노동당	정당 공천시 어느 한 성(性)이 최소한 40%이하가 되어서는 안됨.
스웨덴(Sweden)	사민당	
독일(Germany)	사민당	여성40% 비율
	녹색당	여성40% 비율
이탈리아(Italy)	다수정당	여성20%-40%
오스트리아(Austria)		
네델란드(Netherlands)	노동당	여성20%
프랑스(French)	노동당	여성20%
칠레(Chile)	민주당	정당 내에서 남녀 대표의 비율이 60%초과 할 수 없음.
세네갈(Senegal)	24개정당	여성25%
	1개정당	여성30%
대만(Taiwan)		헌법134조에 규정. 모든 선거에 여성최소10%할당. 성(省)의원 25%.

출처 : 유엔사무총장의 보고, "審査和評佑〈北京行動綱領〉的執行情況", 유엔경제사회이사회 자료정리.

원 비율에서 각각 2-3%, 0.1% 수준에 머물고 있었다. 각 국가에서는 여성들의 의회진출을 확대하기 위해 국가의 주요한 법규와 정당법에 여성관련 각 종 제도를 명문화하고 이의 적용을 위해 의회의원들과 여성단체 정부가 협력과 연대를 통해 법규화하고 있다. 예를 들면, 노르웨이는 1988년 수정한 '남여평등법'중에 정부와 시정위임위원회 중에 성별비율을 명문화하였다. 또한 노동당 법규에 모든 선거와 공천에 있어서 여성과 남성을 최소한 각각 40%로 선출해야한다고 규정하고 있다(In all elections and nominations at least 40% of each sex must be elected). 또한 대만에서는 여성당선할당제도(婦女保障名額制度)에 대해 세계에서 유일하게 헌법 제134조에 "각종 선거에서 여성의 당선(當選) 숫자를 반드시 규정하고 그 방법은 법률로 정한다"라고 규정되어 있다. 대만의 이 여성당선할당제도는 모든 의회의원(立法委員, 市議員, 縣議員)에 최소 10%가 적용되고 있고 성(省)의원은 25%까지 적용되고 있다. 이 독특한 선거제도의 영향으로 대만은 이미 오래전에 여성의원과 여성시장 등 총 4,699명의 의원을 배출하였으며, 천수이볜(陳水扁) 정부는 여성부총통을 비롯하여 여성 10명을 내각에 임명함으로서 동북아의 여성 선거사에 신기원을 마련하였다.[42] 한국에서는 1948년의 제헌국회부터 1990년대 초까지 여성국회의원의 비율이 겨우 2.1%로서 타국가의 이러한 높은 의회진출은 학계와 여성단체의 부러움의 대상이었으며 이를 극복할 수 있는 방안으로 당선할당제의 제도화 도입이 강하게 요구되었고 당시 가장 큰 이슈였다.

특히 주목할 것은 1995년 제4차 세계여성대회이후에 각 국가는 여성의 의회참여에 대한 다양한 법규를 제도화 명문화 하였다는 점이다. 또한 북경여성회의가 끝난 5년 후인 2000년에 유엔은 각 국가들의 북경행동강령 이행여부를 점검하기위한 회의를 개최하였다. 이는 "여성 2000: 21세기를 위한 성평등, 발전과 평화"라는 주제로 2000년 6월 5일부터 9일까지 뉴욕에서 유엔특별총회 고위급회의를 개최하여 북경행동강령의 각 국의 이행사항을 점검하고 2000년 이후의 여성발전방향을 논의하였다.[43] 이결과 우리나라는 제 4차 세계여성회의 이후 종합적인 여성발전을 위한 중·장기 계획을 수립하였고, 남녀평등과 여성의 지위향상을 위한 보다 적극적인 조치들이 수립, 시행되고 있으며, 1999년 3월 개최된 제 43차 유엔여성지위위원회에서 여성정책 추진 모범국가로 선정되는 성과를 거두었다.[44]

무엇보다 각국 여성들의 의회진출과 관련하여 유엔에서 제시하고

---

42) 하영애, 『대만지방자치선거제도』, (서울 : 삼영사, 1991), p.4. ; 하영애, "대만권력구조에서 여성의 정치참여와 활동", 한국국제정치학회 발표논문, 2000. 12. 14.

43) 강선혜외 1명, 『북경행동강령 이행조사 보고서 2000』, p.125

44) 강선혜외 1명, 『북경행동강령 이행조사 보고서 2000』, p.125.

있는 여성권한척도(GEM: Gender Empowerment Measure)는 그 나라 여성들의 의회진출에 중요한 근거가 된다. GEM은 유엔이 여성 국회의원수, 행정관리직과 전문기술직 여성비율, 그리고 남녀소득차를 기준으로 여성의 정치·경제활동과 정책과정에서의 참여도를 측정하는 것으로서, 이 여성권한척도를 가지고 각국 여성의 정치지위에 적용하여 측정하는 것이다. 중국에서도 여성의 정치사회에서의 평등한 지위는 한 국가의 문명과 진보정도를 측정하는 중요한 지표45)라고 하며 이를 중요시하고 있다. 자료에 따르면, 한국은 1995년도는 116개국 중 90위였으며, 2008년도는 69위, 2009년도에는 109개국 중 61위를 차지하였다.46)47) 그러나 국제의원연맹(IPU)가 2010. 3. 5일 발표한 통계자료에 따르면, 조사대상 187개 국가가운데 의회 내에 여성비율이 가장 높은 나라는 아프리카 르완다(56.3%)였고, 2위는 스웨덴(46.4%), 3위는 남아프리카 공화국(44.5%)이다. 중국은 21.3%로서 이탈리아와 같이 55위를 기록했고, 북한은 15.6%로 77위였으며 한국은 14.7%로서 81위(아프리카 가봉과 동일순위)를 기록하였다.48)

이처럼 낮은 한중여성의 정치참여와 대표성이 저조한 원인은 주로 제도적 요인에 집중되어왔다. 가장 대표적인 문제로 지적되어 온 것은 선거제도였는데 앞서 논의되었던 것과 같이 비례대표제가 여성의 대표성 확보에 유리하며 소선구제 단순다수대표가 불리한 것으로 나타났다. 그 다음으로 정당의 공천제도가 여성의 대표성을 저

---

45) 何琼, "近十年來國內關于中國婦女參政研究綜述", 『中華女子學院學報』, vol, 17, No,5 (中國北京 2005), p.36.

46) 여성부, <우리나라 GEM 변화추이 :2004-2009>, 관련 자료.

47) 이는 여성의원 비율이 지난해 13.7%에서 14.0%로, 여성행정 관리직 비율이 8.0%에서 9.0%로 각각 오른데 따른 것으로 보인다.

48) http://blog.naver.com/dramo23? Redirect=log8.logNo=101529642, 안명옥의 무지개 나라. (검색일: 2010. 3. 8.)

해하는 것으로 지적되어왔다[49]. 여성의 대표성은 수치상의 대표성과 좀 더 본질적으로 여성을 대변하고(standing for), 여성을 위해 행동하는(acting for) 대표성으로 나눌 수 있는데 우선은 '수치상의 대표성'을 가지고 그 다음단계로 '본질적 대표성'을 추구하는 것이 필요하다. 왜냐하면, 의회에서의 여성의 저 대표성(under-representation)은 왜곡되고 불균형적인 정책결정을 낳을 수 있고 사회에 대한 여성 지도자 들의 기여의 기회를 봉쇄하게 되어 인적 자원 낭비로 정치발전을 저해하기 때문이다.[50] 여성의 정치참여가 부진한 상황에서 의회 참여확대의 필요성이 중요시되는 논거가 바로여기에 있다.

4. 한중 양국 여성의 정계진출현황 및 정책변화

1) 한국여성의 정계진출현황

권력구조는 통상 행정수반을 비롯하여 행정부의 장관차관, 정당의 정치인, 의회의원 등을 포함한다. 한중 두 나라의 여성의 정계진출은 어떠한지 본 문에서는 입법부의 의회의원을 중심으로 고찰해본다.

(1) 한국 국회의 역대 여성 국회의원 참여현황

한국의 국회의원은 임기가 4년이며, 과거에 유정회 등 약간의 간접선거를 제외하고는 주민의 직접선거에 의해 선출되었다. <표-2>

---

49) 김원홍, 이현출, 김은경, "여성의원이 국회를 변화시키는가? : 17대 국회의원 조사결과를 중심으로", 『한국정당학회보』, 제6권 제1호 2007년(통권 10호), p.28.

50) 김원홍, 이현출, 김은경, "여성의원이 국회를 변화시키는가? : 17대 국회의원 조사결과를 중심으로", p.29.

'역대 한국 여성국회의원과 후보자 현황'에 따르면, 제헌국회인 1948년 5월11일 실시된 선거에서 여성의원은 남성의원 199명의 당선에 비해 1명이 당선됨으로 0.5%이며, 그 후에는 계속 1%를 유지하지 못하다가 28년이 지난 1973년의 제 9대에서 12명이 당선되어 꽤 높은 5.5%의 비율을 보이고 있다. 그러나 그 이후는 여전히 2-3%수준이며, 1991년 제14대 국회에서는 다시 1%로서 저수준에 머물고 있다. 한국의 국회의원 선거방식은 2종류로 나눌 수 있는데 하나는 '지역구 국회의원'으로서 지역주민의 직접선거에 의해 선출되며, 다른 하나는 '비례대표국회의원'으로서 각 정당에서 공천한 '정당비례 명부제'에 의해 지역주민이 선출한다. 13대, 14대국회의원선거를 보면 여성의원은 각각 6명과 5명으로서 모두 비례대표국회의원이며, 지역구의원은 1명도 없으며 의원직을 계승한 의원1명과 보궐선거에서 당선된 의원이 1명 있다. 그러나 1996년의 선거에서 여성의원의 당선인수가 급증하여 여성들에게 참정의 열기를 가져왔는데 지역구의원에 임진출 의원과 추미애 의원이 당선되었다. 비례대표국회의원은 7명이 당선되었으며 그 후 김정숙 의원과 박근혜 의원이 각각 국회의원계승과 보궐선거로 당선되어 15대 국회의원 중 여성의원은 모두 11명이 되었으며 9대 이후에 여성의원이 가장 많은 해라고 할 수 있다. 그러나 그 비율은 겨우 3.7%로서 앞서 살펴본 북유럽 각 국과 다른 나라에 비하면 열악한 상황은 금치 못한다.

다른 한편, 여성국회의원에 진출한 후보자 수적 증가에 주목할 필요가 있다. 각 여성단체들은 여성들의 정치참여를 위하여 다양한 교육훈련을 실시하였다. 이러한 결과 여성들의 정치에 대한 인식이 변하였으며 후보자수도 증가하였다. 물론 여기에는 만약에 여성이 후보자로 참여 했을 때 최소한의 인원수는 당선될 수 있다는 할당제본

연의 뜻도 포함되어 있음으로 여성들에게 자신감을 갖게 하였을 것이다. 즉 1996년인 15대 까지 여성의원후보자수는 2.8%에 머무르다가 16대 5.9%로 약간 상승하였으며 17대에서의 여성후보자수는 11.5%로 무려 5.6%가 높게 나타났다. 이는 계속 상승하여 18대 에서는 16.5%로서 한국여성 국회의원선거 사상 가장 높은 후보자의 비율을 나타낸다. 2016년 제20대 국회의원선거에서는 총 300명 중 여성국회의원이 51명으로써 17%의 비율을 나타내고 있으며, 이러한 증가는 지속되도록 노력해할 것이다.

<표-2> 역대 한국 여성국회의원과 후보자 현황

(1948년-2008년)

역대	역대선거일	후보자 수			당선자 수		
		총수	여성 수	%	총수	여성 수	%
제헌국회	1948.5.10	948	22	2.3	200	1	0.5
제2대	1950.5.30	2,209	11	0.5	210	2	0.1
제3대	1954.5.20	1,207	10	0.8	203	1	0.5
제4대	1958.5.02	841	5	0.6	233	3	1.3
제5대	1960.7.29	1,518	8	0.5	201	1	0.5
제6대	1963.11.26	976	7	0.7	175	2	1.1
제7대	1967. 6. 8	821	8	1.0	202	3	1.5
제8대	1971. 5.25	698	8	1.1	204	5	2.5
제9대	1973. 2.27	412	12	2.9	219	12	5.5
제10대	1978.12.12	547	12	2.2	221	8	3.6
제11대	1981. 3.25	862	23	2.7	276	9	3.3
제12대	1985. 2.12	611	16	2.6	276	8	2.9
제13대	1988. 4.26	1,219	26	2.1	299	6	2.0
제14대	1991 3. 24	1,206	35	2.9	299	3	1.0
제15대	1996. 4.11	1,550	43	2.8	299	11	3.7
제16대	2000. 4.13	1,178	69	5.9	273	16	5.9
제17대	2004. 4.15	1,356	156	11.5	299	39	13.0
제18대	2008. 4. 9	1,301	215	16.5	299	42	13.7
총계		19,470	686	3.52	4,368	172	3.94

출처: (1)제헌국회에서 12대 까지 자료, 『여성연구』,제12호, 여성개발원 발행, 1986, p.39.
(2) 제13대부터 18대까지 자료는 한국중앙선거위원회 제공.

(2) 한국의 정당과 여성 국회의원 참여현황

민주주의 국가에서는 선거를 통해 통치권자를 선택하며 또한 정당의 존재가치는 정권을 창출하기 때문에 정당정치의 의의는 실로 중요하다고 하겠다. 미국의 양당은 여성의 정치참여에 무관심한 정당으로 보여 지는 것의 불리한 점을 잘 인식하고 있다.[51] 따라서 여성에게 당 조직을 개방해왔고 여성은 전국적 수준의 지방자치단체에서 지도적 위치에 배치되어있다. 스웨덴과 같이 정당이 그들의 조직 내에서 후보를 지명하는 국가에서라면 이러한 정책은 여성의 정치참여증가를 가져올 수 있다. 그러나 미국에서는 정당조직으로부터 공직에 진출하는 경우가 드물고 정당 내에서 역할이 확대된다고 해서 여성후보의 수가 증가하는 것은 아니다.[52] 한국은 일찍이 야당인 민주당에서 여성 당수 박순천을 배출하였고 집권정당에서 여성총리 한명숙을 배출하기도 했으나 국회의장에 여성이 선임된 적은 아직 없음으로 학자들 중에는 의회의 수장이나 정부 주요부서에 여성부재를 지적하고 있다.

한국의 제16대~18대까지의 국회에서 정당별 여성 국회의원 현황을 살펴보자. 16대 국회의원 273명 중 여성의원은 16명으로서 5.9% 비율이다. 이를 구체적으로 보면 지역구에서 선출된 의원이 5명이며 중간 승계 2명을 포함하여 비례대표로 선임된 의원은 13명이다. 즉 여성의원은 총 18명으로서 정당별로 보면, 한나라당이 6명(지선1명, 비례대표 5명)이며 민주당은 11명(직선4명, 비례대표4명)으로서 집권여당인 한나라당 보다 야당의 여성의원수가 훨씬 높다. 민국당은 1명(비례대표)으로 나타났다.

---

51) R. 달시, 수잔 웰크, 자네트 클라크 공저, 김현자, 주준희 공역 『여성, 선거, 의회진출』, (서울: 한국여성개발원, 1990), p.214.
52) R. 달시, 수잔 웰크, 자네트 클라크 공저, 김현자, 주준희 공역 『여성, 선거, 의회진출』, p.214.

17대 국회의원 선거 때에는 전체의원 299명중에 여성의원은 39명으로서 13.05%였다. 지역구의원이 10명, 비례대표가 29명이었으나 그 이후 중간승계3명까지 포함하여 총 42명의(14.05%) 여성 국회의원이 활동을 하고 있다. 정당별로는 한나라당이 17명(지역구 5명, 비례대표 11명, 중간승계 1명)이며, 열린 우리당의 여성국회의원은 18명(지역구 5명, 비례대표 12명, 중간승계 1명)이다. 새천년민주당은 3명(비례대표 2명, 중간승계 1명)이며, 민주노동당은 4명(비례대표)의 여성의원을 배출하였다. 17대 국회의원 중 정당별로 보면 16대와 마찬가지로 여성국회의원은 집권여당보다 야당인 열린 우리당의 여성의원이 1명 더 많은 것으로 집계되었다.

<표-3>에서 알 수 있는 바와 같이 18대 국회의원선거결과 총 299명중 여성의원은 41명으로 13.7% 비율을 보이고 있다 그중 한나라당의 여성 의원 수는 22명(직선 14명, 비례대표 11명, 승계 1명)으로 나타났으며, 민주당은 12명(직선 4명, 비례대표 8명)이, 자유 선진당 2명(비례대표), 친박 연대 4명(비례대표), 민주노동당 2명(비례대표)이다. 그 후 18대 국회에서도 역시 여성의원 1명이 중간승계 하여 현재 42명으로 14.05%를 나타내고 있다.[53]

<표-3>한국의 제18대 국회 정당별 여성국회 의원 현황

정당명	여성의원총수	지역구	비례대표
한나라당	22	10	12(1)
민주당	12	4	8
자유선진당	2		2
친박연대	4		4
민주노동당	2		2
합 계	42	14	28(1)

출처: http://kin.naver.com/qna/detail.nhn?d1id=6&dirId=61402&docId=62985245&qb=

---

53) 관련자료 http://kin.naver.com/qna/detail.nhn?d1id=6&dirId=61402&docId=62985245&qb=
　　(검색일: 2010. 4. 17.)

이러한 현황은 다음 몇 가지를 설명하고 있다. 첫째, 여성 국회의원 중 정당별로 분석하면 16대와 17대에서는 야당의원이 더 많은 비율을 보였으나, 18대 국회의원선거에서는 집권여당인 한나라당에서 거의 50%에 달하는 22명의 여성의원이 국회에 참여하고 있음을 알 수 있다. 둘째, 17대와 18대 국회의원 중 지역구 의원은 14명인데 비해, 비례대표로 선출된 여성의원은 28명으로서 전체의원 42명 중 66%를 차지한다. 의회진출에 있어서 여성은 정치사회화 과정에서 남성보다 어려움에 직면하며 경제적, 조직적 측면에서 불리한 상황이다. 따라서 비례대표할당제는 정치참여에 뜻을 두고 있는 능력 있는 여성들이 의회에 도전해볼 수 있는 길을 터주고 있다는 데서 제도가 갖는 중요한 의의를 찾을 수 있으며 여성의원후보자가 주목해 볼만한 가치가 있다고 하겠다.

2) 중국여성의 정계진출 현황

(1) '전국인민대표대회' 여성대표와 '전국정치협상위원회' 여성위원 현황

중국은 전국인민대표대회 대표(全國人民代表大會代表 약칭 전국인민대표)와 전국정치협상위원회 위원(全國政治協商委員會委員 약칭 전국정협위원)이 민주정치의 대표적 역할인 입법부의 역할을 하며 이들이 입법위원의 기능을 갖는다. 전국인민대표와 전국 정협위원은 5년의 임기를 가지고 있다. 그러나 민주주의 국가의 3권 분립이나 정당정치에 따른, 정당 경선 등과는 차이가 있다. "우리 중국대륙은 다 당 경선을 하지 않고, 3권 분립이나 양원제를 실시하지 않는다. 우리가 실행하는 것은 전국인민대표대회 일원제이다"[54]. 중국의 헌법 제3조에 의하면, '전국인민대표대회는 최고의 국가권력기구이다' 이는 한국의 국회와 유사한 입법기구에 그치지 않는다. 즉 전국인민대표는 헌법 등 기본 법률에 제정 및 수정이나 예산안 의결 이외에도 다른 국가기구들의 최고 책임자들을 선출하는 기능을 수행한다. 전국인민대표에 의해 선출 또는 인준되는 직책에는 국가주석, 부주석, 중앙군사위 주석, 최고인민법원장, 최고인민검찰원장, 전국인대 상무위원회의 위원장, (국가주석의 제청에 의한) 총리,(총리의 제청에 따른) 각 국무위원 및 부장, (중앙군사위원회 주석의 제청에 따른)주앙군사위원회 부주석과 위원 등이 포함된다.[55]

그러나 1년에 한번 전국인민대표 회의가 개최되므로 5년 임기 중에 일반 전국인대 대표는 다섯 번 출석하게 된다. 또한 비록 국가의 최고 권력기구 이지만 공산당이 국가권력을 장악하고 있으므로 전국인민대표의 기능은 형식적 절차에 그치고 있다.

<표-4> 중국의 '역대 전국인민대표대회의 대표인수와 성별구성' (歷代全國人民代表大會的代表人數和性別構成)의 여성대표의 통계에 따르면, 제1대인 1954년 남성의원은 1,079명(88.0%)에 비해 여성의원은 147명으로 12.0%에 불과했다. 이러한 참여율은 1975년에 22.6%로 상승하여 653명으로 인원수가 늘어났으나 약 30년이 지나면서 오히려 감소하고 있다. 1993년 제8대 여성 대표 수는 626명으로 남성의원 2,352명의 79.0%에 비해 21.0%를 현저히 낮아짐을 알 수 있다.[56] 1995년 세계 제4차 여성대회 이후와 그 이전을 비교해

---

54) 김영진, "중국 전국인민대표대회 개혁과 협력방안", 『의정논총』 제3권제2호, (서울: 한국의정연구회, 2008), p.173.

55) 김영진, "중국 전국인민대표대회 개혁과 협력방안", 『의정논총』 제3권제2호, p.170.; http//www.cnnb.com.cn (검색일: 2010. 3. 13.)

56) 『中國社會中的女人和男人-事實和數据(2007)』, 國家統計局和科技統計司, p.107.

보면, 1998년의 제9대에서는 여성위원이 650명으로 21.8%, 제10대인 2003년에는 604명으로 20.2%로 더욱 낮아졌으며 제11대인 2008년에는 637명으로서 약간 상승된 21.33%를 나타내고 있다.

년도 및 代別	인원 수 (명)		성별구성 (%)	
	女	男	女	男
第一代(1954)	147	1072	12.0	88.0
第二代(1959)	150	1076	12.2	87.8
第三代(1964)	542	2492	17.9	82.1
第四代(1975)	653	2232	22.6	77.4
第五代(1978)	742	2755	21.2	78.8
第六代(1983)	632	2346	21.2	78.8
第七代(1988)	634	2344	21.3	78.7
第八代(1993)	626	2352	21.0	79.0
第九代(1998)	650	2329	21.8	78.2
第十代(2003)	604	2381	20.2	79.8
第十一代(2008)	637	2350	21.33	79.7

출처:中國社會中的女人和男人-事實和數据(2007), 國家統計局社會和科技統計司, p.107.

중국의 역대 전국 정협위원 중 여성 정협위원은 1954년 제1대에서 남성 정협위원이 186명으로 93.9%를 차지하고 여성 정협위원은 12명으로 6.1%였다. 이들 숫자는 1978년에는 293명으로 14.7%(남성1695명, 85.3%), 1988년 303명으로 14.5% (남성 1780명 85.5%) 등 계속 높은 비율을 유지하여 왔으나 제8대인 1993년에는 193명으로 매우 저조한 9.2%의 수준으로 떨어지는 현상을 보이고 있다. [57] 그러나 1995년 제4차 세계여성대회이후의 제9대 1998년과 제10대 2003년 때에는 여성 정협위원 수가 각각 15.5%와 16.8%를 보여 괄

---

57) 『中國社會中的女人和男人-事實和數据(2007)』, 國家統計局和科技統計司, p.108.

목할 만한 성장을 보여 준다

그러나 <그림-1> '중국 공산당 당원 성별 구성비'(中國共産党党員 性別構成)에 따르면, 여성당원은 1990년도에 14.5%의 꽤 높은 참여 율을 (남성당원은 85.5%) 보이고 있으며 2000년의 17.4%, 2006년 에는 19.7%로 점차 높은 비율을 나타내고 있으나 헌법에 명시한 남 녀평등과는 거리가 있다. 특히 공산당원들의 당원숫자의 여성비율에 비해 고위직인 중국공산당중앙위원이나 후보위원은 여성들을 많이 기용하지 않고 있다고 할 수 있다. 부분적인 자료를 가지고 정당별 로 살펴보면, 중국 전국의 29명의 여성 부성장(副省長)중 중국공산 당원은 21명이며, 땅와이(黨外)인사는 8명으로서 이는 민주당파의 당원수가 급증 하는 것과 같은 맥락으로 이해할 수 있다.[58] 중국공 산당원 이었던 깐수성(甘肅省)의 부성장 한회이(咸輝)와 윈난성(云 南성)의 부성장 리쟝(李江) 등은 모두 18세에 입당한 반면에, 민주당 파의 가입연령은 큰 차이로 나타났다. 즉 북경시 부시장 청홍(程紅) 은 29세에 중국민주동맹에 가입하였으며, 기타 여성 부성장과 부시 장, 부주석 등은 30세-50세 사이에 민주당파에 가입한 것으로 나타 났다.[59] 이는 동시에 앞서 설명한 중국공산당 여성당원수가 19%에 그치는 것과 비교할 때 큰 차이가 할 수 있으며 이는 오늘날의 중국 공산당의 여성고위직 숫자가 극소수인 문제점과도 무관하지 않다고 할 수 있다.

---

58) 중국은 공산당 외에 민주당파가 있는데 흔히 야당이라고 할 수 있으며 이는 중국국민당혁명위 원회, 중국민주동맹, 중국 민주 건국회, 중국민주촉진회, 중국농공민주당, 중국 치공당, 93학사, 대만 민주자치동맹8개를 말하며 이들 당파의 여성당원수가 많아지고 있다. 예를 들면, 중국민 주동맹은 2003년과 2004년에 여성당원의 수가 각각 36.2와 36.9로 나타났다. 그러나 2005년 과 2006년에는 각각 38.9%와 38.5%로 증가 한 것을 알 수 있다. 『中國社會中的女人和男人-事 實和數据 (2007)』, 國家統計局和 科技統計司, p.106.

59) 南方都市報, "解密 29名女副省長成長路徑 近半未成年就步入社會", 2010. 3. 9.

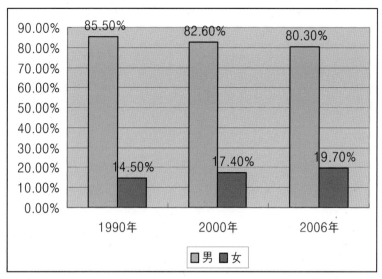

출처: 中國社會中的女人和男人-事實和數据(2007), 國家統計局社會和科技統計司, p.105.

<그림-1> 중국 공산당 당원 성별 구성(1990-2006)

5. 제도적 요인이 양국여성과 의회의원에 미친 영향

양국여성의 정계진출은 한중사회의 여성지위와 여성의 정치에 커다란 변화를 가져왔다. 이 변화와 발전은 자국에서는 물론 타국가의 여성들에게도 적지 않는 영향을 끼치는 계기가 되었으며 무엇보다 제도적인 측면에서 상호보완적인 역할을 하였다. 이는 양국여성의 의회진출 증가, 양국여성의 사회지위 향상에 기여, 양국여성 세력화의 초석마련으로 고찰할 수 있다.

1) 양국여성의 의회진출 증가

권력구조 중에서도 입법부의 기능은 현대 민주사회에서 가장 중요하다고 하겠다. 입법부는 의회의원들로 하여금 정책을 입안하고 의결하는 역할을 하기 때문에 입법, 행정, 사법 3권 중 가장 중요하다고 해도 과언이 아닐 것이다. 한국은 제헌국회에서부터 13대 까지 여성 국회의원 수는 총 61명으로 전체의원2,919명중 평균 2.1% 수준에 머물렀다.[60] 그러나 14대부터 증가하다가 16대는 여성국회의원이 16명으로 상당히 높은 비율을 차지하였는데 이는 바로 16대 국회의원선거를 앞두고 정당법에 비례대표제 여성할당 30%를 도입하면서부터 5.9%로 늘어났다. 이 제도는 15대 여성국회의원인 새천년민주당 신낙균(申樂均) 의원 등 48인으로부터 '政黨法中改正法律案'이 제출한데서 비롯되었다. 제안 설명에 나선 신의원에 따르면, 한국 여성정치의 후진성을 강조하고, 한국의 여성의원 비율은 3.7%로 아시아 여성의원 평균비율인 14.9%에도 미치지 못하며 이는 여성의 권익이 검은 차도르로 표현되는 아랍에 비견되는 수준에 불과하다고 역설하였다. 또한 그는 '대통령께서도 여성 비례대표 30% 할당을 이미 여러 번 천명하신 바 있어 이제 남은 것은 법제화뿐이라고 할 수 있습니다. 이를 법제화하지 않는다면 그 공약은 진실성에 중대한 흠집이 나고 말 것 입니다. 이에 15대 국회의 모든 여성의원은 이러한 시대적 요구와 공감대를 바탕으로 국회의원 및 시 도의회의원선거에서 여성을 비례대표로 30% 이상 추천하여야 한다는 내용의 '政黨法中改正法律案' 에 대한 수정안을 제출하였습니다.'[61]라고

---

60) 하영애, 『대만지방자치선거제도』, (서울: 삼영사, 1991), pp.261-262.

61) 신낙균 국회의원의 '政黨法中改正法律案'에 대한 제안설명. 제210회 국회 본회의 회의록, 2000. 2. 9. 수요일. 오전.

국회의원 및 시 도의회 의원선거에서 여성비례대표 30%를 추천해야한다고 강조하였다.

특히, 2000년 제16대 총선을 앞두고 321개의 여성단체가 연대하여 총선여성연대를 발족시키고 여성의 정치참여 확대를 위하여 정당에 압력단체의 역할을 하였다. 그 결과 정치권은 2000년 제16대 총선을 앞두고 국회의원 비례대표제, 여성할당 30%를 정당법에 명문화하였다. 그리고 2002년 제3차 동시 선거를 앞두고 국회에서 여성의 정치참여 확대를 위하여 광역의회 비례대표제 당선권 범위 내 여성 50%이상을 공천하고, 광역의회 지역구 할당제 30%를 노력사항으로 공천할 것을 정치관계법에 명시하였다. 정치권은 2004년 4월 15일 실시한 제17대 총선을 앞두고, 정당법 31조의 개정을 통하여 국회의원 지역구 30%(노력사항), 비례대표제 50% 여성할당을 명시하였다.[62] 따라서 17대 선거에서 이 제도의 실천을 위해 여성계가 직접적인 운동을 전개하였다. 2003년에 발족한 '총선여성연대'는 제도개선사업을 중점사업으로 하고 특히 17대 총선 때인 2004년 3월 비례대표 후보선정 기준에 대한 총선여성연대의 제안서를 각 당에 전달했다. 이를 통해 총선여성연대는 그 동안 공천헌금, 밀실공천과 명망가 중심으로 이루어지던 바람직하지 못한 공천의 관행을 수정하고, 소수자 및 여성, 장애인 등 소수그룹의 정치진출을 보장하기 위한 비례대표제 본래의 취지를 충분히 살리고, 비례대표 선정에 있어서 투명하고 민주적인 절차가 반드시 지켜져야 한다고 요구했다. 총선연대가 제안한 비례대표 후보가 갖추어야할 자질로는 도덕성과 성실성, 전문성, 민주성과 개혁성, 그리고 양성평등의식이었다.[63] 이

62) 김원홍, 「여성과 정치」, 성남여성포럼 발표문, 2010, pp.11-12.
63) 이현출, "여성의원의 의정활동과 성차: 17대 국회의원 조사결과를 중심으로", p.14.

에 못지않게 '맑은정치여성네트워크'는 '여성 100인 국회로 보내기' 캠페인 전개를 선언하였고 결과적으로 17대 총선에서 선출된 39명의 여성의원 중에 지역구 10명, 비례직 29명이 당선되었는데 그중 18명이 맑은정치여성네트워크가 추천한 여성 후보였다는 점은 상당히 주목할 만한 성과라고 하겠다.[64]

이렇게 17대 총선에서 39명이 선출됨으로서 한국 여성국회의원비율은 13.9%로 획기적인 성과를 가져왔으며 이는 한국여성정치사에 새로운 이정표를 마련하였다. 18대 국회의원선거에서도 이러한 강력한 추세에 이어 여성국회의원수가 14.05%를 기록하였다[65]. 이처럼 한국의 여성의원의 의회진출 증가는 비례대표 할당제라는 제도적 개선을 통하여 이루어졌다고 할 수 있다. 하나의 제도는 상관제도의 영향을 받는다. 17대, 18대의 여성의회참여의 증가는 자연히 이루어 진 것이 아니다. 90년대 초반부터 학계와 한국여성정치문화연구소, 한국여성단체협의회, 부산여성정책연구소, 한국여성유권자연맹 등 여성단체 에서는 각종 세미나 학술대회에 여성의 의회참여를 주요의제로 다루었고[66] 특히 당시 대만의 여성당선할당제의 제도도입의 주장과 더불어 국회의원선거에서 여성의원의 의회참여확대를 위한 할당제 20%가 제기되었다.[67] 또한 한국여성단체협의회

64) 이현출, "여성의원의 의정활동과 성차: 17대 국회의원 조사결과를 중심으로", p.15.

65) 17대 국회의원은 39명이 선출되었으나 후에 보궐선거를 통해 42명으로 증가하였으며, 18대 선거에서는 41명이 선출되었다.

66) 한국여성정치문화연구소 세미나 '여성의 정치참여와 의회진출' (1989. 7. 14.); '여성의 정치참여확대를 위한 전문가 회의' (1998. 6); 한국여성단체협의회 제29회 전국여성대회 (4,000여명 참석) 대 주제 : 새 시대의 주역, 여성의 정치참여 (1992. 10. 8.); 부산여성정책연구소 세미나 '한국여성의 정치참여 (1992. 10. 14.); 한국여성유권자 연맹 주최'지방자치의 발전과 여성의 정치참여 '(1994);'여성입후보자에 대한 저해요인 연구 '(1996);'여성유권자의 정치참여 증대를 위한 원탁토론회 '(1999); 한국여성정치연구소'여성의 정치세력화: 현실과 전망 '(1992) 등 90年代는 가히 여성의 정치참여가 모든 여성단체들의 세미나, 국제회의, 강연의 주요 이슈로 등장하였으며 큰 결실을 맺었다.

67) 당선할당제, 쿼터제도에 관해서는 하영애, 『대만지방자치선거제도』, (서울: 삼영사, 1991) ; 하

등 많은 여성단체에서는 각 정당과 행정부를 비롯한 고위직 정치인
들에게 서한을 보내는 등68) 끊임없는 요구와 제도개선의 지속적인
결과로 이루어진 것이다.

입법부의 정치참여와 관련하여 중국의 여성정계진출을 논한다면,
양회 중 전인대여성대표수는 1995년 전후를 비교하면 증가하지는
않았다고 하겠다. 오히려 그 비율이 하락했다. 그러나 정협여성위원
은 1993년에 9.2% 급하강 하였다가 제9대(2003)와 10대(2008)에
각각 15.5% 와 16.8%로 상승함으로서 정협여성의원들의 정계진출
이 크게 증가 한 것을 볼 수 있다. 또한 전인대여성인민대표의 비율
을 증가시킬 수 있는 "22%보다 낮지 않도록 한다."는 법적인 제도
를 마련한 것은 북경행동강령의 이행결과가 만들어낸 성과이다.

2) 양국여성의 사회지위 향상에 기여

제4차 세계여성대회는 북경행동강령의 이행이라는 '강력하고 실
제적인 제도'를 통해 한국여성의 사회지위에도 변화를 가져오게 하
였다. 먼저 한국은 북경행동강령 이행을 위하여 1995년 11월 국무
총리의 지시로 정부위원회의 여성위원 참여 목표율을 2005년까지
30% 설정하였고, 1995년 12월에 제정된 '여성발전 기본법'에서는
중앙정부와 지방자치단체에 여성위원 참여확대를 위한 연도별 목표
를 수립·시행토록 의무화하였다.69) 이 결과, 1999년 6월에 정부 각

영애, "대만권력구조에서 여성의 정치참여와 활동", 한국국제정치학회 발표논문, 2000. 12. 14.
참고.

68) 정당법 여성30% 할당 명시를 위한 범국민 서명 캠페인, 1999. 9. 16. 한국여성단체협의회 창립
40주년 기념 제36회 전국여성대회(3,000여명 참석)시 서명운동 전개하다 ; 정당법에 비례대표
여성30% 할당 명시 촉구 성명서 발표 및 각 정당에 송부하다 2000. 1. 17.

69) 강선혜 외 1명, 『북경행동강령 이행조사 보고서 2000』, pp.113-114.

중앙행정기관 관리대상위원회 1,161개 중 여성이 참여하고 있는 위원회의 비율이 중앙행정기관은 67.1%, 지방자치단체는 62.5%로 각각 나타났다.[70] 또한 한국의 '여성발전 기본법'의 제정은 이듬해인 1996년 3월 유엔여성지위위원회에서의 발표를 통해 타국 여성들에게도 널리 알리는 효과를 가져왔다. 뿐만 아니라, 이 법에 근거하여 '여성발전 기금'이 만들어졌으며 한국정부의 여성가족부와 서울시를 비롯한 지방자치단체에서는 수많은 NGO와 여성단체들은 이 발전기금으로 세미나, 교육, 연수, 국제교류 등 각 단체의 다양한 사업을 활성화시키는데 적용함으로서 정부와 민간단체의 유기적인 관계향상과 여성들의 사회참여 및 지위향상에 크게 기여하였다. 특히 북경행동강령 이행상황을 분석한 유엔보고서에 의하면 국가의 원활한 기능에 대한 가장 공통적인 장애물로서 북경행동강령의 전략목표를 달성하는데 적절한 재정적 및 인적자원의 결여를 제시하였다. 이렇게 볼 때, 한국의 여성발전기금 형성은 여성NGO 들과 또한 경제형편이 열악한 단체들에게 재정적 보조를 해준다는 의미에서 중요한 의의를 지닌다고 보겠다. 실로 북경행동강령의 제7항과 8항의 강력한 시행과 적극적 조치로 한국은 다양한 제도적 성과를 가져옴으로서 여성의 사회지위향상에 기여하였다. 관련 법규를 예를 들면, 여성채용목표제 채택, 정부 6개 부처에 여성정책 담당관실 설치(1998), '남녀차별금지 및 구제에 관한 법률'(1999)제정, '여성기업 지원에 관한 법률'(1999) 등이다. 중국에서는 부녀발전권익법(婦女發展權益法)을 제정하는 등 다양한 법규를 마련하였으며 그 일환으로 중국은 한국에서 여자대학교를 답습하여 중국에 여자대학교 '中華女子學院'를 설립하였다.[71] 한중여성의 정치와 지위향상에 제도화를 통한 실

---

70) 강선혜 외 1명, 『북경행동강령 이행조사 보고서 2000』, p.114.

제적인 영향을 끼쳤다.

3) 한중양국의 여성관련 정책의 변화

양국의 의회에 진출한 여성 외, 다수여성들과 관련한 제도적 장점은 양국의 정책변화를 통해 고찰해볼 수 있다. 1975년 제1차 세계여성대회 이후 35년간 한국여성정책에는 큰 변화가 있었다. 1983년에 [한국여성개발원]이 설립되고 여성정책을 전담하는 오늘의 '여성 가족부'의 전신인 '정무장관실(제2)'이 탄생하여 여성국무위원이 국가의 정책결정과정에 참여하게 되었다. 그러나 더욱 직접적인 것은 1995년 제4차 세계여성대회 이후라고 하겠다. 한국은 정부, 여성단체 등에서 수차의 논의를 거쳐 그해 12월에 "여성발전 기본법"[72])을 제정하였고, 매년, 1년 동안의 여성업무를 결산 보고하고 새로운 다양한 문제를 논의하는 "여성주간" (매년 7. 1-7 까지)이 제정되었다. 이러한 결과, 1998년 제19차 '유엔차별철폐위원회' 회의와 1999년 제43차 '유엔여성지위위원회' 회의에서 높은 평가를 받았고 많은 국가들로부터 가장 발전적인 성과를 거둔 나라로 평가받았다.[73]) 또한 국가의 중장기 여성정책인 제1차 여성정책 기본계획(1998-2002)의 수립(1997)및 추진을 이 법에 근거하여 시행하였으며 특히 주목할 것은 2001년에는 '여성특별위원회'를 '여성부'(女性部: gender equality)로 승격하여 여성관련 법규를 입법할 수 있는 실권을 갖게 함으로서 여성의 인권, 권익향상, 제도개선 등 여성평등에 관해 실질적이고 긍

---

71) 하영애,『밝은사회운동과 여성』, (서울: 범한서적, 2005), pp.95-96.

72) 이연숙, "여성정책 주류화에 있어서 여성 지도자의 역할", 여성부 발행,『동북아시아 여성지도자회의』자료집, 2001, pp.38-39.

73) 강선혜 외 1명, 북경행동강령 이행조사 보고서 2000, p.125.

정적인 발전을 거듭하였다. 한편 여성관련 3대 법규 "모성보호산법", "남녀고용평등법", "고용보험법"을 개정하여 새로운 활력소를 갖게 하였으며 60일간의 산후휴가를 90일로 연장하는 등 관련법규를 개정하여 시행하고 있다.

중국정부는 1990년 국무원에 여성아동공작위원회를 설립했는데 여기에는 24개 정부부문과 5개 비정부기구로 구성되었으며 여성과 아동관련 업무와 사업의 발전을 추진하였다. 또한 2001년에 [중국여성발전강령]을 제정발표하고 이를 [중국사회와 경제발전의 10차 5개년계획]에 포함토록 전국부녀연합회가 꾸준히 노력하고 추진한 결과 정부의 2001-2010계획에 [중국여성발전강령]의 총 목표와 주요 목표가 들어가는 법규가 제정 통과되었다. (2000. 4. 20). 남녀평등관련 법규로는 [중화인민공화국 여성권익 보장법] (中華人民共和國婦女權益保障法)이 제정 통과되었는데 여기에는 중화전국부녀연합회, 전국인대대표, 정협위원, 여성대회 대표들이 의안제안과 건의서를 제출하였고 상무위원회가 중요하게 다루어 이루어졌다.74) 이 법률의 공포시행은 여성기구가 입법부의 성 주류화를 성공적으로 추진한 사례라고 하겠다. 이 결과 여성기구와 정부 각 부문이 협력하여 여성인권, 국가 공무원의 남녀평등의식을 고취시키고 법 집행의 공정성을 강화 하고 있다. 무엇보다도 한중양국은 여성문제를 전담할 수 있는 기구로 한국의 '여성가족부' 와 중국의 '중화전국부녀연합회'가 건립되어 여성의 권익과 성 평등 문제를 개선해 나가고 있다고 하겠다. 이는 가까운 이웃나라 일본에서는 여성전담기구가 없는75)점과 비교할 때 장점중의 하나라고 할 수 있다.

---

74) 劉保紅, "中國婦女在性別主流化中的 作用", 여성부 발행, 『동북아시아 여성지도자회의』 자료집. pp.108-109.

75) 2001년 한국의 여성부에서 개최한 '한중일여성지도자 회의' 이후 세 나라는 번갈아가며 이 회

6. 한중 양국여성의 정계진출에 있어서의 문제점과 개선 방안

1) 한중 양국여성의 정계진출의 현주소와 문제점

한국은 비록 18대 국회의원선거에서 총 299명 중 여성의원이 41명을 차지하였고 중간의 계승한 1개 의석수까지 합하여 42의석으로 14.05%의 비율을 나타내고 있다. 이 숫자는 전 세계 평균인 18.8%에 비교하면 아직도 상당한 차이를 나타내고 있다고 하겠다. 또한 이 비율을 다음 선거에서도 계속 유지 할 수 있을지도 모르므로 지속적인 의회의원비율을 향상시켜 정치사회에서 여성의 심성을 대변할 수 있도록 해야 한다.

한국과 중국의 입법위원(국회의원과 전국인민대표)을 1995년을 기준으로 비교해본다면 한국은 1948년 제헌국회에서 총200명 국회의원 중에 여성의원1명으로 0.5%였으며 제14대(1991년) 까지는 평균 1.9%에 불과하여 세계여성지위의 권한 척도에서 최하위에 머물었으며, 2003년에는 70개 대상 국가 중에서 63위에 그쳤다.[76] 그러나 북경행동강령과 이행촉구의 시행이후 실시된 15대(1996)부터 18대(2008)까지 한국여성의 국회의원 비율은 평균 9%를 유지하고 있다. 현행 18대국회의원을 본다면 13.7%에 이르니 초기의 0.5%와 비교한다면 괄목할 만한 성과를 가져왔다고 하겠다. 중국은 흔히 양회

의를 지속적으로 추진하도록 하였다. 그리고 그 이듬해 이 회의를 추진하는 과정에서 중국 전국부녀연합회는 최종적인 결정을 보류했는데 그 이유 중의 하나는 일본에 여성전담기구가 없어서 지속적인 논의를 할 수가 없다고 하였으며 결국 그해 회의를 하지 못하였다.

76) 김민정, "한국여성과 정치-여성의 정치참여방안", 『3.8세계여성의 날 기념 대토론회, 여성! 베이징 그리고 15년』, 한국여성단체협의회 발행 자료집, 2010, 3. 8. p.22.

라고 하여 전국인민대표와 전국 정협위원이 입법기능을 수행하고 있다고 하겠다. 전국인민대표는 제 1대(1954)에 총인원 1,072명중 여성대표는 147명으로서 12%의 높은 비율을 나타내었다. 이 비율은 제 8대(1993)까지 평균 18.6%의 높은 비율을 나타내고 있으며 이는 한국의 1.9%와 비교하면 중국은 시작부터 여성문제를 남녀가 함께 논의할 수 있는 최소의 인원이 함께 의회에 입문 한 것이라고 하겠다. 1995년 이후 중국의 여성정치참여율은 어떻게 달라졌을까? 제 9대(1998)부터 제11대(2008)까지 전국인민대표 중 여성대표는 평균 21.11%이다. 그러나 중국의 여성정계진출은 발전했다고 볼 수가 없다. 왜냐하면 앞의 <표-4>에서 살펴보았듯이 중국전국인민대표 중 여성대표의 수는 초기에 12%를 빼고는 계속 상승해 왔으며 심지어 제 4대(1975)에는 여성대표비율이 22.6%까지 상승하였는데 최근에는 오히려 30년 만에 가장 낮은 20.2%(제11대)로 떨어져 학계와 각계의 비평의 목소리가 높다.

중국은 여성 인민대표의 비율을 확대하기 위한 일환으로 2007년 3월 전국인대에서는 '제11대 전국인민대표대회 명액화선거문제에 관한 결정'(關于 第 十一屆全國人民代表大會名額化選擧問題的 決定)에 따라 제11대 전국인대대표 중 여성대표의 비율을 22%이하로 낮게 해서는 안 된다[77] 라고 결정하였다. 이는 중국이 처음으로 전국인대여성대표에 대한 명확한 결정을 내린 것으로 당과 정부가 여성에 대해서, 특히 고위층여성의 정치참여를 중요시한 진일보한 조치[78]라고 평가 하고 있다 그럼에도 불구하고 2008년에 실시한 제11

---

77) 吳曉靈 委員발언, "關于人大代表的擴乏性-人民代表大會審議 摘登(三)", <中華人民共和國全國人民代表大會和 地方各級人民代表大會選擧法修正案(草案)>審議發言.

78) 吳曉靈 委員발언, "關于人大代表的擴乏性-人民代表大會審議 摘登(三)", <中華人民共和國全國人民代表大會和 地方各級人民代表大會選擧法修正案(草案)>審議發言.

대 전국인대대회대표에서 여성인대대표는 637명으로 21.3%를 기록하여 (남성의원 2381명으로 79.8%) 22%에 미치지 못함으로서 학계의 지적을 받고 있다.[79)

정치협상위원을 살펴보면, 제 9대(1998) 정치협상위원(남성 1855명, 84.5%) 중 여성정치협상위원은 341명으로 15%였고 제 10대(2003)의 정치협상위원은 남성위원이 1863명(83.2%) 중 여성위원이 375명으로 16.8%로서 1.8% 상승한 것으로 나타났다. 그러나 <표-5> '제8대부터 10대까지의 전국인민대표와 정치협상상임위원의 성별구성'(第八代~十代全國人大, 政協常委性別構成)의 여성정치협상 상임위원에 대한 자료를 살펴보면, 고위직이며 요직이라고 할 수 있는 '정치협상상임위원' 중에서 '여성 정치협상상임위원'은 제8대에 9.7%, 제9대에 10.0%, 제10대에 11.4%로서 평균 10.3%에 불과하다. 다시 말하면, 중국여성의 정계진출은 "三多三少"가 있는데 이는 형식적 직위가 많고, 실제적 직위가 적으며, 副직위가 많고 正직위가 적으며, 黨務부문이 많고 經濟 분야에 적은 것을 말한다.[80) 흔히 모든 요직의 노른자위에는 남성이 절대다수를 차지한다는 이론과 실제상황이 중국도 예외는 아니라고 하겠다.

---

79) 吳玲, 『中國婦女參政及其影響因素分析』, 碩士學位論文, 2005. 10. p.16.

80) 吳玲, 『中國婦女參政及其影響因素分析』, 碩士學位論文, 2005. 10. p.21.

<표-5> 중국 전국인민대표대회 및 정치협상회의 성별구성표(제8대-10대)

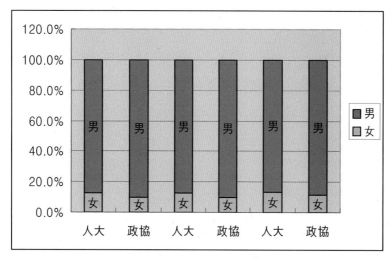

性別/類型	第八代 (1993年)		第九代(1998年)		第十代(2000年)	
	人大	政協	人大	政協	人大	政協
女	12.6%	9.7%	12.7%	10.0%	13.2%	11.4%
男	87.4%	90.3%	87.3%	90.0%	86.8%	88.6%

출처: 中國社會中的女人和男人-事實和數据(2007).
    國家統計局社會和科技統計司. p.108.

다시 말하면, 중국전인대 여성대표에 관해 제도적 보완에 대한 주장이 강하게 대두 되고 있다. 즉, 여성대표의 참여향상을 위해서는 비록 각 국가에서 시행하는 할당제, 정당비례대표와는 그 성격이 다르다고 하더라도 여성의원 할당제(名額制)에 관한 "여성의 의회참여 비율이 22% 이하가 되어서는 안 된다"라는 법적요구는 마땅히 실행되어져야 할 것이다.

2) 양국 여성 정계진출의 전략적 발전방안

70, 80년대가 여성정치의 맹아기(萌芽期)라면 90년대-2000년은 여성이 각 방면에서 역할을 할 수 있는 제도적 정착기(制度的定着期)의 기초를 닦았다고 하겠다. 그러나 미래사회에 한중여성의 정치적 성숙기(政治的成熟期)를 위해서는 몇 가지 발전방안이 요구되고 있다.

(1) 양국여성의 의회관련 법률개선을 통한 제도의 정착

여성정치 참여가 높은 국가는 의회에서의 여성비율을 위한 쿼터제, 할당제, 일정비율제도를 정당이나 의회에 적용하고 있다. 그러므로 한중양국의 여성의회의원들의 비율을 최소한 현재보다 상승시켜야한다 오효영 위원은 선거법수정안 초안을 심의할 때 중국여성들의 의회참여비율을 현재의 비율에서 25%까지 책정하도록 법률로 규정해야한다고 주장하였다.[81] 또 다른 연구에서도 최소 20-25%를 주장한다.[82] 이렇게 해야만 여성군중의 요구와 뜻에 부응할 수 있으며 여성들이 사회참여에 있어서 정책결정과 관리를 심도 있게 할 수 있다. 그는 또 세계의 100여개 국가와 130여개의 정당에서 여성의 정치참여를 통해서 참정인원수를 증가 시켰으므로 이를 위해서 '명액제'를 강력하게 제시하였다. 전국부녀연합회 부주석과 서기를 하고 있는 천시우롱(陳秀榕)위원 역시 중국에서 미래의 여성참정의 수

---

81) 吳曉靈 委員발언, "關于人大代表的擴乏性-人民代表大會審議 摘登(三)", <中華人民共和國全國人民代表大會和 地方各級人民代表大會選擧法修正案(草案)>審議發言. 中國人大网 www.npc.gov.cn (검색일: 2009. 11. 12.)

82) 于芳, "中國婦女參政: 問題, 成因及對策", 南昌大學學報(人文社會科學報), 第40卷 第5期, 2009年 9月. pp.21-22.

평적이고 유효한 기제는 법률 중에 여성의 비율을 확정해야한다고 강력히 주장하였다.[83] 2004년 한국은 정당법 제31조에 국회의원 전국구의 비례대표제에 여성의원을 30% 할당하도록 '권장사항'으로 명시하고 있다. 지금은 비록 42명으로 14.05%의 비율을 보이고 있지만 차기 선거에서 계속 이 비율을 유지할 수 있을지는 예측불허이다. 중국 역시 그러하다. 비록 전국인민대표의 수를 높여야 한다고 주장한 쟝쩌민(江澤民) 주석이 남녀평등을 중국사회발전의 '제1항 기본국책'으로 천명했음에도 불구하고 법규를 수정하였으나 그 구체적 비율이나 수를 명문규정하지 않고 '적당수량'(適當數量)이란 표현을 명시하여 학계와 여성 지도자들의 강력한 비평을 받고 있다.[84] 그러므로 양국의 정당법이나 선거법규에 명백하게 명문화 해야만 두 나라 여성정계진출이 활성화될 수 있을 것이다.

(2) 중국여성들의 여론화와 행동화 요구

앞에서 논의한 바와 같이 한국의회에 여성의원들의 비율이 상승한 것은 선거제도화가 정착되었기 때문이다. 그러나 이러한 업적과 성과는 저절로 이루어진 것이 아니다. 한국은 학계를 중심으로 90년대에 지속적인 연구와 쿼터제 도입을 주장하였으며 여성정치인, 여성단체, 학계가 꾸준히 쟁취해서 이룬 결과이다. 중국도 여성인민대표가 증가하여 여성들의 권익을 증진시키고 여성의 정치사회적 지

---

83) 吳曉靈 委員발언, "關于人大代表的擴乏性-人民代表大會審議 摘登(三)", <中華人民共和國全國人民代表大會和 地方各級人民代表大會選擧法修正案(草案)>審議發言. 中國人大网 www.npc.gov.cn (검색일: 2009. 11. 12.)

84) 于芳, "中國婦女參政: 問題, 成因及對策", 南昌大學學報(人文社會科學報), 第40卷 第5期, 2009年 9月. p. 22.: 陳秀榕委員과 吳曉靈委員의 발언에서도 강력히 비평하고 있다. "關于人大代表的擴乏性-人民代表大會審議 摘登(三)", <中華人民共和國全國人民代表大會和地方各級人民代表大會選擧法修正案(草案)>審議發言,中國人大网 www.npc.gov.cn (검색일: 2009. 11. 12.)

위를 향상시키기 위해서는 여론화와 제도의 실질적 요소인 '인간의 행동화'를 통해서 이루어야한다. 특히 한국의 '국회여성특별위원회' 같은 기구를 통하여 여성들과 여성단체 학계 등이 연대의 힘으로 쟁취해야 할 것이다. 여성정책을 추진할 수 있는 가장 중요한 힘이 의회여성들의 수적증가라는 높은 답변이 보여주는 것처럼 양국여성의 의회진출을 위해서는 다양한 선거제도가 도입 제정 집행되어야 하며 또한 양호한 선거제도는 지속적으로 정착되어 뿌리내리도록 해야 한다.

(3) 한중양국 여성 지도자는 專門性을 가져야한다.

여성이 의회뿐만 아니라 중앙정부의 핵심기구에 진출하기 위해서는 각국 모두 여성도 반드시 전문성을 가져야 한다. 한국의 초대 여성차관을 역임한 김정숙은 국회의원을 역임한 후 차관에 임용되었으며 그 후 한국정치문화연구소의 활동과 아태지역여성정치총재를 역임하는 등 다양한 능력을 발휘하여 다시 국회의원을 역임한 3선 의원이다. 중국의 전인대여성대표와 전국 부녀연합회 부주석과 서기를 지낸 쫘오샤화(趙小華)는 현재 중국문화부 차장(次長: 한국의 차관에 해당)에 임명되어 그 능력을 발휘하고 있다. 앞서 논의했던 한국의 '총선여성연대' 나 '맑은정치 여성네트워크' 등의 여성단체가 후보자들을 추천한 기준에서 전문성을 강조하였으며 이는 동서고금에서도 중요시 되는 지도자의 덕목이다. 이처럼 여성으로서 각국 중앙정부의 요직에 임용된 자 중에는 각 분야의 전문직여성들이 중용됨으로 다양한 분야에서 여성들은 전문성을 길러야 할 필요가 있다고 하겠다.

(4) 교육훈련을 통한 여성정치지도자의 양성이 급선무이다

정치에서의 여성의 지위와 역할은 사회전체에서의 여성의 지위를 나타내는 바로미터가 된다. 한중 여성들은 지속적인 여성정치발전을 위해 대학이나 대학원의 학교교육을 통하여 차세대 여성정치지도자를 배양해야하고, 여성단체에서도 다양한 프로그램으로 꾸준히 여성지도자를 양성해야한다. 정치에 대한 전문능력과 경험을 익히고 보다 적극적으로 정치에 참여하고 미래에 대한 준비를 해야 더 많은 여성들이 미래의 한국과 중국 또한 아시아를 이끌고 나갈 수 있을 것이다.

7. 결론

본 연구는 한국과 중국여성들의 의회진출과 사회참여에 관해 제도론적 접근법으로 고찰해보았다.

첫째, 할당제, 정당비례대표제의 선거제도는 한국여성의 의회진출에 절대적인 영향을 미쳤다. 여성의 의회진출비율이 50여 년간 지극히 낮은 비율에 비해 두 제도를 도입 활용함으로서 여성의원의 수적 지위는 크게 향상되었다. 당선할당제 도입은 16대 국회의원선거에서 총273명 의원 중 여성의원이 16명 당선되어 5.9%의 성과를 가져왔는데 이는 제헌국회(1948년 0.5%)이후 가장 높은 비율을 나타낸다. 이어서 정당비례대표제의 도입이 적용된 제17, 18대여성의원은 (17대: 39명과 중간승계 3명, 18대: 41명과 중간승계 1명) 각각 42명으로서 14.05% 비율로 62년 만에 가장 높은 여성의원 전성시대를 맞고 있다.

둘째, 특정제도는 두 나라 여성들의 사회지위와 정치지위향상에 직간접적인 영향을 미쳤다고 할 수 있다. 북경행동강령 이행조치의 '강력하고 실제적인 제도'의 영향으로 한국은 1995년 12월에 '여성 발전 기본법'이 제정되었고 이어서 '여성발전기금'의 시행을 비롯하여 '여성주간(매년 7.1-7.7)'이 선포되어 매년 이를 시행한다. 무엇보다도 '여성발전기금'에 의해 한국의 많은 여성단체에서는 대학생 모의유엔, 양국언어 대회, 외국인 서울문화체험 주부도우미 육성교육 등 다양한 사업을 추진함으로서 참여와 교육을 통한 삶의 질 향상의 기회를 제공하고 있다. 이는 타국 여성들에게도 '닮음'으로 전파되고 있는데 예를 들면, 최근 일본에서는 한국여성지도자를 초청, 한국여성의 발전을 모델화하여 강연회를 개최[85]하는 등 답습하는 움직임이 일고 있어 한국 여성으로서의 자긍심과 아울러 동북아여성들에게 신선한 충격을 주고 있다.

셋째, 하나의 제도는 정치적 세력과 사회적 세력의 영향을 받으며 타제도의 형성과 변화에 영향을 미친다. 한국여성들의 여론, 민심, 제도화를 위한 강력한 투쟁정신은 남성독주의 정치무대에서 여성세력화의 계기를 마련하였다. 중국여성들은 전국인대여성대표 22%의 목표달성을 위해 한국여성들의 다각적인 행동을 답습함으로서 타산지석의 효과를 가질 수 있을 것이다. 그러나 유엔의 여성권한척도에서 낮은 순위와 세계의회의원 중 여성의원이 한국 81순위, 중국 55순위를 기록하고 있는 현실을 직시해야한다. 이는 G20 개최국의 한국위상에 걸맞지 않다. 또한 '여성이 하늘의 절반을 차지한다(婦女能頂半邊天)'의 중국의 캐치프레이즈와도 거리가 멀다. 이러한 관

---

85) 이연숙 전 정무 제2장관(여성부의 전신)은 일본 여성단체의 초청을 받고 한국여성단체가 이루어낸 다양한 제도적 성과들(여성발전기본법 제정, 호주제 폐지 등)에 대하여 강연을 하였으며, 큰 상을 수상하였다. 2010. 3. 26. 롯데호텔에서 필자와 인터뷰.

점에서 양국여성의원들은 현재에 머물지 말고 전문성을 길러 정부의 권력기구의 핵심에서 지도력을 발휘하여 정치적 양성평등을 이룰 수 있도록 해야 할 것이다

한중양국 여성의 정치참여 활성화를 위하여 첫째, 한중양국 여성지도자는 전문성을 가져야하며. 둘째, 양국여성의 법률정비를 통한 제도화의 정착. 셋째, 중국여성들의 여론화와 행동화 요구. 넷째, 지속적인 교류활동과 적극적인 연대협력 추진. 다섯째, 교육훈련을 통한 여성 지도자의 양성을 제시한다.

그러나 무엇보다도 정치에서 양성평등이 이루어져야 한다. 한중여성의 정계진출은 서구 선진 국가와 비교해 볼 때 여전히 열악한 상황이다. 따라서 여성정치 참여 면에서, 형식적 평등이 아닌 실질적 평등과 권한을 행사할 수 있어야 정치에 있어서 양성평등을 이루어 질 수 있고 또한 진정한 남녀평등이 이루어질 수 있다.

가까운 미래사회에 양국여성의회의원들은 '제도적 파트너'[86]로서 상호교류 하고 닮음을 공유하며 발전적 리더십을 발휘하여 양국여성문제는 물론 동북아 및 세계여성과도 어깨를 겨눌 수 있는 계기가 되기를 기대한다.

---

86) 김영진, "중국 전국인민대표대회 개혁과 협력방안", 『의정논총』 제3권제2호, p.186

제2부

한중 여성정치인의
사상과 리더십

1장_측천여황제의 50년 정치활동

1. 서론

　중국 최초의, 유일무이한 측천 여 황제는 어떻게 리더십을 발휘하여 국가를 다스려 나갔을까? 이러한 학문적 호기심은 여성 지도자를 정치리더십 측면에서 사례연구로 시도해보게 하였다.

　측천에 대한 연구로는 黃光任(2003), 劉連銀(2005), 陳嘩暢翠(2003), 도야마군지(2006) 등이 있다. 그러나 이 연구들은 주로 역사적 측면에서 측천을 다루고 있으며 정치리더십의 시각으로 다룬 연구는 극히 드물다. 현대사회는 다양한 분야에서 여성이 두각을 나타내는 이 시점에서 제왕의 정치리더십을 분석해 보는 것은 여성의 정치참여의 활성화차원에서 주목 해 볼 가치가 있을 것이다. 그러나 고전의 문헌연구는 시간적 제한으로 용이하지 않고 또한 필자의 역사전문성이 일천(日淺)함으로 측천의 연구는 부분적인 1차 자료와 최근필자가 북경에서 수집한 연구 자료를 중점적으로 참고하여 논문을 진행하였다.[87] 따라서 본 연구는 측천의 정치리더십에 대하여 자질론을 중심으로 고찰해본다. 구체적으로 측천이 중국의 당나라와 주나라를 다스려 나감에 있어서 어떻게 인재를 등용하고 활용하였으며, 국정운영의 방침을 어떻게 세우고 어떻게 운영해 나갔는지, 또한 어떤 업적을 이루어 내었는지에 대해 제왕이 갖추어야 할 원칙을 적용하여 고찰해 본다.

2. 정치리더십의 개념과 리더의 자질론(Traits theory)

1) 정치리더십의 개념

리더십이란 매우 광범위하고 다차원적이며 복잡하기 때문에 쉽게 정의내리기 어렵다. 일반적으로 조직의 목표와 효율을 위해 구성원을 조정하는 것을 리더십이라고 한다. 그러나 정치적 리더십이란 대중의 지지를 얻어서 정치적 목적을 실현시켜 나가는 정치 기술이라고 할 수 있으며 좁은 의미의 민주적 지도자만을 지칭하는 것이 아니라, 지배와 조작적인 대중 통치 수단을 포함하며 넓은 의미의 정치가의 전반적인 기능을 의미한다. 정치적 리더십은 "지도자의 개인 특성과 그를 둘러싼 여러 종류의 환경적 요인들 사이의 상호작용"(정윤재, 상호작용: 상2-2요인)으로 설명하기도 한다. 이 논리는 정치적 리더십은 위계적 질서를 기본으로 하는 엘리트주의적 개념으

---

87) 측천에 관해서는 필자가 직접 2010년 1월 10일부터 2월 10일까지 북경대학교 도서관에서 19편의 관련 자료를 찾아 복사하였으며, 여러 서점을 뒤져 2권의 측천무후에 관한 서적을 구했다.

로 해석될 것이 아니라 그 사회의 지도자와 다른 구성원들 간의 '관계 중심적' 개념으로 인식되어야 한다는 것이다. 무엇보다도 정치리더십은 국가의 발전과 국민의 행복을 최고의 가치와 목표로 한다. 때문에 지도자 한 개인의 자질과 특성, 능력을 조망하고 이에 맞추어서 바람직한 지도자의 모습을 도출해내려고 시도하였다. 이러한 시도의 대표적인 인식은 막스 베버(M. Weber)의 연구에서 이상형으로 제시한 카리스마적, 전통적, 그리고 합법적 리더십 유형과 게오르그 짐멜(G. Simmel)이 묘사하는 명망적 지도자의 모습, 정윤재, 쓰루타니(G. Tsurutani)의 민주적, 회전문, 유약한(정윤재, 2003: 64-75; Tsurutani, 1973: 173-180)리더십 유형을 들 수 있다. 베버는 정치권력의 정당성을 기준으로 전통적 리더십, 합법적 리더십, 그리고 카리스마적 리더십으로 리더십의 유형을 분류하였다. 전통적 리더십은 오랜 시일에 걸친 전통의 관습을 배후에 가지며 오랜 역사적 전통에 대한 신뢰가 지도자의 리더십에 정통성의 근거를 부여하는 것이다. 전통적 리더십의 요소는 복종에서 인정되고 있지만 봉건시대 유물인 가부장적 지배와 군주제 지배가 전형적인 것이다. 둘째로 합법적인 리더십은 법규화 된 질서의 합법성과 또한 그것으로 지배권행사의 권리를 부여받은 지도자의 사회적 질서나 규칙에 접합한 리더십이므로 흔히 가장 정당하고 민주적이라고 인정되는 지배방식이다. 마지막으로 카리스마적 리더십은 어떤 절대적인 특정 개인의 신격화, 영웅적 권력, 이상적 모범성이나 계시, 또는 창조된 질서의 신성성 등에 대한 열렬한 신뢰에 기인하는 리더십 형태이다. 카리스마적 리더십은 베버가 말한 대로 지도자 개인의 능력이나 성격을 영웅화하고 절대자를 치켜세우는 리더십으로 때로는 국가나 사회의 절대이념을 만들어 내기도 하며 군부지배 정권하에서 많이 나타나는 리더십이다. 하우스(R. J. House)는 카리스마를 '개인적 능력에 의해서 부하들에게 특별한 영향을 미칠 수 있는 리더'로 기술하면서 카리스마적 리더의 특징적 행동으로 효과적인 역할모범, 능력과 성공을 나타내는 인상을 형성하는 행동, 이념적 목표의 명확한 표현, 추종자들에게 그들에 대한 높은 기대감과 확신의 전달, 동기유발의 행동 등 6가지를 제시하고 있다(House, 1977; 김수영, 2004: 12-13 재인용). 최근의 리더십 유형으로는 민주적 리더십, 변혁적 리더십, 임파워먼트(empowerment)리더십, 서번트(servant)리더십 등이 강조되고 있다. 이러한 리더십 유형들은 공통적으로 리더의 민주성과 비권위성, 헌신성, 변혁성을 강조하며 구성원들의 자질과 능력을 끌어냄으로써 자발적으로 조직에 헌신할 수 있도록 유도한다.

본 연구에서의 정치리더십이란, 국가의 목표와 가치를 위하여 제왕이 추종자들을 유도 조정하여 정치적 역량을 발휘한 것을 말한다. 따라서 신라여왕과 중국여황제가 정치 지도자로서 각기 어떻게 리더십을 발휘해 국가를 통치해 나갔는지 자질론과 리더십 유형을 통해 분석해본다.

2) 정치 리더십의 자질론(Traits theory)

정치적 리더의 특질이나 자질을 일괄적으로 묘사해 내기는 매우 어렵다. 왜냐하면 역사적인 상황과 정치 제도 등의 차이에 따라 정치가의 자질도 달라지기 때문이다. 뿐만 아니라 동서양의 지도자상은 서로 다르다. 서양의 경우, 지도자가 갖추어야 할 자질로는 대체로 체격, 용기, 정력, 지력, 목적의식 등이 있다. 이에 관해서는 측천의 특성에 대해 개인프로파일에서 분석을 시도해본다. 동양의 지도자상은 『대학』이나 『논어』에서 역점을 두고 있는 '수신제가 치국평천하'(修身齊家 治國平天下)가 리더의 몸가짐 내지 통치자 자질의 으뜸 사상이라 할 것이다. 제 경공(齊景公)이 정치란 무엇을 말하는가? 라고 물었을 때 공자는 정치는 먼저 반드시 명분을 바로 세워야 한다[子曰必也 正名乎](論語, 子路)고 주장했으며 구체적으로는 "군군 신신 부부 자자"[君君 臣臣 父父 子子]라고 하여 역할수행을 강조하였다. 즉, 군주(君主)가 되려면. 군주로서 갖추어야 할 조건을 구비해야 하며 군주의 본분과 소임을 해야 하고, 신하(臣下)는 신하로서의 조건을 구비해야 하고 신하의 본분과 그 맡은 바 소임을 다해야 한다(쑨광더(孫廣德), 1986: 133-138)는 뜻이다. 이 말은 비록 간단하나 군주와 신하로서의 역할에 대한 대단히 바람직한 정의라 하겠다.

이상에서 살펴본 서양의 지도자상과 동양의 지도자상은 비록 시공간을 달리하고 있지만 그 내용면에서는 공통적으로 동서고금의 지도자가 필히 갖추어야 할 자질과 역할을 중요시했다고 하겠다. 본 논문에서는 제왕이었던 두 여성 지도자에 대해 자질론으로 고찰해 본다. 따라서 먼저 두 사람이 어떻게 정치지도자로서의 자격을 갖게 되었는지 그 역사적 배경과 성격, 체격 등에 관해 프로파일을 통해 살펴볼 것이다. 그 다음 제왕이 갖추어야 할 9가지의 원칙 중에서 몇 가지에 대해 고찰하고자 한다. 구체적으로 자제력과 정서적 안정성(修身), 국정수행을 위한 지식(尊賢), 통치의 으뜸인 인재등용(敬大臣, 體君臣)으로 다루어본다.

3. 측천의 정치리더십

앞에서 제기한 군주의 자질론을 중심으로 지도자의 프로파일을 비교해보자.

1) 측천의 프로파일

측천은 어떠한 자질을 가졌는가? 측천은 성은 무(武), 이름은 조(照)이다. 측천은 병주(幷主) 문수(文水)사람으로서 624년에 태어났으며 아버지 무사확(武士彠)은 태종 때 예부상서(禮部尙書)를 지냈다(則天皇后, 1975: 115). 14세 되던 때에 미모가 뛰어나 발탁되어 입궁하며 당 태종의 후궁인 재인(才人: 정 5품 해당)이 되었지만(則天皇后, 1975: 115), 태종에게는 특별한 관심과 사랑을 받지 못하였다. 측천의 성품은 총명하고 사물에 대한 반응이 민첩하며, 특히 결단력이 강한 것으로 보여 진다. 구당서에서는 그녀에 대해 '소다지계'[素多智計](則天皇后, 1975: 115)로 표현하고 있는데 지혜와 계략, 전략이 뛰어나다고 볼 수 있겠다. 태종이 죽자 감업사로 가서 일생을 보내게 되었는데 당 고종의 부인인 왕 황후의 요청으로 다시 궁에 돌아오게 되고 고종의 후궁이 되었다가 나중에는 황후가 된다. 690년에 주(周)나라를 세우게 되고 주나라의 시조(始祖)로서 705년까지 15년간을 통치하게 된다. 이를 아래의 <표-1>로 요약해볼 수 있다.

구 분	무 측천 여황제
왕조 / 년대	주(周) 태조(재위 690-705)
성 / 이름	무(武) / 조(照)
성품	'素多智計', 총명, 냉혹함, 강한추진력.
용모 및 체격	대장부 골격 / 미인형
배필	당 태종 이세민(후궁) 당 고종 이치(후궁 / 황후)

출처: 則天皇后, 1975: 참고 후 필자 작성

(1) 측천의 국정운영과 다양한 정책방침

측천의 국정수행 능력은 어디서 비롯될까? 자료의 한계가 있어 충분하지는 않지만 측천은 국정수행을 위해 끊임없는 현자(賢者)찾기로 고심한 것을 알 수 있다. "짐은 밤잠을 자지 않고 전심전력을 다해 치국의 법을 사고한다. 고생스러움을 겁내지 않으나 천하가 넓으니 한 사람이 교화할 수 있느냐? 필히 천하의 모든 현재능사(賢才能士)가 공동으로 국가의 기구를 보좌해야한다. 5품 이상의 문무관원은 각자가 자신이 이해하는 인재를 추천해 달라"며 신하들에게 요청하고 동시에 8가지 부류의 인재[88]를 제시하도록 하였는데(黃光任, 2003: 112-114 참고), 이 각각의 인재들과 더불어 측천은 당에서 주(周)나라를 세우고 국정을 통치해나간다. 이에 대해서는 인재등용부분에서 다시 논의하겠다.

정치지도자는 정치적 안목과 기술을 가져야한다. 정치 기술이란 국민들의 지지를 늘리고 반대를 줄임으로서 그러한 안목을 구체적

---

[88] 棟梁의 인재, 용병과 적의 책략을 가진 자, 수신과 덕을 가진 자, 부모에게 효도 하는 자, 유가의 소행을 간직 하고 있는 자, 문사·약사의 소양을 가진 자, 강직하고 아부하지 않는 자, 청렴결백을 고수하는 자. 이러한 재능을 가진 8개 부류의 인재는 각각 천자와 같이 국가를 이끌어 갈 수 있다고 강조하고 있는 점이 아주 돋보인다.

행동프로그램으로 전환시키는 능력이라고 할 수 있다. 측천은 과거제도를 통해 폭넓게 인재를 국정에 참여시켰다. 과거제도(科擧制度)는 수나라에서부터 시작하여 당 나라 초기에는 진일보 발전하였다. 그러나 측천무후의[당시 고종의 황후로서] 정치참여시기에 특히 중요한 발전을 하였다. 고시 과목이 증가하였고, 모집 인원수가 증가하였으며 무후는 또 전시(殿試)를 처음으로 개설하였는데 그 이후 각 조대에서 효율적으로 계승발전 하였다. 과거제도 중 특히 진사제(進士制)는 '학식 있고 우수한 선비들을 입신케 하는 제도로서 시대적인 발전을 가져왔는데 많은 능력 있는 지방의 인재들을 정치무대에 등용시켰다. 예를 들면, 측천이 실천한 과거제도를 통해 재상에 오른 사람은 27명이며 유명한 집안이나 다른 배경을 가지고 재상이 된 자는 겨우 3명에 불과 했다(黃光任, 2003: 48). 이외에도 '무거'(武擧)를 창설했는데, 군사인재를 선발하여 국방력을 강화하였다. 또 '남선'(南選)을 개설하였는데 이는 변방의 낙후된 지방에서의 개발과 인재를 찾기 위함이었다. 이러한 새로운 제도들은 모두 당시에 열렬한 지지를 얻었다. 측천은 국정수행에 있어서 과거제도, 건언12사(建言12事)[89], 자거(自擧) 등 긍정적인 제도뿐만 아니라, 혹리(酷

---

89) 상원(上元) 12월 27일 측천은 고종에게 그 유명한 12가지의 정치방침, 즉 (建言12事)를 제안하게 된다(黃光任, 2003: 48-50). 이는 1. 농업장려, 부세경감[勸農桑, 薄賦役], 2. 경사부근의 백성 조세와 부역금지[給復三輔地], 3. 대외 용병정지, 도덕으로 천하 교화[息兵, 以道德化天下], 4. 음란행동의 일률금지[南北中尙禁浮巧], 5. 대형토목공사 줄여 예산과 노동력 절약[省工費力役], 6. 언론의 공개[廣言路], 7. 예언의 두절[杜絕讒口], 8. 왕과 공, 즉 신분이 높은 사람 제외하고 모두 노자(老子)를 공부 할 것[王公以下皆習老子], 9. 아버지가 살았더라도 어머니가 죽었을 경우 3년간 상복을 입을 것[父在爲母濟喪3年], 10. 674년 이전의 훈관으로 관리를 임명받은 자는 그 관직인정[上元前勳官以經告身者无追核], 11. 중앙관직 8품 이상 자 녹봉증가[京官8品以上益崇人] 12. 문무백관 임직 오래된 자 중 재능이 많고 지위가 낮은 자 빠른 승진가능[百官臨事久, 才高位下者, 得進紳申滯]. 이 12가지 내용은 과연 측천이 비범한 정치재능을 발현해내었다고 할 수 있으며, 고종과 많은 백성들이 크게 기뻐하였다. 고종은 이 정치방침의 건의서를 받은 뒤 용안이 크게 기뻐하며 즉각 명을 내려 실시하도록 하였으며 이는 자연히 각급 관원은 물론 서민계급(庶民階級)의 커다란 호응을 받았다. 백성들은 다투어 서로 이에 대해 얘기하였으며 경사부근에는 환호하는 소리가 번개처럼 크게 울렸다고 기록되고 있다(黃光任, 2003: 45). 특히 측천은 자주 자기 자신이 근검절약하는 의복을 착용 하였으니 이는 당시에 보

吏), 고밀(告密) 등 해당자의 입장에 따라서는 잔인한, 그러나 자신의 꿈과 목표를 이루기위해서는 수단이나 방법을 가리지 않는 정책이나 제도들을 또한 동시에 추진해나갔다. 그리고 측천은 자신이 가지고 있지 않는 타인의 장점과 건의에 대해 신분의 고하를 막론하고 받아들이고 자신의 국정수행에 적용했다. 측천의 수신에 대해서 논한다면 역시 불교를 통해 마음의 안정과 자제력을 얻었다고 하겠다. 그는 "짐이 어렸을 때 불가에 귀의하고 싶었다."[朕愛自幼齡, 歸心彼岸]라는 말을 여러 번 했으며, 이러한 불교는 통치의 여론 기제와 정신적 지주가 되었다. 불교에 대한 교육과 사상을 습득하게 된 측천은 다양한 정책을 개시하였다. 그는 우선 '화엄종'(華嚴宗)을 제창하고 화엄경 60권을 번역하게 하였다. 이외에도 대운경(大云經), 대승입방가경(大乘入防伽經)등을 번역하고 수많은 사찰을 건립하고 미륵불을 건립하였다. 측천은 자주 신교 낙양에서 무차대회(無遮大會)를 거행하고 불교 행사의 하나인 보시(布施)를 거행했다. 무차대회는 남녀, 귀천, 상하 구별 없이 모두가 평등하게 부처의 은혜를 받는다는 의미의 법회인데, 수레 열대에 동전을 싣고 뿌려서 마음대로 줍게 한 것이다. 사람들이 몰려 사상자가 나기도 했지만 성대하게 치러졌던 듯하다. 이는 측천의 대중성, 공개성을 보여주는 대목이며 측천이 사람들의 마음을 사로잡은 이유는 이러한 부분에 있을 것이다. 즉 측천은 과거제도, 불교정책, 건언12사의 정책방침, 불교의 생활화와 민심정치 등으로 그의 국정운영을 펼쳐나갔다.

기 드문 귀한 사례라고 하겠다.

2) 측천의 인재등용과 그 활용

정치지도자가 통치권을 가지고 있어도 실제로 그 통치권이 발휘되기 위해서는 신하를 적재적소에 배치하고, 또 그 신하가 가지고 있는 능력을 국가와 군주를 위해 발휘할 수 있게끔 해야 한다. 동시에 군주의 신하 장악력은 또한 대단히 중요하다. 왜냐하면, 통치권자에게는 그를 보필할 수 있는 우수하고 훌륭한 참모가 필요하며 그들과 더불어 국사를 논함으로서 인재등용은 통치 기반의 중요한 핵심이기 때문이다. 그러나 그러한 능력 있는 신하나 참모일수록 다른 한편 그에 대한 국민의 신임과 인기가 통치권자를 초월하지 않도록 해야 하는 보이지 않는 권력암투가 또한 상존하고 있음으로 정치지도자에게 있어 인재등용과 동시에 신하 혹은 엘리트장악력은 대단히 중요하게 요구된다고 하겠다. 측천은 가히 용인술의 귀재라고 할 수 있다. 용인술에 대해 제왕이 가져야 할 원칙 중에 경대신[敬大臣, 대신을 공경]과 체군신[體君臣, 군신을 보살핌]을 적용하여 고찰해본다.

(1) 측천의 현인능사(賢人能事)의 용인술

측천의 인재등용은 그의 집권 시기 만큼이나 다재다양하다. 현인능사의 전략과 불교승려의 지위변화 및 북문학사의 기용으로 파악해본다.

동서고금의 제왕뿐만 아니라 크고 작은 단체와 조직의 수장들은 그 조직을 이끌어 나가야할 구성요원이 필요하다. 새로운 제국 주나라를 이끌고 갈 조정에 어떤 사람을 등용시킬까? 주 제국이 주어진 것이 아닌, 자신이 창업주였기에 주의 태조, 측천황제의 국가조직에 동참하여 주 제국을 이끌어갈 창업요원들의 선정은 매우 중요하고

의의가 막중하였다. 자료 '武則天傳'에 따르면, 측천황제는 당나라가 주나라로 바뀐 비상시기의 집권초기에는 근친과 직접 신임하는 사람중심으로 정권을 유지하였다. 이러한 사람들은 기실 학식이 없고 전술도 없는 무리였다. 이들은 조정내외의 관원과 백성들에게 위협적이었으며, 또한 이들은 문란한 정치와 형벌을 남용하였고 재물을 탐하고 매관매직하고 사리사욕을 채웠다(劉 連銀, 2005: 264). 그러므로 측천은 그 후, 일에 대해 부족하고 실패의 여지가 있는 형편없는 사람들은 역시 절대로 가볍게 등용 하지 않았다(劉連銀, 2005: 264). 측천은 주나라를 창건한 후에도 15년간 집권하였으므로 당나라까지 합치면 50년간 전 중국을 통치하였다. 정치지도자에게 지위와 권한이 주어졌지만 그것을 지킬 수 있는가 없는가 하는 것은 대단히 중요하다. 측천은 그 권좌를 지키기 위하여 다양한 '제도'와 많은 사람을 등용하여 통치해나갔다. 또한 자신이 꿈꾸어왔던 그 목표를 향해 통치자로서 이에 어긋날 때는 잔인하도록 강력하게 권력과 결단력을 발휘하여 가장 가까운 사람들이라도 가차 없이 희생시켰다고 할 수 있다. 예를 들어 그는 즉위한 후 얼마 되지 않아 갓 임명한 1개월 된 검교내사(檢校內史) 종진객(宗秦客)이 탐관의 죄로 상소를 받게 되자 그의 공로가 얼마나 많으냐를 불문하고 준화현으로 추방하였다.[90] 또한 종진객을 통해 측천에게 잘 보이려고 술수를 꾸미던 내사형문위(內史邢文偉)를 아부 죄로 좌천시키기도 했다. 또한 측천은 정무를 효율적으로 하기위해 즉위 이듬해인 천수 2년 6월, 측근이 아니지만 소위 '용인능사'(用人能事)의 철학으로 능력 있는 사람들을 기용했다. 예를 들면, 동년 9월에는 락주사마의 적인걸(狄仁杰)을 지관시랑으로 기용하고, 동관시랑 배행본과 함께 평장사를

---

90) 종진객은 측천을 도와 '측전문자'(則天文字)를 만든 장본인이다.

맡게 하였다(劉連銀, 2005: 265). 측천은 적인걸을 극히 총애한 것 같다.[91] 황제에 오른 측천에게 차기 후계자 문제는 상당히 중요한 일이었고 측천은 자신의 후계자로 무씨 중에서 황태자를 내려고 했었다. 적인걸은 이 문제에 대해 극히 반대하였다. 그는 '군신일체' (君臣一體)를 들어 반대하였는데 [군주인]측천의 의견도 중요하지만 특히 재상의 역할을 맡고 있는 [신하인]자신과 군신일체가 되어야 하기 때문에 자신의 의견을 따라 달라는 것이었다.[92] 측천도 결국에는 적인걸의 의견에 동의하였다. 뿐만 아니라 측천은 그에 대해 '꿔 라오'[國老: 나라의 스승]라고 불렀다는 것을 보면 적인걸을 굉장히 아끼고 극진히 대한 것을 알 수 있다. 그러나 아이러니하게도 주나라의 마지막 재상 장간지(張柬之) 역시 적인걸이 추천한 사람이었는데(狄仁杰, 1975: 2895), 그의 주동으로 황권을 물려주게 된다.

(2) 불교승려의 지위변화 및 북문학사의 기용

불교와 관련하여 측천은 어떠한 사람을 등용 했는가? 측천은 불교와 운명적으로 밀접한 관계에 있었다. 이미 어렸을 적에 '3대 이후 무씨 여성이 황제가 된다'는 설이 태종으로 하여금 그녀를 재인(才人)으로 입궐시켰지만 더 가까이 하지 않은 요인이 되기도 하였으며, 특히 감업사에서 3년 동안 '여승' 이었던 측천이었기에 불교와는 특별히 뗄 수 없는 관계이다. 그러한 측천이 주 제국의 황제가 된

---

91) 적인걸은 장수 원년(692년) 래준신(來俊臣) 때문에 무고한 죄로 옥에 갇혀 극형을 당할 번한 적이 있었는데 측천은 그가 큰 그릇임을 알고 잠시 팽택(彭澤, 강서성)의 영(令)으로 좌천시켰다(劉連銀, 2005: 266-267)가 그 후 당의 북쪽 변방을 어지럽히던 유목 민족을 소탕하고 성과를 올린 적인걸을 하북지구의 유주(幽主)도독으로 전임시키고, 이후 신공원년(697년)에 재상으로 임명시켰다.

92) 무(武)씨를 후계자로 했을 때, 여황제가 돌아가신 후 조카인 무씨가 제사를 지내겠느냐? 그렇지 않다. 아들인 이 씨를 후계자로 해야 아들이 그 어머니를 위해 제사를 지낸다며 강력하게 이 씨를 후계자로 주장하였다.

것이다. 측천은 우선 불교승려의 지위를 크게 향상 시켰다. 먼저 당황실은 공식적인 회합에서 '도선불후'(道先佛後)라고 해서 늘 도교의 도사 쪽이 승려 앞줄에 서게 했었다. 태종과 고종이 개인적으로 불교를 숭상했었고 또한 현장(玄奬), 삼장(三藏)도 탄원했던 일이지만 이 '도선불후'의 위치는 바꿔지지 않았다. 그러던 선례가 측천 여황제 즉위 후 이 위치가 바꿔진데서 얼마나 측천황제가 불교에 강력한 힘을 발휘했는지 짐작이 간다. 뿐만 아니라 측천은 국가적 차원에서 불교를 경제적으로 많이 지원하였으며, 백성들에게 '고기'와 '생선'을 상당기간 먹지 말도록 하였고, '무차 대회'를 직접 참여하여 불교행사를 하는 등 실제적으로 불교의 교리를 실천에 옮겼다.

측천황제가 등용한 사람들 중에 북문학사(北門學士)들이 있다.[93] 처음에는 이들의 관직이 높지 않았으나 문인의 재능을 가진 북문학사들을 기용, 활용함으로써 점차 측천의 정치지위가 공고해졌고 따라서 이 북문학사 중에서 재상으로 중용하는 등 많은 자가 높은 벼슬을 갖기도 하였다. 북문학사의 대표적인 사람들은 유위지(劉禕之), 원만경(元萬頃), 주사무(周思茂), 묘신객(苗神客), 호초빈(胡楚賓), 범이빙(范履冰)등이 있다. 측천은 이들을 통해 서적편찬과 정권강화의 역할을 맡겼다. 이들은 9000권을 편찬하였는데 대표적으로는 열녀전, 신괘(臣軌)를 들 수 있다. 측천은 신하들을 장악하기위해 신하들에게 요구하는 덕목을 주 내용으로 하며 특히 군주와 신하는 하나의 몸과 같다는 '군신동체'(君臣同體)를 신괘에서 강조한 것이다. 북문학사 중 대표적 인물로 유위지는 그 직위가 중서문하3품(中書門下3品)으로 재상에 올랐다. 그러나 그는 측천의 정치권력뿐만 아니라

---

93) 북문학사가 나타난 계기는 675년경으로 고종이 와병으로 측천에게 섭정을 맡기고자 했으나 대신들의 반대로 뜻을 이루지 못한 측천은 자신의 정치기반이 아직 역부족인 것을 실감하고 자신을 보좌하고 지지해줄 강력한 집단이 필요했으며 그 결과 북문학사가 만들어졌다.

통치자의 직(職)까지 위협하는 직격탄을 날리는 우를 범했다. 그는 말하기를 "태후는 이미 우매한 중종을 폐하고 총명한 예종을 세웠는데, 어찌 임조청제를 하는 것인가? 예종에게 정권을 돌려주어 천하를 안정시키는 것만 못한 것이다"[太后既能廢昏立明, 何用臨朝稱制? 不如還政, 以安天下之心]. (劉禕之傳, 1970: 2848). 이것은 당연히 측천여황제로부터 분노를 사고 또한 뇌물수수와 허경종의 첩과 사통하였다는 죄목으로 사사(賜死)되었다. 통치자의 권위뿐만 아니라 '황제의 직'- '통치권'을 내놓아야 한다는 이런 상황이라면, 이런 신하라면 군주와 신하가 함께 국사를 논할 수가 없을 것이다. 측천은 정치기반이 약할 때는 '북문학사'의 힘을 활용했지만 이미 확고한 정치권력을 실행할 수 있는 시기에서는 이들의 지나친 비평과 관여, 직권남용에 대해 철저하게 숙청함으로써 정치지도자로서 과감한 결단력을 발휘하였다.

4. 측천의 주요업적과 정치리더십 평가

우리는 앞부분에서 측천이 제왕으로서 갖추어야 할 4개 원칙을 가지고 국가의 지도자로서 이를 어떻게 운영하고 각 국가에 적용하였는가를 살펴보았다. 막스 베버는 지도자의 정치권력의 정당성에 근거 하여 전통적 리더십과 카리스마적 리더십, 그리고 합법적 리더십으로 피력한바 있다. 그렇다면 선덕과 측천은 어떠한 리더십을 가진 지도자였을까?

우선 정치리더십을 평가함에 있어서 무엇보다도 중요한 것은 그들의 업적을 가지고 평가해야한다. 또한 역사인물 평가의 표준과 원칙은 그들이 당시사회의 발전을 촉진했는지 아니면 늦추었는지의 역할에 근거해야한다는 주장도 있지만 이는 그렇게 용이한 것만은 아닌 것이다. 먼저 선덕과 측천의 주요업적들을 살펴보고 그들이 가진 정치리더십의 특징이 무엇인지 찾아보자.

1) 측천 여 황제-카리스마적 정치리더십 발휘

측천의 업적은 긍정적 측면과 부정적 측면으로 구분해 볼 수 있다. 먼저 그의 업적 중에서 긍정적인 측면은 다음과 같다.

첫째, 측천은 과거제도를 발전시켰다. 그는 '전시'(殿試)를 창설했고, 무거[武擧]를 창설하여 군사인재를 선발했다. 무엇보다 '진사'(進仕)는 과거에서 가장 핵심이라고 할 수 있는데 측천이 집권한 50년 동안 진사로 등용한 사람이 1000여명에 달했으며 이는 정관시기(貞觀時期-태종집권기간)에 선발한 인원 205명과 비교할 때 커다란 차이를 보인다고(劉連銀, 2005: 376-377) 할 수 있으니 측천의 집권시기에 과거를 통한 관료제가 크게 발달 했다는 것을 증명한다고 하겠다. 측천이 시행한 일련의 과거제도의 개혁은 청조말기까지 채택되었다(劉連銀, 2005: 377). 둘째, 측천은 역대 황제들처럼 백성들의 부민정책에 관심을 가지고 특히 농업의 발전을 중시하였다. 앞에서 논의된 12개 정치방침 중 제1항목 '농업장려와 세금경감'에서 명시한 것처럼 측천은 본인이 쓴 '조인본업기'(兆人本業記)를 주현관리들에게 시행하라고 명을 내렸다. 이는 고대 역사상 황제 자신이 쓴 유일한 농업저서로서 농업경제발전으로 국고를 충족하자는 내용으로서 그녀는 695년 전국적으로 1년 동안 조세를 면제시켰으며 락주(洛州)는 2년 동안 부역을 면제시켰다(劉連銀, 2005: 374). 고종시기

380만호(萬戶)가 증가하여 여황제의 말년에는 615만호로 되었으니 거의 배가 증가한 것이다(劉連銀, 2005: 375). 또한 측천은 변방의 빈번한 용병으로 군량을 절약하기위해 군사둔전제도를 시행하여 군량미 수송 등의 어려움과 부역을 감소시킴으로서 사회와 국민생활 안정에 기여하였다. 셋째, 다양한 인재선발의 의지(意志)로 치국(治國)의 근간을 마련하였다. 측천이 국가통치를 위해 가장 고심한 것은 다방면의 현인(賢人)을 찾는 일이었다. 국가운영의 지식을 그는 이 현인을 통해서 일구어 냈다. 이 현인을 구하기 위해 그는 "밤잠을 자지 않고 치국의 법(法)을 사고(思考)한다" 고도 했다. 정치지도자에게 가장 중요한 것이 역시 '사람'임을 보여주는 대목이다. 그가 50년의 긴 정치를 한 장수(長壽)의 비결이 바로 사람을 잘 선임하여 방방곡곡에 자신의 꿈을 심고 이상적인 정치를 실현하기 위해서 자신의 분신(分身)을 찾고 그들로 하여금 자신의 역할을 대행시키는 것이었다. 측천은 이러한 현인을 찾으려는 의지로 유불도(儒佛道) 삼종 종교인, 예술인, 군인, 농업인. 비천한 사람 등 실로 많은 사람들을 찾아내었다. 그러나 그는 모순되게도 또한 참으로 많은 사람들을 직·간접적으로 주살하였다. 이는 그가 원하던 현인을 찾지 못해서 일까? 아니면 현인이되 능사(能事)하지 못해서 일까? 그는 또 사람을 선택할 때 그 사람의 재능의 그릇을 선택하고 현재(賢才)를 구해서 적당한 업무를 주어야한다[尋求賢才務求適當]고 했다. 그렇다면, 적재적소에 배치할 인재, 현재를 찾지 못했기 때문에 없애고 또 새로운 현재를 찾았을지도 모른다. 그는 "추천한 명현(名賢)이 적지 않으나 짐이 기대하는 현자는 아직 만족스럽지 않다"고 했으니 끊임없는 현재를 구하고, 없애고 또 구하면서 신 현재를 찾고 또 찾았던 모양이다. 이와 같은 측천의 인재선발의 의지는 정치지도자가 국가를 통치하면서, 치국에 있어 '제대로 된 사람, 정치지도자와 함께 할 사람'이 얼마나 중요한가를 통감케 한다고 하겠다. 넷째, 불교중흥과 당대 문화 예술의 초석을 마련하였다. 측천의 불교숭상은 불교발전에 커다란 원동력이 되었다. 그는 불교건축물로서 '명당'과 '천당'을 건축하였으며 안국사, 경복사, 소성사, 태평사, 위국사 등을 비롯하여 현재 낙양의 용문석굴(龍門石窟) 등 불상을 많이 세웠다. 또한 측천은 수많은 경전을 만들었으며 또한 '삼교주영'이란 서적을 편찬함으로서 유교, 불교, 도교, 삼교의 각 주장을 집대성하였다. 화엄경 60권(卷)을 번역하고 대운경, 도덕경을 제창하였으며, 시·문학·도자기, 불교건축, 예술 등 당대 문화사상의 새로운 경지를 이루어 내는데 기여하였다.

이와 같이 측천의 치적중 적극적이며 긍정적인 측면을 살펴볼 수 있었다. 그러나 50여 년 간의 오랜 집권기간에 측천의 실정(失政)이라고 할 수 있는 소극적인 측면 또한 간과 할 수 없다. 첫째, 혹리횡행(酷吏橫行)으로서 혹리는 측천의 전제통치의 산물이며 내부투쟁의 도구이다. 측천은 서경업(徐敬業)과 이원가(李元嘉) 등이 군사를 일으킨 후 그 전제통치를 견고하게 하기위하여 혹리로서 엄격한 형벌로 다스렸다. 측천은 혹리를 활용하여 당의 이 씨 종실, 반대파를 숙청하고 그 후에 측천의 언행과 정치를 반대 안하는 종실 역시 생존할 수 없는 상황으로 몰아갔다. 이런 시정잡배 같은 무례한 출신의 혹리들은 측천의 지지와 종용 하에 대량의 사면을 받고 각종 잔혹한 형벌로 사람을 사지에 몰아넣었다. 대신 수 백 명과, 자사(刺史), 장군 등 그 수를 헤아릴 수 없다(鄭玉琦, 2010: 116)조정의 모든 사람들은 만나면 서로 대화를 나누지 않았고 목 인사를 나누는 국면을 조성했다. 둘째, 사회불안과 '까오미'(告密)정치의 폐해이다. 측천의 통치 시기 수차 국부지역에 소규모적 농민과 소수민족의 반항투쟁이 발생했다. 이는 봉건전제 제도의 계급삭탈과 억압의 필연적 결과라고 할 수 있다. 측천의 근 50년의 통치기간으로 말하면 사회질서는 비교적 안정되었다고 말할 수 없으며 계급모순 역시 비교적 완화된 것이 없다(鄭玉琦, 2010: 116)는 지적이다. 무엇보다도 '까오미'의 공포정치를 시행하여 상호 불신하며, 하인이 무고한 주인을 고발하는 등 그 폐해 또한 적지 않았으니 측천은 수많은 사람을 직간접적으로 주살하였다. 그녀의 목표 달성을 위하여 수단과 방법을 가리지 않고 추진한 결과이기도 하다. 하우스에 의하면 카리스마적 리더는 권력동기와 자신감이 강하고 능력 있고 강한 이미지를 심어주며, 리더를 추앙하고 동일시하게 만들며, 부하에 대한 기대감과 신뢰감을 마음속에 심어줌으로써 부하의 성취욕구와 리더에 대한 충성심을 이끌어낸다. 측천은 강한 카리스마를 가진 정치가였다. 자신의 이상과 꿈을 가지고 권력을 쟁취하였다. 측천은 14세에 후궁으로 들어와 태종과 고종 두 왕을 모셨고 30여년을 정치가로서 경험을 통해 제왕의 역할을 할 수 있도록 값비싼 황제수업을 받고 그 경험을 바탕으로 스스로의 힘으로 여황제로 취임을 한 것이다. 그는 또한 많은 사람을 기용하고 그들의 재목에 맞게 벼슬을 주고 활용함으로서 부하들로 하여금 자신을 추앙하고 따르게 했다. 또한 스스로 모범을 보이며 근검절약을 생활화하였다.

이상에서 알 수 있듯이 측천은 과거제도의 발전, 농업발전의 시행, 다양한 인재선발, 불교중흥과 문화예술의 장려 등 괄목할 만한 정치업적을 남겼다. 또한 그녀는 27명의 재상과 1000여명의 진사를 등용하는 인재중용의 정치를 펼쳤다. 뿐만 아니라 수많은 사람들을 끊임없이 기용하고 파면하는 현인능사의 카리스마적 정치리더십을 발휘하였다.

5. 결론

정치리더십은 국가의 목표와 가치를 추구하기위해 제왕이 추정자들을 유도 조정하여 정치적 역량을 발휘하는 것이다.

측천은 당나라와 초기의 위기관계에서 교류를 빈번히 하여 16년간 재임 시 11회의 조공사를 당나라에 파견하였고(하영애, 2005: 167) 관리들을 국자감에 보내 교육을 시켰다. 이러한 빈번한 외교적 활동과 군사적 관계향상은 후임 진덕 여왕 때에 '라-당 외교'의 근간을 마련했다고 하겠다.

측천은 재임 시기에 따라 그의 목표와 가치도 달랐다. 당태종과 고종의 아내로서의 시기에는 내조자에도 채 머무르지 못했고 고종의 왕후 때에도 반역자에 의해 '폐후'의 위기를 가졌기에 생사(生死)가 큰 목표이자 가치이기도 했을 것이다. 그 후는 주 제국의 건설을 목표와 이상으로 삼고 값비싼 황제수업을 치루고 권좌에 올랐으며 주 황제로 재위(690-705)하였다. 그는 자신이 등용한 수많은 현재능사의 일꾼들과 더불어 괄목할 만한 국가대업을 완성하였다. 과거제도를 통한 관료제도의 확장, 건언12사(建言12事)의 정치방침, 당대의 다양한 건축과 불상, 시, 예술, 문학으로 문화적인 도약, 유불교 삼교의 집대성, 무차대회를 통한 대민정치 등이 대표적이다. 그러나 혹리횡행, 고밀(密告) 등은 측천을 평가할 때 권모술수, 교활한 정치가로 평가되는 부정적 측면이기도 하다. 총괄하면, 측천은 베버의 이상적 리더십인 카리스마적 리더십을 유감없이 발휘하였고 특히 일 잘하는 인재를 중시하는, 현인능사의 카리스마적 정치리더십을 독특하게 발휘하여 중국 전역을 통치해 나갔다.

이러한 측천의 무덤은 중국의 섭서성 서안시와 가까운 함양시 건릉(乾陵)에 당 고종과 함께 묻혀있다. 그러나 흥미로운 것은 무측천의 비석에 관한 것이다. 소위 '무자비(無字碑)'는 '비석에 글자가 없다'는 말인데 이에 관해 두 가지의 해석이 있다. 하나는 측천이 자신이 죽으면 비석에 한 자도 새기지 말라는 유언에 따랐다는 것이며, 다른 하나는 측천의 그 많은 치적을 어떻게 다 기록 할 것이며 특히 중국의 유구한 역사에서 (많은 남성이 있는데) 유독 여성 통치자의 공적비를 기록한다는 것이 바람직하지 않다[94]는 것이다. 더욱 놀라운 것은 '무자비'의 앞면에는 글씨가 하나도 없지만 뒷면에는 수많은 글씨가 새겨져있을 뿐만 아니라 그 글씨를 종횡으로 긁은 흔적이 선명하게 남아있는 것이다. (사진 1 참고) 따라서 이 '무자비'에 관

측천여황제의 무자비(無字碑)
하영애 교수탐방(2011.2.4)

---

94) 북경대학교 역사학과 쉬카이 교수와의 인터뷰. 2011. 2. 8. 북경대 연구실.

해서 누가? 왜? 무슨 이유로 썼다가 다시 지우려 했는지에 대해 역사적 과제로 남아있다.

본 연구의 결과, 측천 여황제의 정치리더십으로 다음과 같은 결과를 도출하였다.

첫째, 국정운영의 지적보고(知的寶庫)로써 불교활용이다. 측천의 정치는 불교와 불가분의 관계이다. 입궁하기전의 '무씨 여성 왕 등극'의 설화와 주나라의 황제 즉위 전에 출현된 불교적 '신비로움'[95]은 그의 연출로 보는 시각도 있지만 무엇보다도 측천은 '유불도'의 서열을 불교우선으로 승려들의 지위를 향상시켰으며, 수많은 경전을 번역하여 정치와 국정운영에 활용하였고 또한 불교건축과 문화를 궤도에 올렸다. 즉, 측천은 제왕의 현자를 찾는 지식의 보고를 불교를 통해 이루고 이를 국정에 운영하였다. 둘째, 인재등용에서 탁월한 리더십을 발휘하였다. 측천은 현인능사의 카리스마적 정치리더십으로 수많은 인재를 등용했고 파면했다. 그의 재임기간에 27명의 재상을 등용하고, 북문학사들을 또한 기용하였으며, 과거제도를 통해 수많은 지방 서민들도 등용하였는데 이들 중에는 당대의 재상뿐만 아니라, 당 현종시기의 '개원의 치'(開元之治)에 주역을 담당하는 이들도 있었다.[96] 측천은 지속적으로 자거(自擧), 신궤, 백료신계 등을 통해 인재를 구하고 특히 일 잘하는 현인을 끝없이 등용하고 통치에 부적합 할 때에는 가차 없이 파면하였다.

측천의 정치리더십은 여성도 남성과 같이 최고통치권자로서 국가

---

95) 낙양의 낙석 강에서 나온 돌에 새겨졌다는 내용의 글귀, 즉 '성모가 세상에 내려와 제왕의 업을 영원히 번창시키리라'[聖母臨人 永昌帝業].

96) 측천의 통치기 에는 과거 출신자가 대거 등용되었는데, 요숭(姚崇, 650~721), 송경(宋璟, 663~737) 등이 대표적이다 이들은 현종(玄宗)시대의 '개원의 치'(開元之治)를 이끈 인물들이다. http://100.naver.com/100.nhn? docid=833758 (검색일: 2011. 1. 24.)
http://100.naver.com/100.nhn?docid=833758 (검색일: 2011. 1. 24.)

를 운영하였다는 점이다. 이 공통점은 남성독무대인 정치무대에서 우리 여성도 국가를 운영할 수 있다는 긍정적사고와 여성의 정치참여에 자긍심을 높일 수 있게 한다. 측천은 50년이란 장기간 통치기간에 관료, 농민, 서민, 비천한 사람 등 다양한 인재를 선발하고 심지어 신분이 천박한 사람까지도 여러 방법과 교육으로 개조시켜 적재적소에 활용하였다는 특징을 발견할 수 있었다.

측천의 정치리더십이 현대여성들에게 시사하는 바는 무엇인가? 현대사회는 '남녀평등'의 기치아래 제도적, 환경적 여건의 변화로 다소 개선되고 있으나 여전히 형식적 평등과 실제적 평등의 차이가 존재하고 있다. 이런 시점에 측천이 당과 주나라에서 실질적으로 발휘해온 정치리더십은 현대인들에게 시사하는 바가 크다고 할 수 있다. 끝으로 또 하나는, 필자를 포함하여 무 측천에 대하여 가지고 있는 일반적인 선입견은 '무서운 정치가', '악녀' 혹은 '독한 여성'이였다. 이러한 선입견은 이 연구를 통해 인식의 변화를 가져왔다는 점이다.

2장_라·당 외교의 주역 진덕(眞德) 여왕의 정치리더십

1. 서론

한국정치학에서 왕에 대한 연구는 대단히 미약한 실정이다. 특히 신라시대에 선덕, 진덕, 진성 세 여왕이 각각 16년, 8년, 11년간 재위하였음에도 불구하고 선덕여왕에 대한 소수의 연구만이 있을 뿐 진덕 여왕에 대한 학문적 연구는 찾아보기 어렵다. 진덕은 누구인가? 신라사랑에 대한 열정과 집념으로 당나라와의 호혜국 외교를 꿈꾸며 대당(對唐)외교사에 새로운 발전을 가져온 진덕 여왕에 대한 연구는 때늦은 감이 있지만 이제 더 이상 미루어서는 안 된다고 생각한다. 왜냐하면 신사임당의 이름정도만 어렴풋이 알고 역사속의 여성정치가에 대한 연구와 인식이 부족한 현실에서 진덕 여왕의 정치리더십이나 지도자상은 우리의 사회과학도들에게 역할모델이 될 수 있기 때문이다.

최근 정치가의 연구에 리더십 접근을 통한 연구가 활발해지고 있
다. 뿐만 아니라 여성정치사에도 새로운 신기원이 전개되고 있으니
세계최초의 여성대통령은 1974년 아르헨티나의 대통령 이사벨 페론
이며, 유럽최초의 여성대통령은 1980년의 아이슬란드 비그디스 핀보
가도타르 이다. 아시아에서는 7년 뒤인 1987년 필리핀에서 코라손
아키노가 여성대통령으로 당선되었다. 또한 2000년에는 가까운 대만
에서 50년 동안 일당(一黨) 국민당 독재정치에 종지부를 찍고 선거를
통한 야당의 총통과 뤼시오리엔 (呂秀蓮) 여성부총통이 선출되었고,
마침내 한국의 정치사에도 여성총리 한명숙을 비롯하여 2012년에는
초대 여성 대통령 박근혜가 선임되는 변화와 발전을 가져왔다. 이러
한 여성정치지도자의 부각은 21세기의 정치사에 하나의 커다란 전환
점이 될 수 있을 것이니 우리시대를 살고 있는 여성들과 정치학도들
에게 정치참여에 대해 꿈꿀 수 있는 비전을 줄 수 있을 것이며 또한
여성도 할 수 있다는 소중한 가치관을 심어줄 수 있기 때문이다.

그러나 신라 진덕 여왕의 정치리더십에 대한 학문적인 연구는 별
로 없는 것 같다.[97] 그러면서도 신라관련 정치나 사회연구에 있어서
진덕 여왕이 이룬 업적은 적지 않다. 예를 들면, 당나라와의 외교적
인 업적이나 국내치적 중에 제도정비를 통한 왕권강화 등 에서도 거
의 모두가 김춘추, 김유신의 정치 업적으로 돌리고 있으며 진덕 여
왕의 치적으로 보고 있지 않는 경향이 있다. 비근한 예로 여왕들을
종교적 상징적 존재로 인식하고 있다.

---

97) 신라사, 정치사상사, 신라왕위계승등에서 여왕들에 대한 부분적인 선행연구가 있다.
　　문경현, 1983. 『신라사 연구』, 서울: 경북대 출판부.
　　이기백, 1993. 『신라정치사회사 연구』, 서울: 일조각.
　　이기백, 1987. 『신라사상사 연구』, 서울: 일조각.
　　이기동, 1993. 『신라골품제 사회와 화랑도』, 서울: 일조각.
　　이종욱, 1980, 『신라상대 왕위계승연구』, 영남대, 민족문화연구소.
　　하영애, 1995, "韓國新羅時代三女王的統治與女性傳統文化", 北京世界제4차女性大會 NGO FORUM
　　發表論文.

필자가 보기에 진덕 여왕의 국내에서 치적이 있을 뿐만 아니라 외교적으로는 숙위외교, 청병외교 등 특징 있는 지도자였고 그의 업적 중에는 지금도 시행하고 있는 새해의 '신년하례(新年賀禮)' 등의 기록되고 있기 때문에 필자의 견해로는 선덕여왕과 진성여왕에 비해 정치지도자로서의 면모가 뚜렷이 드러난다고 생각된다. 그리고 우리 역사상 등장했던 여왕들에 대한 많은 연구와 다각적인 문헌, 사료발굴을 통하여 학문적으로 적실한 평가가 내려져야한다고 생각하는바, 필자는 우선 진덕 여왕의 정치리더십을 연구하고자 한다.

누가 지배하느냐에 따라 한 국가의 흥망성쇠가 달려 있다고 해도 과언이 아니다. 따라서 최고 정치지도자의 리더십은 예나 지금이나 국가와 국민 모두에게 대단히 중요한 일이다.[98] 이미 1300여 년 전에 고대 신라에서 국가의 최고통치권자인 여왕이 탄생된 것은 신라 정치사에 빼놓을 수 없는 획기적인 역사사건이 아닐 수 없다. 특히 진덕 여왕의 대표적인 치적은 외교정치에서 특징을 손꼽을 수 있다. 당시 진덕의 청병(請兵), 숙위(宿衛)외교를 통한 라·당 외교술은 계속적인 고구려와 백제를 제압하고 신라가 후일 통일을 이루는 전초적인 초석을 마련하였다.

진덕 여왕에 대한 연구는 기본적으로 자료의 제한성으로 연구에 어려움이 있다. 그럼에도 불구하고 진덕의 정치적 리더십을 분석해보는 것은 한국여성정치의 재조명을 위하여 필요하다고 생각 한다. 특히 현대사회는 다양한 분야에서 여성이 두각을 나타내는 이 시점에서 신라 여왕 진덕의 정치리더십을 분석해 보는 것은 주목 해 볼 가치가 있다고 생각 한다. 본 연구를 위해 필자는 삼국사기, 삼국유사에 대한 문헌분석을 중심으로 하고, 신라시대의 역사와 정치에 대한 기존의

---

98) 정윤재, 2003,『정치리더십과 한국 민주주의』, 나남 출판사. pp.64-75.

연구들을 참고하여, 진덕 여왕의 정치리더십을 분석하고자 한다.

2. 정치리더십의 3가지 요소

정치적 리더십이란 국가와 백성을 위하여 통치자가 가져야 할 자질과 능력 그리고 통치기술을 말한다. 그리고 정치리더십이 효율적으로 발휘되기 위해서는 자신의 이상을 성취하고자 하는 의지와 열정, 정치적 안목과 기술, 그리고 엘리트 장악력을 갖추고 있어야 하는바,[99] 우선 이를 상술하면 다음과 같다.

모든 개인도 마찬가지 이지만 정치지도자는 꿈과 비전을 가지고 있어야 살아가는 가치와 보람과 행복을 느낀다. 신라여왕이 수행해야할 궁극적 의무는 그 사회를 안정과 평화와 그리고 쓰루타니 교수가 말하는 "개명된 환경으로 발전시키는 일" (development of society into an environment of civility) 일 것이다. 그러기 위해서는 여왕은 비전, 정치적 안목과 기술, 엘리트(신하)장악력이 있어야 한다. 이를 좀 더 구체적으로 살펴보자.

첫째, 이상을 성취하고자 하는 의지와 정열(commitment to modern ideals)

정치지도자들은 이상을 성취하고자하는 의지와 정열이 있어야 한다. 정치지도자가 아무리 강력하게 지배하고 있고 또한 좋은 기술을 가지고 있다 하더라도 스스로 발전과 성취하고자하는 진지한 의지를 가지고 있지 않는다면 성공할 수 없다. 그러나 정치지도자가 국가를

---

99) 정윤재, 2003, 『정치리더십과 한국 민주주의』, 나남 출판사. pp.64-75. ; Takestugu, Tsurutani, The Politics of National Development: Political Leadership in Transitional Societies, 1973, London: Chandler Publishing Co. pp.173-180.

근대화 내지 발전 시키고자하는 의지를 가지고 적극적으로 일하고 여러 약점과 장애를 솜씨 있게 극복할 수만 있다면 성공할 수 있다.

둘째, 정치적 안목과 기술(political intelligence)

정치지도자는 정치적 안목과 기술이 있어야한다. 이것은 마키아벨리가 말하는 여우의 지혜에 해당되는 것으로 정치지도자의 창조능력, 예견능력, 그리고 조작능력 등을 두루 포함하는 개념이지만 그 의미와 내용이 상황에 따라 달라지기 때문에 하나의 분석적 범주로 개념화하기가 쉽지 않다. 안목이란 일반적으로 말해서 인간본성에 대한 지식과 이해, 사회의 특정한 성향에 대한 이해, 그리고 축적된 사회적 지식 등과 관련이 있으며 또한 사회적, 물적, 인적, 자원 및 장애물 혹은 기존의 가치관이나 제도에 대한 규범적, 비판적 식견을 포함한다. 즉, 정치적 안목이란 근대적 목적의 성취에 필요한 수단과 방법에 대한 지식과 이를 제대로 평가할 수 있는 능력이며, 기술이란 국민들의 지지를 늘리고 반대를 줄임으로써 그러한 안목을 구체적 행동프로그램으로 전환시키는 능력이다.

셋째, 정치적 지도자들은 국내의 엘리트들을 장악해야한다.

발전도상국가의 정치리더십은 여타 엘리트들과의 관계에서 가치관 및 태도의 독자성뿐만 아니라 정치적, 행정적 우위를 확립해야한다. 국내의 여타 엘리트에 대한 지배와 장악이 이미 확보되었거나 운 좋게 주어졌을 때 이러한 우위가 제대로 지속될 것이냐의 문제는 전적으로 정치리더의 안목과 기술에 달려있다. 그리고 개발도상국가에서는 엘리트에 대한 장악이 전체주의 국가에서처럼 절대적일 필요는 없다. 그러나 근대화 정치리더십이 적어도 여타 엘리트들의 조직적 저항이나 체제전복의 위협을 받지 않는 가운데 근대화 프로그램을 수립하고 집행 할 수 있는 정도의 여지를 가질 만큼의 지배력은 확보해야 한다. 이러한 지배력은 마치 마키아벨리가 말한 군주의 행운(fortune)과 같은 것으로, 정치리더십의 행동과 정책이 시작되는 출발점이라 할 수 있다.

이상의 세 가지, 즉 근대적 이상의 추구의지와 열정, 정치적 안목과 기술, 그리고 정치적장악력은 정치적 리더십의 필수요건이라고 할 수 있다. 또한 이러한 세 요소를 어느 정도 구비하고 있는가(또는 어떠한 요소를 결핍하고 있는가)에 따라 정치리더십이 대체로 그 지향하는 바가 무엇이며 어떠한 방식과 속도로 발전을 추진하는지, 그리고 어떠한 특징을 지녔는지를 파악하고 평가하는 것에 유용한 기준을 제공한다. 정치리더십의 세 요소는 근대화를 지향하는 국가나 개발도상국가 및 전환기사회에서 또는 시공(時空)을 초월하여 적용할 수 있다고 생각하는바 필자는 이를 진덕 여왕의 정치 리더십 연구에 적용하고자 한다. 본 연구에서 필자는 우선 진덕 여왕의 출생과 왕권계승의 정치사회적 배경을 기존 연구들을 바탕으로 살펴본 다음, 그가 추진했던 국내외의 주요 업적 등을 검토함으로써 진덕 여왕의 정치리더십이 어떠한 특징을 지녔는지를 드러내고자 하며 결론에서는 이러한 진덕의 정치리더십의 특징을 요약평가 할 것이다.

3. 진덕의 출생과 왕권계승

1) 진덕의 출생

우선 진덕의 출생과 성장배경을 살펴보면 다음과 같다. 진덕의 부모에 관해서만 알 수 있고 진덕이 언제 태어났는지 추적이 어려워

차후에 상세하게 찾아보고자 한다. 그럼에도 불구하고 <표-1 신라 진덕 여왕의 프로파일>에 대해서 살펴보자.

첫째, 진덕은 신라28대 왕으로서 통치기간은 8년으로 647부터 654년까지 신라를 통치하였다.

둘째, 신라의 왕권계승은 간단하지 않으므로 뒷장에서 상세히 논하겠다.

셋째, 진덕의 이름은 승만(勝曼) 이며, (또한 Shirmala 라는 불교경전의 여주인공의 명칭을 표기하기도 함) 어머니는 박 씨 월명부인이고[100] 아버지는 국반 갈문왕(혹은, 국분 갈문왕이라는 기록도 있음)이며, 진평왕의 어머니의 동생 갈문왕의 딸이니 선덕여왕과는 사촌간이다.[101]

넷째, 진덕 여왕의 성격은 강직하고 세심하며 열정을 가진 정치지도자라고 하겠다. 반란을 일으켰던 역모자를 죽이고, 9족을 멸하고 반란을 평정하였다. 또한 승리한 장수들에게는 상을 내려 상과 벌을 엄격하게 적용하였다. 또한 그녀는 당황제가 꾸짖음에도 불구하고 태화(太和)라는 독자적인 년 호를 수년간 계속 사용한 국왕으로서의 지고한 사명감을 가지고도 있었다.

다섯째, 진덕 여왕은 키가 7척이며[102][103] 손이 무릎 밑까지 내려오는 묘사에서 볼 때 키가 대단히 큰 대장부 체격이었음 을 알 수 있다.

여섯째, 신라의 여왕 중 선덕과 진성여왕은 배필이 있었으나, 진

---

100) 삼국사기에는 박 씨 월명부인이라고 기록되어 있으나, 삼국유사에는 아니(阿尼)부인 박 씨로 명기하고 있다.

101) 삼국사기, 권 제5, 신라본기 제5, 진덕여왕.

102) 기록에 따르면, 왕은 대개 7-11척의 장신자(長身者)를 제일 요건으로 하고 있는데 김용운, 김용국 공저『한국 수학사』, "3 국 시대의 수학" 에 의하면 7척은 166.25 ㎝이며, 9척은 213.75 ㎝ 로 7척이 중키, 8-9척은 장신을 의미한다고 풀이하였다. 진덕의 키는 7척으로 이는 지금으로서도 큰 키 이지만 당시 여성으로서는 상당히 큰 키라고 볼 수 있다. 신형식,『삼국사기 연구』, p.177. 참고.

103) 삼국사기, 신라본기 5, 진덕왕.

덕 여왕의 배필은 삼국사기나 삼국유사에 보이지 않는다. 당시 신라 왕실에서는 은연중 불가문(佛家門)을 연상케 하는 신비성을 곁들이고 있다. 예를 들면, 동륜의 직계장자이며 내물 왕 계 김 씨 순수혈통의 소유자인 진평 왕에 이르면 자신의 휘(諱)는 석가의 아버지와 같은 백정(白淨)이었고 그 비 또한 김 씨 이었으며 이름은 석가의 어머니와 같은 마야(摩耶)였다. 물론 진평 왕의 실제적인 아우들도 백반(白飯), 국반(國飯) 이란 휘를 가지고 있었으며 "석가가문을 현세에 옮겨 놓은 것과 같았다. ---진평 왕에게 왕자가 태어나면 석가의 전철을 밟게 될 운명을 타고날까 보아서 인지 공교롭게도 슬하에 여식만 두게 되었다."104) 그 결과 진평 왕에게 왕자가 없고 성골의 남자가 다하였다는 명분에 입각하여 신라는 덕만을 신라최초의 여왕으로 추대하니 선덕여왕이며 그 뒤를 이어 또한 진덕이 여왕을 계승하게 된다.

진덕의 사생활은 여러 가지 자료를 살펴보아도 배필이나 남성관련 자료가 거의 전무하다. 현대여성들이 결혼보다 자신의 일을 더 중시하는 경향이 있는 것처럼 진덕 여왕도 손수 비단을 짜고 태평가를 지어 당 황제 에게 보내는 열성으로 결혼보다 신라를 위한 일을 더 중요시 하는 독신주의자로 추정해 볼 수 있지 않을까?

진덕의 출생과 관련한 프로파일을 아래와 같이 정리해볼 수 있겠다.

<표-1> 신라 진덕 여왕의 프로파일

통치 기간	왕권계승 배경	이 름	성 품	용모 및 신체	배 필
신라28대왕 8년(647-654)	김 씨로서 동륜태자의 가계에 속한 성골신분	승만 (勝鬘) Shirmala(불교 경전의 이름)	강직함, 섬세함 열정. 투철한 사명감. 상벌 엄격적용	키 7척, 손이 무릎 밑까지 내려옴	독신 추정

---

104) 임경빈, "신라 진덕 여왕대의 정치개혁-무열왕의 즉위와 관련하여", 『北岳史論』, 제3집, p.95.

2) 진덕의 왕권계승과 사회 문화적 배경

흔히 우리는 신라여왕에 대해 논 할 때 전 왕이 아들이 없거나, 남동생이 없어서 왕 위에 오를 수 있다고 간단히 생각하고 있다. 그러나 여왕의 즉위 과정에서 두 차례의 반란이 일어났으며 이로써 여왕의 즉위가 순탄한 것만이 아닌 것을 알 수 있다.[105] 진덕 여왕의 즉위, 즉 선덕여왕 말기에 왕위를 둘러싼 상대등 비담(上大等 毗曇)의 반란이 있었다.[106] 또한 선덕여왕이 즉위하기 전에 역시 반란이 일어났는데 진평 왕 53년 말년에 이칠숙(伊柒宿)과 아식(阿食) 석품(石品)이 반란을 일으켰다.[107] 신라 중고 말에 있었던 이 두 번의 반란은 각기 여왕이 즉위하기 직전에 일어난 것이 주목되며, 이것은 우연한 사건이라고 보아 넘길 수만 없다고 생각된다.

주목할 것은 비담의 반란으로 井上秀雄氏는 이 반란을 화백회의(和白會議)에서 선덕 왕(善德王)의 퇴위를 결정하여 선덕 왕 측에서 반란을 일으켰다는 견해를 주장한다.[108] 다른 연구의 이기동은 내물왕계(奈勿王系)의 씨족 회의에서 결정한 사항, 즉 선덕여왕의 폐위이거나 비담의 국왕 추대에 대하여 가야 출신의 김유신(金庾信)이 선덕여왕을 옹호함으로써 발달된 것으로 보는 견해가 있다.[109] 여왕의 즉위에 반발한 세력은 구체적으로 알 수 없으나 진골귀족(眞骨貴族) 이었던 점을 알 수 있다. 즉 진평 왕이 죽고 선덕여왕이 즉위할 당시에는 지증 왕(智證王)·법흥 왕에서 자리를 굳힌 성골왕(聖骨王)

---

105) 삼국사기, 4, 신라본기 4, 진평 왕 53년.

106) 삼국사기, 5, 신라본기 5, 선덕 왕 14년.

107) 삼국사기, 권 41 열전 1, 김유신 상.

108) 삼국사기, 4, 신라본기 4, 진평 왕 53년.

109) 이기동, 1972, "신라내물왕계의 혈연의식"『역사학보』5354합본, pp.29-31.

의 뒤를 이을 남자는 생존자가 없고 여자들만 남아 있었기 때문이다. 삼국사기에 성골남진(聖骨男盡)[110]이란 사실은 이를 짐작케 한다.

그러면 진덕의 왕권계승은 어떻게 이루어졌는가? 자료에 따르면, 전임 왕인 선덕여왕은 배필 음갈 문 왕이 있었는데 그 둘 사이에 자녀가 없었는가? 만약 아들이 있었다면 진덕이 권좌를 쟁취할 수 있었을까 하는 점이다. 삼국사기나 삼국유사에는 이들 자녀에 관한 언급이 없다. 이에 관해서는 신라의 왕위계승을 집필한 이종욱 씨의 연구가 설득력을 갖게 해준다. 그는 선덕여왕과 음갈 문 왕 사이에 자녀가 있었는지는 알 수 없으나, 설령 자녀가 있었더라도 그들은 (성골로서) 왕위계승권을 가질 수 없었을 것이다. 왜냐하면 진평 왕 이후 성골신분을 가진 사람들은 적어도 동륜태자의 가계에 속한 남자들과, 1대에 한한 여자들이라는 점[111]으로만 가능하였는데 왜냐하면 부권제 사회에서 남자가 없을 때 여자는 그 한대에 한하여 남자와 동등한 자격을 가졌기[112] 때문에 가능하다고 하겠다. 즉, 진덕은 김 씨로써 동륜태자의 가계에 속한 사람으로 성골 신분을 가지고 왕의 권좌를 물려받았다고 하겠다. 삼국사기에 따르면, 제28대 진덕여왕(眞德女王). 선덕여왕의 뒤를 이은 왕으로서 이름은 승만(勝曼)이요 진평왕의 어머니의 동생 갈문왕의 딸이니 선덕여왕과는 사촌간이다.[113] 라고 명시되어 있다. 그러나 진덕 여왕은 당시 본인의 권력계승시기에 반란을 일으킨 비담일행에 대해 30여명을 즉시 제거하였을 뿐만 아니라 그 9족을 멸하는 강력한 리더십을 발휘함으로

---

110) 『삼국사기』, 권 제5, 신라본기 제5, 선덕 왕.

111) 이종욱, 1980. 『신라상대 왕위 계승연구』, 영남대학교 민족문화연구소, 민족문화총서7, 영남대 출판부, pp.182-183.

112) 이종욱, 1980. 『신라상대왕위계승연구』, 영남대학교 출판부, pp.179-181.

113) 『삼국사기』, 권 제5, 신라본기 제5, 진덕 왕.

서 자신의 정치지도자로서 위치를 굳건히 하였다.

　신라의 진덕 여왕을 포함한 여왕들의 왕권계승에는 전왕의 아들이 없거나 남동생이 없어서라는 역사적 사실 외에도 신라가 가질 수 있는 독특한 사회문화적 배경이 있는데 그것은 남녀의 성문화와 모계계승의 영향에 기인한다고 하겠다.

(1) 신라시대 남녀의 성(性)문화

　신라시대의 남녀관계는 매우 개방적이고 자유자재로 교제가 이루어지고 연애의 자유를 마음껏 누린 듯하다. 가장 유명한 것은 삼국통일의 영웅 진골 김유신가(金庾信家)의 로맨스다. 김유신의 어머니 만명부인(萬明夫人)은 신라 진골왕족으로 부친은 숙흘종(肅訖宗)이다. 지증 왕(知證王)의 증손녀요 입종(立宗) 갈문왕의 손녀요 진흥왕의 질녀였다. 이런 명문 왕족으로서 금관국(金官國) 구현왕(仇玄王)의 손자인 서현(舒玄)과 열렬한 연애를 했다. 만명(萬明)과 서현랑(舒玄郞)은 혼인하지도 않고 부모의 명을 어기고 연인을 따라 멀리 떠나 생활한 뒤 유신(庾信)을 낳았다[114]. 이들의 연애에서 신라 왕족의 자유연애관을 짐작할 뿐만 아니라, 더 나아가 만명 부인(萬明夫人)의 딸이자 김춘추의 부인인 문명왕후(文明皇后) 문희(文姬)와 김춘추 와의 연애는 급기야 정실 왕후를 밀어내고 정식으로 혼인하기에 이른다. 삼국유사에 실린 로맨스를 보면, 김유신은 정략적으로 김춘추와 여동생을 소개시켜 임신하게 되자 동생을 왕족에게 결혼시키기 위해 거짓으로 동생을 불태워 죽이려는 작전을 펴고, 선덕여왕이 이러한 사실을 알고 왕족이 책임 있는 행동을 하게끔 하여 동생과 김춘추가 결혼한다.[115] 명문 김유신가의 자유연애는 신라 상류

---

114) 『삼국사기』, 권 41 열전 1 김유신 상.

사회의 진골(眞骨)의 대표적인 것이라고 하겠으며 그 외 신라 진골족(眞骨族)내의 많은 연애사건들은 짧은 기록으로 인하여 사상(史上)에서 소멸되었다는 사실은 간과해서는 안 된다.

우리들에게 너무도 잘 알려진 처용가(處容歌) 역시 신라인들의 자유분방한 남녀관계를 인식하게 해준다. 신라 헌강왕(憲康王)때 급간(級干) 처용(處容)의 절색미인인 처는 이 미모를 사모한 역신인(疫神人)과 남편이 외출 시에 그들의 침실에서 정사를 맺고 있었다. 뿐만 아니라 더욱 놀라운 것은 자기의 집에 돌아와 보니 자신의 사랑하는 아내가 외간 남자 간부(姦夫)와 짙은 정을 나누고 있는 광경을 목격하고도 그 남편은 조금도 분노하지 않고 이들의 정사(情事)를 찬미하는 노래를 부르고 춤을 추며 물러가면서 자리를 비켜주고 있다는 점이다. 이에 대해 신라사를 연구한 문경현(文暻鉉)은 자기 아내의 짙은 부정행위를 예찬하는 것을 볼 때 그들의 사고방식이 음탕한 간통행위를 신라인은 양심의 가책이 라던가 부정한 행위로 느끼지 않고 있으며 오히려 아름다운 애정 행위로 받아들이고 있어 신라 귀족 계급들의 자유분방한 성(性)의 개방과 철저한 성의 향락 추구를 엿볼 수 있다[116]라고 평가하고 있다.

왕족 남녀의 연애, 성생활의 자유분방함은 그들의 일상생활에서도 남녀가 평등한 생활을 했음을 미루어 짐작 할 수가 있다. 이러한 자유스럽고 성 개방적인 사고들과 남녀평등의 사실들은 신라사회에서 여성으로 하여금 국가공직에 자연스럽게 참여할 수 있는 여성정치문화가 싹틀 수 있었다고 하겠다.

---

115) 『삼국사기』, 권 41 열전 1, 김유신 상.
116) 문경현, 1983. 『신라사 연구』, 경북대학교 출판부, pp.241-242.

(2) 모계계승 (母系繼承)의 영향

신라의 선덕, 진덕, 진성 세 여성국왕의 왕위 계승에 대해 부계 계승과 모계 계승의 두 이론이 맞서고 있다. 물론 이 분야에는 성골, 진골의 골품 외에 신라 왕위 계승에 대한 복잡한 가계가 있지만 본문에는 여왕과 연관된 부분만을 살펴보도록 하겠다.

부계계승(父系繼承)에 대해서 이종욱(李鐘旭)은 신라 세 여왕은 부권계승사회에서 아들이 없음으로 해서 여성이 대를 이은 특별한 경우, 즉 예외로 들고 있다. 즉 선덕 왕, 진덕 왕이 즉위할 때 동륜태자 (銅輪太子)의 3대(代) 가계(家系) 안에 속한 남자들인 진정(眞正), 진안(眞安) 문 왕은 모두 죽고 그 후손은 여자들밖에 없었음에 틀림없음으로 동륜태자와 진평왕(眞平王)의 가계에서 왕위 계승을 할 수 있는 남자를 구할 수 없게 되자 여왕을 즉위시킨 것이며 여자도 한대에 한해서는 부계가계(父系家系)에 속할 수[117)]있기 때문이다.

모계계승(母系繼承)에 관해서 살펴보면, 신라사를 연구한 문경현은 신라시대의 부계상속제(父系相續制)는 표면적 상측적 제도이고 기층적 내면적인 사회제도에는 모계 상속제가 원류를 이룬다고 주장하고 있다. 신라에서는 선덕여왕, 진덕 여왕, 진성여왕 세 여왕이 당당히 왕위에 즉위하였던 것이니, 얼마나 여계를 중시하였던 가를 짐작할 수 있다. 뿐만 아니라 신라 상고의 왕계는 아마도 무사장적 (巫師長的)인 실군계(失君系)의 여계상속왕(女系相續王)이었던 듯하며 박혁거세를 위시하여 상고 왕대는 실제로는 여왕인 듯하며 이 왕은 무사장 왕(巫師長王)이란 처녀왕(處女王)이었으리라고 보인다.[118)] 고 제시하였다.

---

117) 『삼국사기』, 권 제5, 신라본기, 선덕 왕.

118) 문경현, 1983,앞의 책, pp.249-250.

무엇보다도 또한 신라 최대의 왕릉인 98호(大陵) 분(墳)인 표고형 쌍분(票瓜形雙墳)의 발굴에 따르면 이 왕릉 에서 북분(北墳)은 여성 으로서 남분(南墳)은 남성으로 밝혀졌는데 국왕보다 왕비가 규모나 모든 면에서 더 화려하고 성대히 장례한 것은 여성의 우위와 여성의 제사장적(祭司長的) 왕자의 신분을 설명할 수 있다고 했다. 또한 이 능은 선덕여왕, 진덕 여왕보다 1,2세기 전이니 또 다른 여왕이 존재 하거나 왕비의 여왕적인 성격임을 역설하고 신라 상대 왕의 계승은 여성 사제장계(司祭長系)의 학설로 밝혀졌다고 제시하였다.[119] 또한 많은 역사적인 사료들은 당시에 왕과 여왕이 사찰을 방문하거나 나 들이 할 때 다녀갔다는 흔적으로 바위에 이름을 남기기도 했는데 여 왕 혹은 부인의 이름을 바위에 새긴 것이 발견 되고 있으며, 사찰을 지을 때 비용전체를 누구 집 몇째 딸이 재산을 시주하여 지었다는 자료들을 통해[120] 볼 때 당시 여성의 경제적 지위 또한 상당히 높았 다고 여겨진다. 그러므로 이러한 신라사회의 모계계승의 영향이나 당시의 환경 또한 여왕들이 즉위하는데 자연스럽게 받아들여졌다고 생각한다. 이것은 대단히 중요하다고 할 수 있다. 오늘날과 같은 남 녀불평등 (실제적 불평등)시대, 가부장제도 시대처럼 혹은 조선시대 처럼 비인격적이며 남녀가 불평등한 관계가 아니라는 것을 알 수 있 다. 당시 신라는 '신라적 여성정치문화'[121]에서 진덕이 국왕에 취임 하였고 그녀의 독특한 카리스마와 그녀 주의의 엘리트 참모인 김춘 추, 김유신 천존 등의 인재들과 더불어 신라를 발전시켜나갔다고 할

119) 문경현, 1972, 『신라건국설화의 연구』, 제4집, 1~50.

120) 역사학자, 고고학자들의 인터뷰와 사적(史的) 자료들의 고증을 통해 제시하였다. KBS 역사 스페셜

121) 하영애, 2006. "신라시대 세 여왕의 왕위계승과 정치리더십 연구", 한국정치학회 하계학술세 미나 발표논문. 제 2장 참고.

수 있다. 이러한 의미로 신라시대의 사회를 이해하고 파악해야 진덕의 재임기간중의 정치리더십을 정확하게 파악할 수 있을 것이다.

그러므로 진덕 여왕의 탄생은 전 왕의 아들이 없으니까 왕위 계승을 할 수 있었겠지만 중요한 것은 여성을 한 나라의 최고 통치권자로서 지위를 부여할 수 있었던 그 환경은 역시 신라가 가질 수 있었던 여성과 남성의 평등적인 문화에도 기인한다고 할 수 있겠다. 왜냐하면 조선시대 -특히 조선중기와 말기 지독히도 남녀 차별이 심했던 시대- 라면 여왕의 탄생은 불가능했을 수도 있었을 것이다.

4. 진덕의 국내외 정책

진덕은 신라를 이끌고 나갈 최고의 정치지도자가 되었다. 비담의 난 중에 전임 선덕여왕이 서거하고 (난(亂)중에 잘못 되었는지는 확실치 않고 고령의 질환으로 추정된다) 후임에 오른 진덕 여왕은 신라를 어떻게 통치하고자 했을까. 당면한 문제로서 우선 그의 즉위 무렵에 반란을 일으킨 무리들 문제, 백제와 고구려의 끈임 없는 침입과 동요, 당 나라와의 문제 등 산적한 일들을 어떻게 인식하고 어떠한 비전을 가졌으며 어떠한 정치적 안목과 기술을 적용하여 신라를 이끌어 나갔을까? 앞에서 언급한 것과 같이 정치적 안목이란 국가의 발전에 필요한 수단과 방법에 대한 지식과 이를 제대로 평가할 수 있는 능력이며, 기술이란 국민들의 지지를 늘리고 반대를 줄임으로써 그러한 안목을 구체적 행동프로그램으로 전환시키는 능력이다. 그러나 이러한 정치적 안목과 기술을 적용하기 위하여 통치권자는 국가를 위한 원대한 꿈과 포부를 가지고 있어야 한다. 통치권자의

원대한 꿈은 그 개인뿐만 아니라 국가의 운명이 달려있기 때문에 더욱 값있고 중요하다. 뿐만 아니라 아무리 상황이 어렵더라도 그것을 극복하고 풀어나가야 하는 것이 바로 정치지도자가 해야 할 일이며, 또한 정치리더십이 요구되는 것이기도 하다. 진덕은 8년의 재임기간 동안 어떠한 정치리더십으로 어떻게 신라를 이끌어나갔는지 그의 국내정책과 외교정치를 중심으로 살펴보고자 한다.

1) 진덕의 국내 정책

(1) 상벌의 엄격한 적용

진덕은 즉위하자마자 우선 국내 문제 중 자신의 즉위에 반란을 일으킨 비담과 그 일행 30명을 처단[122] 하고 9족을 멸한다.[123] 이는 어쩌면 차후에 유사한 일이 발생하지 않도록 본보기를 보였을 가능성도 있을 것이다. 이 난은 비담이 일으킨 것이라기보다 화백회의의 퇴위결정에 대하여 선덕여왕측이 일으킨 반란이라고 생각이 들 수도 있겠지만 이는 그만큼 화백회의 및 상대등의 왕권견제기능이 강했다는 것을 말하며 이 비담의 난이 실패함으로서 화백회의를 중심으로 한 귀족세력은 큰 타격을 입었다고[124] 하겠다.

어쨌든 진덕은 이러한 엄격한 벌을 내리기도 하였지만 또한 전쟁에 나가 전력을 세운 장수들에게 전과에 임하여 공정하게 상을 내리기도 하였다. 즉, 진덕은 원년 3월에 백제의 장군 의직(義直)이 서쪽

---

122) "신라에만 왜 여왕이 있었나?" 2002. 8. 20. 방영.
　　　진덕은 즉위하자마자 이 문제부터 먼저 처리한 것으로 기록하고 있다. 삼국사기, 신라본기, 제 5 진덕왕 원년 정월 17일.
123) 『삼국사기』,권41, 열전 김유신 전 상 참고.
124) 이기백, 한국고대정치사회사 연구, p.272.

변경을 침범하여 요차(腰車) 등 11개성을 함락시키자 상심하고 압독주 도독(押督州 都督)김유신을 시켜 진압한다. 유신은 백제병력을 추격하여 거의 전멸시키고 전쟁을 승리로 이끄니 왕이 군사들에게 '차등 있게' 상을 내렸다.[125] 또한 춘추가 당나라에 사신으로 갔다가 돌아오다가 고구려 순라 병을 만나게 되었을 때 춘추의 수행원 온군해 (溫君解)가 춘추로 변장하고 상사를 위해 대신 죽었다. 진덕 여왕은 이 소식을 듣고 군해의 충성스런 정신을 기려 높은 벼슬 대아찬(大阿飡)을 추증하고 그의 자손들에게도 융숭한 표창을 하였다.[126]

이와 같은 일련의 조치들을 통해서 진덕은 국왕으로서 반란자에 대해서는 강력한 처벌을 내렸고 또한 전쟁에 승리한 장수와 상사를 위해 목숨 바친 부하에게는 그에 걸 맞는 상과 표창을 내림으로서 엄격하고 따뜻한 채찍과 당근의 두 가지 측면을 행사하고 있는 것을 볼 수 있다.

(2) 복식 제도의 개선

진덕 여왕은 제도개선에 대한 특별한 안목과 가치관을 가지고 있었던 것 같다. 우선 당나라의 장복제도를 도입 하게 되는데 이는 신라에서 먼저 당나라에 요청하게 된다. 신라 사절단으로 간 김춘추로 하여금 당 태종과 대좌한 후 3개 항목을 제시하게 되는데 그때 장복(章服)의 사용을 요청하였다. 신라에는 지증 왕 대와 법흥 왕 대를 거치며 이미 복식제도를 마련하고 있었다. 신분계층에 따라 평상시에는 4색, 공무 시에는 5색으로 복색이 구분되어 있는데 복식제도의 도입을 통한 개혁이 당시에 적기는 아니었으나 비담의 난으로 흩어

---

125) 『삼국사기』, 신라본기, 제 5, 진덕 왕. 원년 3월.
126) 『삼국사기』, 신라본기, 제 5, 진덕 왕. 원년 2월.

진 국론을 수렴하고 고구려와 백제의 침입에 대비해야하는 당면과
제를 안고 있으며 사회의 여파를 고려하여 이 복식제도를 먼저 추진
하였다. 신분제도의 개혁은 신라 정치사회의 골간에 관한 것인 만큼
부담이 되므로 사회의 여파를 고려하여 우선 복식제도부터 간접적
인 개혁을 시도하였다. 이는 진덕 여왕대의 개혁과 더불어 신라가
신기운을 조성하고자 함에 신분제도와도 밀접하며 가시적이고 일종
의 사회제도인 복식제도로부터 간접적인 개혁을 단행하는 것이 정
치개혁의 충격을 최소화 할 수 있는 노련하고 조심스러운 한 가지
방편으로 볼 수도 있다.127) 임경빈은 당나라의 장복제도를 신라가
도입하는 것에 대해 개혁의 하나로 단순화 시키고 있는 측면이 있
다. 왜냐하면 예나 지금이나 국가의 녹을 먹고 있는 공복(公僕)인 외
교관이 타국에 나가 그 나라의 문물을 눈 여겨 보고 좋은 것은 자국
에 도입 하려는 것은 당연한 일이며 또한 그들의 역할중의 하나이
다. 김춘추가 외교관의 임무를 띠고 당나라에 가서 장복(章服)제도
를 도입해 온 것을 굳이 그의 통치시대에 연결시켜 개혁을 통한 집
권의도로만 해석한다는 것은 너무 지나치지 않을까?

(3) 행정부 정비를 통한 왕권강화

진덕 여왕은 또한 외형적인 행정부 정비 및 왕권강화에 정치적 리
더십을 발휘하였다. 그 대표적인 것이 품주(稟主)를 개편한 집사부
(執事部)와 조부의 설치이다. 이에 관한 기록을 보면 진덕은 집권5
년의 2月에 종전의 기구를 집사부라 고치고 파진창 죽지(波珍滄 竹
旨)로 집사중시(執事中侍, 후일의 侍中이나 大臣)를 삼아 기밀 사물
을 맡게 하였다.128) 기존의 이 기구들에 대한 기능을 보면, 품주와

---

127) 임경빈, "신라 진덕 여왕대의 정치개혁-무열왕의 즉위와 관련하여", pp.71-72.

조부가 전문적인 기능을 소유하고 왕실의 재정을 맡고 있으면서 왕권강화에 커다란 역할을 수행하여왔다.[129] 그러나 재정을 관장하는 기구만으로써는 귀족들의 정서나 주변국의 사정을 정확하게 파악할 수 없으므로 전문적인 기밀을 관장하는 기구의 필요성이 절실하였을 수 있다. 이를 깨닫게 된 진덕 여왕은 정치제도 면에서 발달된 중국식을 도입함으로써 당나라와 호흡을 같이 하려하며 신라사회에 신기운을 조성할 이유가 있었을 것이며 또한 시대 조류에 부응할 수 있는 새로운 기구를 설치하여 왕실에 귀속시킴으로서 보다 능동성을 지닌 왕권을 확립할 필요가 있었다.

집사부는 왕정의 기밀사무를 관장 하는 것을 임무로 하는 관부(官府)인데 이것은 위로는 왕명을 받들고 아래로는 행정을 분장하는 여러 관부를 거느리는 가장 중요한 최고 행정관부 이었음을 뜻하는 것이다.[130] 이 집사부는 30여명으로 구성하였으며 임기는 3년이다. 집사부를 관장하는 중시(中侍 혹은 侍中이라고도 표기)는 1명으로 타 부서의 2인과 구별하여 당시 초대 중시를 맡은 파진찬 죽지에게 힘이 실려짐을 알 수 있다. 이 집사부의 30명이란 숫자는 당시 병부가 20여명으로 구성되는 소집단[131]에 비해 그 규모의 방대함을 짐작할 수가 있다. 이 집사부의 설치 및 중시에 대해 진덕 여왕의 왕권강화라는 측면과 화백회의와 상대등의 귀족세력을 대변한자 라는 견해가 있다. 즉 이 집사부의 설치는 크게는 왕권의 필요에 의한 것 이지만 당시 왕권을 배경으로 정치의 실권을 쥐고 있던 김춘추와 김유신의 주장에 의해[132] 만들었다는 견해이다. 그러나 집사부는 시위부

---

128) 『삼국사기』, 신라본기, 제 5, 진덕 왕.
129) 임경빈, "신라 진덕 여왕대의 정치개혁-무열왕의 즉위와 관련하여", pp.74-75.
130) 이에 관해서는 이기백, 신라정치사회사 연구, '신라지사부의 성립' 부분 참고. pp.149-179.
131) 임경빈, 신라 진덕 여왕대의 정치개혁, p.77.

(侍衛府)와 상호보완하며 왕권을 강화하도록 하는 일환으로 볼 수 있는데 진덕 여왕 8년에 시위부가 강화된다. 이는 궁중경비 강화라고 할 수 있는데 신라의 국방을 위한 장군은 36명 정도였는데 이중에 진덕 여왕 때에 궁중경비를 위해 6명의 장군을 설치하게 된다. 그러므로 진덕 여왕은 귀족집단과 결탁에 의하지 않고 종교적 배경하에 신성성을 부여받은 관념상 초월 족임을 자처하지 않으면서도 물리적으로 보다 강력할 수 있게 되었다.133)

신년하례 또한 진덕 여왕의 정치적 안목과 기술을 실행에 옮기는 하나의 사례라고 하겠다. 왕권 강화로 새해가 시작되는 날에 백관들로부터 인사를 받고 업무를 시작하는 풍습을 만들었으며 이것이 오늘날 우리의 문화 풍습에 있는 신년 하례의 첫 시작이라 하겠다. 즉, 왕이 조원전(朝元)에 임하여 백관의 신년축하를 받으니 신년하례의 예가 이때 시작되었다.134) 이는 역대 왕조에서 왕과 군신들만이 논의하던 폐쇄된 회의와 대면의 방식에서 만조백관이 모두 모여 신년을 축하하며 조원 전에서 공개된 상태에서 서로의 의사전달을 할 수 있는 실로 대단한 제도적 변화이며 도덕과 예의를 중시하는 진덕 여왕의 개방적이고 민주적인 정치안목의 일면을 볼 수 있다고 하겠다.

이러한 각종의 상벌의 엄격적용, 행정부정비를 통한 왕권강화를 거쳐 진덕 여왕은 현실적이며 물리적인 뒷받침으로 새로이 부각할 수 있었던 당당한 국왕상(國王象)135)을 가졌다. 그러나 진덕 여왕의 정치리더십의 가장 중요한 부분은 김춘추, 김유신 등의 인재활용에 있다고 하겠다.

---

132) 이기백, 신라 정치사회사 연구, p.171.
133) 임경빈, 신라 진덕 여왕대의 정치개혁, p.78.
134) 『신라본기』, 제 5, 진덕 왕.
135) 임경빈, 신라진덕여왕대의 정치개혁, p.83.

(4) 진덕의 인재 등용과 활용

정치지도자가 통치권을 가지고 있지만 실지로 그 통치권이 발휘되기 위해서는 어떻게 신하를 적재적소에 인적배치를 하고, 그 신하가 가지고 있는 능력을 국가와 군주를 위해 발휘할 수 있게끔 하는 신하장악력은 대단히 중요하다. 물론 통치권자에게는 그를 보필할 수 있는 우수하고 훌륭한 참모가 필요하며 통치권자는 그들과 더불어 국사를 논함으로 인재등용은 통치 기반의 중요한 핵심이다. 그러나 그러한 능력 있는 신하나 참모일수록 다른 한편 그에 대한 국민의 신임과 인기가 통치권자를 초월하지 않도록 해야 하는 보이지 않는 권력암투(시샘)또한 상존하고 있음으로 정치지도자는 인재등용과 동시에 신하 혹은 엘리트장악력은 대단히 중요하다고 하겠다.

진덕 여왕은 가히 용인술의 귀재라고 할 수 있다. 그는 김춘추 에게는 대외 및 외교의 임무를 맡기고 김유신 장군을 비롯한 많은 장군들을 적재적소에 배치하는 등 위엄과 자상함과 뛰어난 용인술로 백성들을 보살피고 외국의 침략에 대항하여 훌륭하게 신라를 통치하였다.

진덕 여왕은 김춘추를 활용하여 당나라와의 관계개선과 외교 분야를 성공적으로 이끌었다. 그는 김춘추를 당(唐)에 보내서 태종(太宗)과 각별한 유대 관계를 가지게끔 하고 병력을 협조 받아 백제 등적 을 물리치는데 큰 도움이 되게 하였다. 특히 김유신, 진춘, 천존 장군 등으로 하여금 백제의 3성(茂山, 甘勿, 桐岑)을 쳐부수고 수많은 병기와 말 1만 필을 획득하게 하였다. 또한 진덕의 재임기간 신라와 당의 이러한 긴밀한 협조가 더욱 돈독하여 군사력 강화에 커다란 성과를 가져왔으며 세 여왕 중 진덕 여왕이 가장 뛰어났다.[136]

---

136) 하영애, 2006, "신라 세 여왕의 왕위계승과 정치 리더쉽 비교분석", 한국정치학회 하계학술

이러한 진덕 여왕의 안목과 기술력은 당의 도움으로 신라에 대한 백제의 침략을 막았다. 즉, 김춘추를 사절사로 보내어 당태종과 환담 중에 당 태종에게 말하기를, "백제가 근년에 침략이 끊이지 않으니 만약 폐하가 군사를 내어 악한 무리를 제거하지 않으면 저희 백성들은 다 사로잡히게 되어 앞으로 바다를 건너 조공을 할 것 같지 않습니다"라고 하니, 태종이 깊이 동정하고 출사(出師)를 허락하였다.[137] 진덕은 이러한 군사 지원에 대하여 사후 보고와 답례를 하여 라·당 간의 우의를 더욱 돈독히 하였으며, 대당(代唐)교섭 이후 청병은 신라에 의해 독점되었던 점에서 그녀의 인재등용을 통한 군사적, 외교적 활약상을 높이 평가할 수 있다.

진덕 여왕과 불교 관련해서는 새로운 인식이 요구된다. 임경빈은 그의 연구 '신라 진덕 여왕대의 정치개혁'에서 신라여왕들과 불교에 관해 '관념적인 신비성'이란 표현을 여러 군데 쓰고 있다. 그러나 비록 진덕 여왕의 명칭 중에 Shirmala 라는 불교경전중의 이름을 기재하고 있지만 진덕 여왕의 임기 중에 불교와 관련해서는 기이할 정도로 자료를 찾아보기 어렵다. 그러나 선덕과 진성은 직간접적인 왕실 불교교육의 영향을 받고 생활 실천으로까지 연결 되었던 것을 볼 수 있다. 선덕여왕은 중국에서 불교를 수학하고 돌아온 자장법사에게서, 진성은 대구화상으로부터 국정을 자문 받고 지식과 지혜를 습득하였다. 선덕과 진성 두 여왕은 백고좌 설법을 듣기도 하고 또한 승려들의 자격을 인정하는 면허증을 주는 의식을 하고 100명, 60명 등이 승려 되는 것을 허락하기도 하였다.[138] 진성여왕의 경우 즉위 4년 5월15일에는 왕이 직접 거동 하여 연등을 관람할 정도로 불교를

회의 발표 논문 2장 참고.

137) 『삼국사기』, 권 제5, 신라본기, 제5, 진덕 왕.

138) 『삼국사기』, 신라본기 제5, 선덕왕 ; 삼국사기, 신라본기, 제11 진성왕 원년; 진성왕 2년 3월.

생활화하였다. 그러나 이러한 두 여왕의 불교의 생활화와 교육실천과는 달리 진덕 여왕의 임기 중에 불교와 관련해서는 특이할 정도로 자료를 찾아보기 어렵다. 진덕은 독신으로서 어떤 여왕보다도 냉철하고 강직한 정치리더십을 가지고 있었고 반란을 일으킨 역적들의 9족을 멸한 카리스마를 가진 정치가였다고 할 수 있다. 이러한 그의 국정 운영의 철학은 어디서 연유할까? 역대 왕들과 같이 승려들에게 자문은커녕 진덕 여왕에 이르러서는 불교나 사찰, 승려와 관련 하여는 거의 자취를 찾을 수 없는 상황이다. 이는 여왕을 종교와 관련하여 '국가의 상징적 존재' 라고 하는 점과는 상치된다고 하겠다.

2) 진덕의 국제정치 : 호혜국 외교정치

진덕 여왕은 신라와 당나라를 종주국관계(從主國 關係)과 아닌 우호적이고 협력적이며 호혜국 관계(互惠國 關係)로 만들려는 원대한 이상과 포부를 지녔던 것 같다. 그는 강하면서도 부드럽게 당과의 외교관계를 개선해 나갔다. 그는 조공외교, 숙위외교, 청병외교를 정치적 안목을 가지고 기술적으로 추진해 나갔다. 우선 여왕즉위에 대해 당나라에서 먼저 진덕 왕을 계국 낙랑군 왕(桂國樂浪郡王)에 책봉[139]하였으므로 그녀는 직접 비단을 짜 태평가를 지어 당나라에 보냈는데 이에 대해 당 황제는 아주 기뻐하였다. 이 태평가는 약간 길긴 하지만 소개 하고자 한다.

위대한 당나라가 왕업을 창건하매
황제의 높은 포부 장하기도 하여라

---

139) 楊家駱 主編, 中國學術類編, 舊 唐書 二, 鼎文書局印行, 中華民國 68年 12月. 舊 唐書, 卷199. 上. 5334.

전쟁을 그치매 군사들은 시름 놓고
문교에 힘을 써서 대대로 이을세라

하늘을 대신한 은혜도 장할 시고
만물을 다스려서 저 마끔 빛을 내다.

끝없는 어진 덕은 해와 달과 조화되어
시운을 어루만져 태평세월 지향 하네

깃발은 어찌 그리 빛나게 나부끼며
군악소리 유달리도 우렁차게 들리 노나

황제명령 거역하는 외방의 오랑캐는
한칼에 멸망하여 천벌을 받으리라

밝고 어두운 데 없이 순박한 풍속이오.
먼 곳 가까운 곳 없이 저 마끔 축하로다.

사철은 옥촉처럼 서로 조화되고
해와 달과 별들은 만 방울 두루 돈다.

산신령은 어진 재상 점지하여 주시고
황제는 충량한 신하들을 신임한다.

3황과 5제가 같은 덕을 이룬지라
어화 우리 당나라에 길이 비치리로다.

(1) 신라의 조공외교

진덕은 또 조공을 통해 신라와 당나라와의 외교를 발전시켜나갔
다. 당시 당나라에 보낸 조공에 관해 살펴보면, 진덕 여왕은 8년 재
임동안 9회의 사절단을 파견 조공함으로써 어느 해는 1년에 2번 한

적도 있음을 알 수 있다. 이는 선덕여왕이 16년간 재임 시 10회의 조공을 보낸 것과 비교해 보아도 진덕이 당나라와의 외교관계에 얼마나 주력했는가를 실감나게 한다. 이러한 진덕의 라·당 외교에 대한 이상과 비전은 당 나라와도 코드가 잘 맞았다고 하겠는데 진덕여왕의 즉위를 맞아 당 황제가 먼저 즉각적인 책봉을 자진하여 서두르므로 이례적으로 신라의 외교적 입장을 세워주고 있었다.[140] 당 황제의 진덕 왕 책봉은 선덕 여왕 대에 당나라에서 여왕의 즉위를 무시하고 친척을 파견하여 국가의 안위가 안정되면 여왕이 국가운영을 하는 것이 좋겠다.[141]는 것과는 대조를 이룬다고 하겠다. 조공을 통해 신라 외교는 급격한 성장을 가져왔다. 619년 대당(代唐)교섭이 시작된 이래 668년까지 50년간 신라, 백제, 고구려가 당나라에 사절단을 파견한 회수는 81회에 달하고 있으며, 그 중 신라는 절반에 가까운 34회의 사절단을 파견 조공하였고 이 34회 중 진덕과 선덕여왕의 재임 중에 절반이 넘는 19회로써 그들의 적극적인 외교활동을 알 수 있다. 무엇보다도 당나라에 대한 조공(朝貢)의 또 하나의 특징은 입조사(入朝使)가 당 측에서 관직을 받았는데 조공사 김춘추는 특진(特進), 문왕은 좌위군(左武衛) 장군이라는 관직으로[142], 그것도 신라에 한했다는 것이다. 당서(唐書)에 의하면, 특진은 정이품(正二品)의 문산관(文散官)이며, 좌위군 장군은 종삼품(從三品)이며 중앙직의 장군으로[143] 이는 어디까지나 명예직이지만 신라사절에 한 한 것이어서 더욱 주목된다.

---

140) 임경빈, "신라 진덕여왕대의 정치개혁-무열왕의 즉위와 관련하여", p.68.
141) 『삼국사기』, 신라본기, 권 제 5, 선덕 왕 12년 9월.
142) 楊家駱 主編, 中國學術類編, 舊 唐書 二, 鼎文書局印行, 中華民國 68年 12月. 舊 唐書, 卷199. 上. 東夷5335.
143) 신형식, 1981. 『삼국사기 연구』, 일조각, p.236.

(2) 숙위외교

특히 숙위외교(宿衛外交)를 통한 진덕의 이상과 비전은 신라외교의 질적 변화를 가져오게 된다. 당과의 조공을 통한 진덕 여왕의 외교적 리더십은 점차 발전되어갔는데 그 중에서 숙위외교는 진덕 여왕의 외교력강화의 특징으로 꼽을 수 있다. 숙위는 종래에 유지되어 온 신라의 대외 교섭을 응결시킨 종합적인 외교수단이라고 할 수 있는데[144] 이러한 숙위에 대한 국내 최초의 기록은 진덕 왕 2년의 아래와 같은 내용에서 비롯된다. 김춘추와 그 아들이 당에 사신으로 갔다가 김춘추는 당 태종에게 청병을 요구하니 태종은 김춘추를 대견히 생각하여 출사를 허락하였다. 이에 김춘추가 말하기를 "신은 일곱 아들이 있으니, 원컨대 한 아들로 하여금 황제 곁에서 떨어지지 않고 숙위케 하여 주십시오"[145] 하고 그의 아들 문 왕을 남겨 두었다. 그 후 진덕 왕 5년에는 김인문을 당나라로 파견하여 조공하고 그대로 머물러 숙위하게 하였다. 이 숙위는 인질과는 다르고, 비교적 높은 신분인 왕자제 등이 조공하였다고 하겠는데[146] 이러한 일련의 외교적 활동은 다분히 진덕 여왕의 정치적 안목이 뛰어났다고 볼 수 있다. 진덕은 신라국왕으로서 커다란 자부심을 가지고 있었던 것 같다. 그녀는 집권8년 동안에 수년간을 태화(太和)라는 독자적 연호를 사용하였다.

진덕 왕 2년 겨울에 감질허가 사신으로 당나라에 갔는데 당 태종

---

144) 신형식, 1967, 『숙위학생고 (역사교육) 11.12합』, 70 ; 신형식, 『삼국사기연구』, 266-268; 宿衛라는 것은 당나라의 군사제도의 하나로서 당의 수도에서 동성을 호위하는 위군의 사졸(士卒)을 말하는데, 이때의 사졸은 중국주변의 여러 나라 왕자들이 편입되어 황제 곁에서 보위케 하는 것이 일반적 형태이나, 중화사상에 입각하여 중국의 황제가 주변 제후국가의 왕자들을 京師에 머물게 함으로써 자신의 권위를 높이려고 하는 정치적 목적이 있었다.

145) 『삼국사기』, 신라본기 제 5, 진덕 왕.

146) 신형식, 『삼국사기 연구』, p.242.

이 '신라가 신하로 대국을 섬기면서 어찌 따로 연호를 부르는가(新羅臣事大朝何以 別稱 年號)' 하고 묻자, 감질허가 답변하기를 '일찍이 대국조정에서 정삭을 반포하지 않았으므로 선조 법흥 왕 이래 사사로 연호를 가졌다. 만약 대국조정의 명이 있었다면 우리나라가 어찌 감히 그렇게 하겠는가.' 하니 태종이 그렇게 여겼다.[147] 그 후에도 진덕은 독자적인 연호를 계속 사용하다가 즉위4년 되던 해 처음으로 중국의 연호 영휘(永徽)를 사용하였다.[148] 이처럼 진덕은 약소국이지만 국왕으로서 지고한 사명감을 가지고 당 태종의 질책이 있다고 해서 즉시 그 연호 사용을 중단한 것이 아니라 그 후도 지속하다가 바꾸는 자존심 강한 여성국왕으로 중국 당나라와 어깨를 나란히 하고자 했다.

(3) 청병외교

신라의 국외 지지기반은 중국 당나라였으며, 선덕과 진덕 여왕은 당태종과 당 고종으로부터 군사 지원을 받아 고구려와 백제의 침략을 물리쳤다. 삼국사기에 의하면 13년에 당태종이 현장(玄奬)을 시켜 고구려에 천자의 문서를 전하여 신라와 전쟁을 끊기를 권하고 있다.

> 신라(新羅)는 우리나라에 귀의하여 조공(朝頁)을 궐하지 아니하니
> 그대는 백제(百濟)와 함께 곧 전쟁을 정지하라. 만일 또다시 신라
> 를 친다면 명년에는 군사를 내어 그대의 나라를 칠 터이다.[149]

---

147) 『삼국사기』, 신라본기 권제5 진덕 왕, 2년.
148) 다른 연구에서 진덕이 6년간 독자적 연호를 사용하였다고 하는데 삼국사기(『삼국사기』, 신라본기 권제5 진덕 왕, 4년.)에는 4년 6월 이후에 중국연호 영휘(永徽)를 사용한 것으로 기재하고 있으며, 8년간 재임하였으므로 4년이 맞지 않을까 생각된다.
149) 『삼국사기』, 권 제5, 신라본기, 제5, 진덕 왕

당 태종은 이러한 자신의 뜻을 또한 그대로 실천에 옮기는 신뢰 깊고 의리 있는 군주였으니 계속되는 고구려의 신라 침범에 그 이듬 해인 14년 5월에 신라 선덕여왕을 도와 직접 고구려를 정벌하였다. '五月에 당태종이 친히 고구려를 정벌하므로, 王(선덕왕)이 병(兵) 3 만을 내어 당(唐)을 도왔다.' 라는 기록에서 나타나고 있다.

진덕 여왕대 에서는 신라와 당의 이러한 긴밀한 협조가 더욱 돈독 하여 군사력강화에 커다란 성과를 가져왔다. 진덕 왕 2년의 김춘추 가 사절로 가서 청병하여 태종이 출사를 허락하였고, 김인문(金仁問) 의 숙의는 청병사로서 활동하였을 뿐만 아니라 그 선봉장으로서 백 제, 고구려의 양국정벌에 큰 공을 세울 수 있었다.[150] 진덕은 군사 지원에 대하여 결과 보고와 답례를 하여 라·당 간의 우의를 더욱 돈독히 하였다. 뿐만 아니라 대당(代唐)교섭 이후 청병은 신라에 의 해 독점되었다. 선덕 왕 11년 8월, 12년 9월, 진덕 왕 2년 겨울 등 여러 번 신라가 당나라에 청병(請兵)한 사실로 미루어 볼 때 당나라 는 신라의 통치 지지기반에서 중요한 역할을 했음을 알 수 있다. 이 상의 여러 가지 통치 업적을 통하여 알 수 있듯이 진덕 여왕의 청병 외교, 숙위외교, 라·당 외교를 통한 이상은 외교적, 군사적 차원에 서 제도적 실천까지 시행됨으로서 신라를 더 한층 발전시켰다고 하 겠다.

(4) 대당(對唐)외교의 결과

진덕은 당과의 호혜국 외교정치를 적극적으로 추진하였다. 여왕 이 손수비단에 수를 놓아 태평가를 지어 보내는 섬세함과 열정으로 라·당 외교는 무르익었고 발전을 거듭하였다. 진덕은 재임 8년간 9

---

150) 신형식,『삼국사기 연구』, p.244.

번의 조공을 하고 당나라에 대해 최대한의 예의를 갖추었으며 자신이 죽기 몇 개월 전에도 금총포(金摠布)를 당 황제에게 보냈다.[151] 금총포는 당시의 특수한 직물인 것 같으며 이는 그가 살아생전에 마지막 예물을 보낸 셈이다. 이러한 진덕의 호혜국 외교 정치에 대해 당나라에서도 병력지원, 예물증여, 지절사 파견 등 다각적인 협조와 협력을 해왔으며 이는 당나라의 개방성과 국제성의 시류에 부응하여 상호사은(相互謝恩)하였다고 볼 수 있다. 주목할 것은 당나라에서도 진덕 여왕에게 특별한 예우를 많이 하였다는 점이다.

당나라는 진덕 여왕 통치시기에 지절사(持節使)를 보내는 예우를 갖추었다. 진덕여왕 원년에 당태종이 지절사를 보내 전 왕에게 광록대부를 추증하고 이어서 진덕에게 '柱國樂浪郡 王'으로 책봉하였다. 이에 대해 삼국사기를 연구한 신형식은 선덕왕의 추증 및 진덕 왕의 책봉이 동시에 이루어졌으며 특히 진덕 왕 이후는 책봉이나 추증을 막론하고 지절사를 보내온 것이 특이하다[152]고 하였다. 뿐만 아니라 조공사 숫자의 증가에 대해서 제도적으로 발전하였는데, 조공사가 1인에서 2인으로 된 라·당 조공사의 특징은 정. 부사(正. 副使)라는 제도적인 완비가 있었던 것이며 이러한 신라외교의 성장은 진덕 왕 2년의 김춘추. 문왕의 경우에 진일보 하였다[153]고 평가하였다. 특히, 당은 진덕 여왕에게 계림국왕(鷄林國王)의 칭호를 부여하였고, 여왕이 서거한 후에 조문객과 예물을 보내왔다. 즉,

---

151) 진덕은 7년 11월에 사신을 당나라에 보내며 금총포를 선물로 보냈고 이듬 해 3월에 서거하였다. 삼국사기에 보면 7년에는 오직 이 한 가지 사항만 기록되어 있으며 6년 3월의 기록에 '큰 눈이 오고 왕궁의 남문이 아무 까닭 없이 저절로 무너졌다.' 라는 것으로 왕의 서거를 내비치고 있다. 신라는 왕들의 변고에 대해 자연기후로 예시하고 있다.

152) 신형식, 『삼국사기 연구』, p.252.

153) 신형식, 『삼국사기 연구』, p.241.

"당 고종이 상사(喪事)를 듣고 영광문에서 추도식을 올리고 대상
승 장문수로 절로 가지고 가서 조문케 하며 폐부의동삼사 (開府儀
同三司)를 증여하고 채단 300필을 하사 하였다."[154]

이러한 상호 예(禮)를 갖추는 것을 볼 때 진덕과 당나라 군주들은
단순히 업무에 국한될 수 있는 국가대 국가의 공식적 차원을 넘어
인간적으로 가까운 관계의 한 측면을 보여주고 있다고 하겠다. 또한
지절사의 자격을 살펴보면 진덕 여왕 8년 (654)에 신라에 온 당나라의
지절사 장문수의 관직이 태상승(太常丞)으로 종 5품이며, 대개 4~5
품인 이들 지절사와 양국의 관계가 정치적으로 상하의 입장이 아님
을 보여준다.[155] 이는 진덕 여왕에 대한 당나라의 각별한 신임과 예
우를 나타내 준다고 할 수 있으며, 이러한 당의 지지기반은 그 후 신
라가 백제, 고구려를 정벌하고 신라삼국 통일을 이루는데 초석의 역
할을 했다고 할 수 있을 것이다.

5. 결론 : 진덕여왕의 정치리더십의 특징과 평가

이상의 연구에서 보여진 진덕 여왕의 정치리더십의 특징을 요약
하면 다음과 같다.

첫째, 진덕은 신라 사랑의 사명감과 비전을 가지고 강직하고 섬세
한 추진력과 열정적 정치리더십을 발휘한 지도자였다. 그는 자신의
왕권계승에 대하여 반란을 일으킨 비담일행30명을 죽이고 9족을 멸
하는 과감하고 강력한 카리스마를 지닌 정치지도자였다.[156] 여왕의

---

154) 삼국사기, 권 제5, 신라본기, 제5, 진덕 왕.
155) 신형식, 1981. 『삼국사기 연구』, 일조각, p.240.

용모에 대해서는 아름다운 대장부로 묘사할 수 있고, 체격의 특징으로는 키가 7척이며, 손이 무릎까지 내려오는 장부 체격의 거구였음을 알 수 있다. 진덕은 독신으로 추정할 수 있다. 그는 현대 여성들이 일과 가정이라는 두 영역에서 가정보다 일에 더 몰두하는 것처럼 신라 사랑과 국가대 국가의 호혜국외교정치의 비전과 열정으로 강하면서도 섬세하고 따스하게 정치지도력을 발휘해 나갔다. 이는 진덕 여왕이 능력 있는 현대 커리어우먼의 벤치마킹의 대상이 될 수 있음을 입증하는 것이다.

정치지도자가 원대한 포부와 이상을 가지고 있고 정치적 안목을 가지고 그 비전을 실천하고자 해도 정치엘리트나 주위 의 강력한 세력을 장악하지 못한다면 군왕의 권좌를 지킬 수가 없다. 진덕 여왕은 바로 자신을 지켜낸 용맹스런 군주였으며 인재등용이 뛰어났다고 하겠다. 그는 김춘추와 김유신 이란 외교가와 명장을 적재적소에 배치하여 활용하였다.

진덕은 국제적 외교적 차원에서 뿐만 아니라, 국내적으로는 제도 개선에 대한 정치적 안목을 가지고 행정부정비로 왕권을 강화했다. 첫째로는 집사부를 설치하고 집사부의 장관인 중시가 행정을 통괄하였는데 이 집사부는 나라의 기밀업무를 다룬 중요한 기구로서 왕권강화에 큰 역할을 했음을 알 수 있다. 또한 왕이 문무백관들의 신년축하를 받는 '신년하례'의 예가 이때부터 시작되었으며 또한 진덕은 상과 벌에 대한 엄정한 정치를 집행했다. 반란을 일으키다 실패한 비담일행을 처형하여 죄에 대해서는 엄격하게 다스리고 전투에서 승리한 장군과 병사들에겐 공적을 구분하여 후한 상을 내리는 포

---

156) 진성여왕이 성격이 자유분방하고 솔직하며 호색가적인 기질을 가지고 감성적인 사랑정치에 취해 도적 떼들의 난립을 막지 못하고 하야하는 실패한 정치리더십을 가진 것과는 대조를 이룬다.

상 제도를 엄격히 실행했다.

진덕은 신라가 당나라와의 관계에서 상하가 아닌 호혜국 관계(互惠國 關係)로 발전하기를 바라는 원대한 이상과 정치목표를 가지고 또한 국제적 외교적 정치안목을 가지고 부드러우면서도 강한 리더십으로 정치기술을 살려나갔다. 그는 우선 부드러운 카리스마를 외교정책에 운용했는데 사절단파견과 조공을 1년에 두 번 보내기도 하면서 정성을 들여 했다. 그녀는 여왕 자신이 직접 비단에 태평가를 수놓아 당황제의 치적을 높이 예찬함으로서 당황제와 공식적인 면만 아니라 사적인 면에서도 인간적인 교류를 돈독히 하였고 왕족 자제들을 파견하는 숙위외교 또한 진덕 여왕이 최초로 시작하였다. 대당교섭 이후 50년간 신라, 백제, 고구려가 당나라에 파견한 81회의 사절단 중 신라는 절반에 가까운 34회의 사절단을 파견 조공하였는데 이 중 진덕과 선덕의 재임 기간 중에 절반이 넘는 19회를 차지함으로서 능동적인 외교 전략과 활동을 알 수 있다. 진덕 여왕은 이러한 고도의 외교적 기술을 통해 독자적으로 태화라는 연호를 (고의 이던지 그렇지 않던 간에) 수년간이나 사용하여 중국 당나라와 어깨를 나란히 하고자했으며, 뿐만 아니라 당나라로부터 여러 차례 수많은 병력을 협조 받아 고구려, 백제를 성공적으로 물리쳤으며 신라사절단 만이 유일하게 당 나라로부터 관직을 받았는데 사절단 김춘추는 특진(特進 : 正二品에 해당)을, 문왕은 좌위군 장군이란 관직이 그것이다.

밖으로는 김춘추를 등용하고 당나라와의 관계에서 자신의 이상과 비전이랄 수 있는 호혜국 외교정치를 정치적 안목으로 조공외교, 숙위외교, 청병외교라는 측면에서 정치기술로 풀어나갔다. 그는 당 황제의 신임을 받는 능력 있고 섬세하고 열정을 지닌 국왕으로서 선덕

여왕과는 차이를 보여준다. 당 황제가 선덕여왕에게 여성이 나라의 주인이기 때문에 황제의 친척을 파견하여 신라를 다스린 후 선덕으로 하여금 국가경영을 맡기겠다는 권유는 선덕여왕으로서는 치욕적이며 멸시적인 처사가 아닐 수 없다. 이와는 대조적으로 진덕 여왕에게는 먼저 '주국낙랑군 왕'이라 책봉하였고, 병력지원, 예물증여, 지절사 파견으로 치하하였으며 다각적인 협조와 협력을 해왔다. 이는 당나라의 개방성과 국제성의 시류에 부응하여 상호사은(相互謝恩)하였다고 볼 수 있다.

이처럼 진덕 여왕의 호혜국 외교정치를 위한 비전은 그의 정치적 안목과 식을 줄 모르는 라·당 외교의 열정으로 그리고 다양한 통치기술을 발휘하여 신라발전과 삼국통일에 커다란 공헌을 하였다. 부드럽고 강직한 카리스마의 외교정치가 진덕 여왕을 '효율적 정치리더십'[157]을 가진 정치지도자로 높게 평가 하여도 손색이 없을 것이다.

그러나 진덕의 재임 중 불교와 관련하여서는 찾기가 어렵다. 예컨대, 선덕여왕의 사찰건립이나 진성여왕시기의 승려 허가 의식, 백고좌설법등과 같은 사항은 기이할 정도로 보이지 않는다. 그럼에도 불구하고 세 여왕을 종교와 관련하여 '국가의 상징적 존재'로 일괄한다는 것은 연구자들이 진덕 여왕의 재임기간에 대한 철저한 연구 없이 세 여왕들에게 가지고 있는 일괄적인 선입견으로 바라보기 때문이라고 생각한다. 그러므로 여왕들에 대한 많은 연구와 다각적인 문헌, 사료발굴을 통하여 학문적으로 적실한 평가가 내려져야한다고 생각 한다. 몇 해 전 진덕 여왕(?~645)은 넥타이를 한 여왕? 이란 제하의 사진기사가 보도되었다.[158] 이를 통해 당나라와 진덕 여왕의

---

157) 정윤재, 2003, 『정치리더십과 한국 민주주의』, 나남출판사. 64-75. ; Takestugu, Tsurutani, The Politics of National Development : Political Leadership in Transitional Societies, 1973, London : Chandler Publishing Co. pp.173-180.

라·당 외교관계의 역사적 사실을 다시 한 번 되새겨 보는 계기가
될 것이다.

최근 출토된 신라 진덕여왕 추정 석상

---

158) 80년대 중국 시안 근교 당나라 태종의 무덤 주변에서 출토된 신라 진덕 여왕(?~645) 추정
석상 조각(<한겨레>7월25일자 23면)의 사진이 최근 공개됐다. 진덕 여왕 석상은 지난 82년
시안 근교인 산시성 리취앤 현 동북쪽에 있는 당 태종 이세민(재위626~649)의 무덤인 '소
릉' 부근에 도열한 이웃 나라(번국) 제왕 상들 가운데 일부다.
주위 제단을 정비하던 중 소릉 산동문 밖 동북쪽 약 1000미터 부근에서 발견됐다.

3장_20세기 중국을 움직인 송칭링 (宋慶齡)의 정치사회사상

1. 서론

　중국의 송칭링(송경령, 宋慶齡)은 중국의 여성정치사에 커다란 공헌을 하였다. 송칭링이 추구하는 사회운동은 중국의 국부(國父) 쑨중산(손중산, 孫中山)의 혁명 사상을 중국에 실현하는 것이었다. 이 사상은 송칭링 자신의 이상과 신념체계이기도 했으며 이를 위해 끈임 없이 노력하고 투쟁하였다. 송칭링은 청 제국시대에 태어나서 신해혁명을 거쳤고, 5.4 사회운동, 국제사회의 힘을 모아 평화의 사상을 중국에 적용하려고도 했다. 일본의 중국침략에 한가운데서 그의 이상과 신념을 실현에 옮기기 위해 국민당과 공산당이 합작하여 제국시대의 유물에서 물러나 새로운 사회운동을 펼치는 것을 이념으로 삼았다. 즉 3대 혁명이념(삼민주의-민족주의, 민권주의, 민생주의)을 펼쳐 중국의 사회운동을 실현해보고자 하였다. 송칭링에 관해서는 중문으로는 宋慶齡選集, 宋慶齡紀念集, 서신, 강연 등을 비롯하여 최근에는 쑨중산과 송칭링에 관한 전문사이트가 개설되어있는데 예를 들면, 黃城의 宋慶齡在國共之間的政治選擇-角色理論的初步分析, 趙慶云의 論宋慶齡代孫中山事業與思想的槪述[159] 등의 연구가 있다. 국내연구로는 이양자의 논문과 저서[160]가 있으며 또한 송칭링에 대한 상세한 내용이 이스라엘 엡스타인(Israel Epstein)에 의한 송칭링 전기집이 있다.[161] 그러나 박순천과 송칭링의 사상이나 업적에 대해 정치사회운동측면에서 비교분석한 연구는 극히 드물다. 헌팅턴 (Samuel P. Huntington) 은 정치발전과 사회발전은 분리할 수 없는 쌍둥이 자매와 같다. 왜냐하면 정치발전은 다방면의 사회변천중의 한 면이기 때문이다. 또한 정치와 사회구조는 환경의 변화를 받아 발전하며 이 두 가지는 하나라도 부족해서는 안 되기 때문에 이 두 가지는 상호 뗄 수가 없다[162]고 말한다. 특히 정치운동과 사회운동 역시 불가분의 관계가 있다고 하겠다. 그러므로 본 문은 박순천과 송칭링의 정치사회운동을 함께 고찰하고자 한다.

본 논문은 한국여성정치인 박순천의 정치사회운동과 20세기 많은 중국인들의 존경을 받았던 송칭링이 추구했던 정치사회운동을 비교

---

159) 『宋慶齡選集』(上.下冊), 宋慶齡基金會, (北京: 人民出版社滙編, 1992); 人民出版社編, 宋慶齡紀念集, (北京: 人民出版社編,1982);黃城, "宋慶齡在國共之間的政治選擇-角色理論的初步分析", www.syscf.org.tw/indexhome/0800/pdf1007.pdf (검색일: 2013. 11. 21.): 趙慶云, "論宋慶齡代孫中山事業與思想的槪述", www.syscf.org.tw/indexhome/0800/pdf1002.pdf. (검색일: 2013. 10. 26.) "爲抗議違反孫中山的 革命原則和政策的聲明", 1927. 7. 14.『宋慶齡選集』上卷, (北京: 人民出版社, 1992) ; "在中國人民政治協商會意 第1居 全體會議上的講話", 1949.9.『宋慶齡选集』上卷, (北京: 人民出版社, 1992). 이외에 서신형식, 강연형식의 글 등이 다수 있다.

160) 이양자, 『송경령 연구-정치·사회활동과 그 사상』(서울: 일조각, 1997); 이양자, "송칭링과 허상잉-쑨중산유지의 계승과 여성운동을 중심으로-", 중국사연구 제3집, 1998 : 이양자, "중국현대사에서의 송칭링의 역할", 『이화사학 연구』, 제 22집,

161) 이스라엘 엡스타인(Israel Epstein) 저, 이양자 옮김, 『20세기 중국을 빛낸 위대한 여성, 송칭링 (상, 하)(woman in world history: Soong Ching Ling』, (서울: 한울, 1998).

162) Samuel P. Huntington, *Political Participation in Developing Country* (Cambridge : Harvard University press, 1976), p.4.

고찰해본다. 그녀들의 정치사회운동의 이상을 고찰하고 그 이상을 어떻게 실천해나갔는지? 또한 그들은 한국과 중국의 정치사회에 어떠한 긍정적, 부정적 평가를 받고 있는지도 함께 모색해본다.

2. 이론적 배경 : 정치사회운동의 4 요소

사회운동(social movement) 이란 한 사회에서 사회변동의 제 양상을 저지하거나 영향을 미치고자 하는 사람들의 광범위한 집합적 행동을 말한다. 그것은 처음에는 비공식적으로 시작한다. 기든스(Giddens)에 의하면 사회운동은 첫째, 민주적 운동으로서, 정치적 권리를 유지하거나 형성하는 데 관심을 가지며 둘째, 노동운동으로서, 노동현장의 방어적인 통제와 경제 권력의 보다 일반적인 분배를 변화시키는 데 관심을 갖는다. 더욱 중요한 것은 평화운동으로 민족주의와 군사력의 광범위한 영향에 도전하는 여성운동을 들 수 있다.[163] 일반적으로 어떤 사회운동은 가치(values), 규범(norms), 구조(structure), 그리고 인간행위(human behaviors)라는 네 가지 요소를 포함하게 된다. 본 연구에서의 사회운동을 고찰함에 있어서 이러한 네 가지 요소를 유념하여 분석할 필요가 있다. 첫째, 가치는 사회운동의 한 요소로서 사회공동체의 구성원으로서 인간이 추구하게 되는 요구(needs), 태도 혹은 욕구(desires)과 관련된 목표 또는 이 목표와 관련된 사물이라고 할 수 있다. 이러한 가치는 종종 많은 사람들의 그에 대한 수용이나 혹은 변혁을 거친 다음에 하나의 관념의 형성을 매개로 성취될 수 있다. 박순천의 정치사회운동의 가치관은 여성의 지위향상 추

---

163) http://search.naver.com/search.naver?where=nexearch&query= (검색일: 2013. 10. 6.)

구, 민주주의 실천, 애국심(나라사랑)으로 피력할 수 있으며, 송칭링의 정치사회운동에 대한 가치관은 혁명이념, 아동과 농민의 복지향상과 남녀평등, 국제사회에서의 나라사랑으로 고찰 할 수 있으며 그의 이 가치관은) '中國民權保障同盟' 등의 조직체계를 통해 성취됨을 볼 수 있다. 으며, 둘째, 사회운동의 규범(norms)적 요소는 일종의 규칙(rule), 표준(standard), 혹은 행동양식(pattern for action)을 의미한다. 박순천의 정치사회운동의 규범은 민주주의와 애국애족, 정의심 등에 중점을 두고 있다고 할 수 있다.

송칭링의 사회운동에 있어서 규범의 핵심적 사례라고 할 수 있는 신·구 삼민주의, '3대 정책', 각종 강연, 서신 등을 통해 송칭링이 국민당좌파로서 시작하여 혁명동지를 돕고, 여성을 자각시키며 중국에는 중국공산당으로 하여금 혁명적 승리를 가져올 수 있는 정치적 역할을 고찰하게 된다. 셋째, 조직구조는 사회운동의 중요한 요소이다. 사회과학에서는 여러 가지 조직과 역할에 대한 정의가 있는데 가장 보편적인 정의를 개략적으로 살펴보면, 조직 또는 조직체계(Organization) 란 "특정한 목표를 추구하기 위하여 의도적으로 구성된 인간 활동의 지속적인 체계"를 일컫는다. 박순천은 조직을 통해 힘을 가질 수 있다는 것을 경험적 사실을 통해 알고 있었다. 그는 자신의 가치관인 여성의 지위향상(추구), 민주주의 (실천), 애국심(나라사랑)을 위해 건국부녀동맹의 창립, 독립촉성애국부인회 결성, 대한부인회 결성 하였고 특히 언론의 중요성을 인식하고 부인신문(婦人新聞)을 창간하였다. 송칭링은 중국민권보장동맹(中國民權保障同盟)의 결성, 국민당 중앙집행위원회 위원, 국제 반제국 동맹 대회 (國際反帝同盟大會)등 다양한 조직을 만들고 그의 이상을 펼쳐나간다. 넷째, 인간의 행위. 앞에서 말한 가치, 규범, 조직구조는 모두 사회운동의 정태적 요소이다. 이러한 요소들만 가지고는 그 사회운동이 제대로 기능을 발휘할 수가 없을 것이다. 그러므로 필히 인간이 개입되어 직위를 가지고 역할행위의 각종 활동을 할 때만이 비로소 조직체계에 동태적현상이 발생하며 나아가 그 기능을 발휘하게 된다. 즉 사회운동을 포함한 하나의 조직체가 그 기능을 발휘하느냐 못하느냐 하는 것은 실제로 어떤 직위의 어떤 사람의 행위와 상당한 관계가 있다고 할 수 있다. 비록 똑같은 제도나 법규라 할지라도 그 집행자가 어떤 사람인가에 따라 긍정적 기능과 심지어 잠재적 기능(latent function)을 발휘하기 때문에 어떤 인물인가에 따라 결과적으로 다른 효과가 나타난다. 송칭링은 국가에서 정치사회운동을 실천함에 있어서 어떠한 역할과 활동을 했는지 고찰할 수 있다.

3. 송칭링의 이상과 가치관

송칭링의 이상은 무엇이며 그 이상과 사상은 어디에서 유래 하였는가? 그리고 그 이상과 사상을 어떠한 조직체계를 통하여 실천에 옮겨나갔는가? 이에 대해 가치관의 형성과 사회운동추진을 위한 규범에 대해 고찰 해 본다.

1) 송칭링의 가치관의 형성

송칭링의 정치사회운동에 대한 가치관은 무엇이며 어떻게 형성되었을까? 송칭링의 가치관을 혁명의 실천, 아동과 여성의 복지향상, 국제무대에서의 나라 사랑으로 고찰할 수 있겠다.

먼저 그녀는 혁명 운동가이며, 중국의 국부로 존경받는 쑨중산(손중산; 孫中山 혹은 孫文)에게서 사상적 가치관을 형성하게 된다. 즉 쑨중산이 주창하는 삼민주의- 민족, 민생, 민권의 사상을 혁명운동과 함께 추구하는 것이었다. 1914년 일본에서 송칭링은 쑨중산의 영어 비서를 하였으며 아버지와 가족들의 반대를 불구하고[164] 1915년 10월 25일 두 사람은 일본에서 결혼을 하게 된다. 이렇듯 송칭링의 쑨중산에 대한 존경과 흠모와 정신적 지주로서 그의 이념을 내재화 하였다. 쑨중산의 40여년에 걸친 혁명운동의 실패와 좌절을 가장 가까이서 보필하며 협력했던 송칭링은 결혼 10년 동안 쑨중산의 행동. 사상. 정책 등 누구보다도 정확하게 알 수 있었다. 쑨중산이 서거 후에 그녀는 "선생과 결합한 것은 중국혁명과 결합한 것이다. 나는 그의 유지를 계승하여야 한다. 그러기 위해 "志先生之志, 行先生之行(뜻과 의지는 선생의 뜻과 의지를 따르며, 행동은 선생의 행동대로 따라한다)"[165]고 일관된 태도를 견지하였다.

둘째, 아동과 여성의 복지 향상. 중국 전통의 비인간적인 봉건예교 속에서 송칭링의 여성운동은 어떻게 전개해야 했을까? 또한 그녀의 여성운동에 관한 사상은 어디에서 섭렵했을까? 우선 쑨중산의 여성에 관한 사고나 사상에서 고찰해보면, 쑨중산은 많은 강연 중에 남녀평등과 여성의 참정권을 고취했으며[166] 따라서 송칭링 역시 중

---

164) 비록 쑨중산은 송칭링의 아버지 송쟈수(宋嘉樹)의 20년 지기 친구이며 서로가 신임이 두터운 관계였지만 두 사람의 결혼은 반대하였다. 왜냐하면 쑨중산은 송칭링 보다 27세가 많았으며 이미 결혼을 하였고 아들1명과 딸 2명을 가진 기혼이었기 때문이었다.
宋慶齡在國共之間的政治選擇-角色理論的初步分析, p.2.
www.syscf.org.tw/indexhome/0800/pdf1007.pdf (검색일: 2013. 11. 21.)

165) 李雲, "30年代在宋慶齡同志身邊兩年", 『宋慶齡紀念集』(北京: 人民出版社, 1982), p.205

166) 송중산은 강연에서 "중국의 혁명 후에는 여성들이 쟁취하지 않더라도 참정권을 줄 것이니 의회 내에 여성의원을 설립할 것이다" 라고 하였으며 이는 후일 대만의 여성당선할당제 채택의 근간이 되며 헌법으로 명문화된다. 하영애, 『대만지방자치선거제도』, (서울: 삼영사, 1991) p.57.

국의 여성들이 '남녀평등권'을 가져야한다고 인식하는데 큰 도움을 주었다. 송칭링은 농촌여성운동에도 관심을 가졌으며, 유학시절에는 문장을 발표하였을 뿐만 아니라 아시아 및 세계여성들과 교류하면서 그들에게서 사상과 제도, 잘 만들어진 다양한 현대식의 여성과 아동시설물을 참관하였으며[167] 1950년대 중반, 아시아 여러 나라를 공식방문 했을 때, 송칭링은 정부가 주최한 리셉션이나 중국과의 우호단체에 의한 초대연회에 참석하는 것 외에 반드시 여성들과의 회합을 가졌다. 또한 인도, 버마(미얀마), 파키스탄, 인도네시아 등 국가의 공식방문을 통해 중국여성의 활동을 아시아 국제무대에 적극적으로 끌어내려는 점에서 큰 역할을 하였다.

셋째, 국제무대에서의 나라사랑. 송칭링의 정치사회운동에서 빠질 수 없는 것이 중국혁명운동과 관련한 국제적 인맥과 그 활동이라고 하겠다. 그는 중국을 위해 실로 수많은 세계적 인물들을 만났다. 대표적으로 소련의 스탈린, 에드가 스노우, 호지명, 버나드 쇼, 마링, 브로딘, 요페, 이스라엘 엡스타인 등 그 수를 헤아릴 수 없다. 그들 중에 그가 추구하는 사회운동-삼민주의와 '3대 정책'에 대한 혁명적 실천 -을 위해 수많은 만남과 교류와 대화를 통해 뜻을 함께 하고, 이의 실천을 위해 조직을 만들었으며 함께 행동하였다.

송칭링은 소련의 환대에 감사하며 국민당 좌파의 대표자로서 민족민주혁명에서 중국공산당과 합작할 결심을 강조했다. 또한 소련, 독일 등 다양한 국가의 지도자들과 교류협력을 강화하며 소련으로부터 '스탈린상'을 수상하는 등 국제무대에서의 [國際 反帝大同盟]핵심간부로서의 그 역량을 키워나간다.

---

167) 이스라엘 엡스타인(Israel Epstein) 저, 이양자 옮김(1998), p.272.

4. 송칭링의 사회정치운동을 위한 조직형성과 그 역할

1) 송칭링의 개인 프로파일

송칭링은 어떠한 인물인가? 이해를 돕기 위해 그들의 개인 프로파일을 <표-1 >에서 고찰해보자.

<표-1> 송칭링의 개인프로파일

구분	송칭링 (宋慶齡)
생년월일	1893년 1월 27일 출생 (光緖 19년)
가족배경	부: 宋嘉樹 모: 倪桂珍 형제자매: 6명중 둘째 딸 자식: 딸 3명(宋靄齡, 宋慶齡, 宋美齡) 아들3명(宋子文, 宋子良, 宋子安)
학력	-상해 中西女塾 -1905년 5월 미국 wesleyan college 입학
결혼	1915년 쑨중산(孫中山, 혹은 孫文, 孫逸仙 의 명칭을 가지고 있음)
사망	1981년 향년 88세 서거
기타 특징	자녀 무

출처: 송칭링의 다양한 자료를 가지고 필자 작성.

<표-1>에서 볼 수 있듯이 송칭링은 1893년 1월 27일 아버지 송쟈수와 어머니 니꿰이젼(倪桂珍)의 6남매 중 둘째 딸로 태어났다. 잘 알려진 바와 같이 송칭링의 세 자매는 중국역사에서 널리 알려진 인물들이다. 언니 송애령 (송아이링: 宋靄齡)은 중국 최초의 여성 미국 유학생이었으며 산서성의 유명한 금융업자 공상희(콩샹시: 孔祥熙)의 부인인데, 공상희는 광동성 재정청장에 취임한 이래 장개석(쟝지에스:蔣介石) 정권하에서 실업부장, 재정부장, 행정원 원장 등 요직을 두루 거치면서 중국의 큰 재벌이 되었다. 셋째 딸 송미령(송메이

링: 宋美齡)은 장개석과 결혼하여 자유중국 대만에서 퍼스트레이디가 되었으며 그 활약 역시 세계적으로 유명하다. 특히 송칭링의 결혼은 앞서 보았듯이 중국의 임시 대통령이기도 했던 쑨중산과 결혼함으로서 그의 철학과 이념을 더욱 내재화하였다. 그는 1905년 5월에 미국 조지아 주의 wesleyan college에서 문학부에서 철학을 전공하였으며 잡지 the wesleyan 문학편집을 맡았고, Harris Literary Society의 통역비서를 담당하였다.

2) 송칭링의 정치사회운동 조직과 그 활동

(1)'中國民權保障同盟'의 결성과 혁명운동.

송칭링은 사회운동에서 매우 급진적인 면을 보이고 있다. 혁명의 목적에 대하여 송칭링은 "혁명의 목적은 인민의 생활조건 개선을 위한 것"이라고 하면서 민생개선을 혁명적 목적으로 설정했다. 그는 또 혁명을 수행하기위한 방법으로 다음과 같이 강조하였다.

혁명계급이 억압에 반항하기 위해 무력을 사용하는 것과 피압박 인민이 민족해방을 쟁취하기 위하여 무력을 사용하는 것은 완전히 정당한 것이다. 이 두 가지 정황 하에서는 무장투쟁이 필수적인 것이다. 왜냐하면 반동세력은 영원히 스스로 그들의 권력을 포기하지 않기 때문이다. 반동의 무력은 혁명의 무력으로써 대항하여야 한다.168) 따라서 송칭링은 1932년 차이웬페이(蔡元培), 노쉰(魯迅), 양행불 등 저명인사들과 함께 '中國民權保障同盟(이하 약칭 동맹)'을 결성하였다. 그녀가 중추적 역할을 하였으며 처음에는 문학계의 거목인 호적과 임어당이 함께 동참하였으나 그들은 결국 쟝제스 진영

---

168) 이양자, 『송경령 연구-정치·사회활동과 그 사상』, pp.213-214.

으로 돌아섰다.[169] 同盟결성 이 후에 송칭링은 최측근에게 벌어진 여러 가지 사건에 대하여 과감한 행동을 보여준다. 먼저, 1933년 3월 송칭링의 절친한 친구 하양응의 아들 요승지가 체포되었다. 송칭링과는 이미 베를린과 파리에서 만났던 요승지는 중국으로 돌아와 중화전국총공회(中華全國總工會 : 노동조합의 전국단체) 선전부장 및 중화해원공회(中華海員工會: 선원조합의 전국단체) 공산당 지부 및 공산주의 청년단 지부의 서기 임무를 맡고 있었다. 그 외에도 4명이 체포되었는데 이들 중 2명은 지도적 지위에 있던 공산당원으로서 홍군 제4 방면군 사단장인 천껑(陳賡)과 중화 전국총공회 상해 집행국 서기인 루어떵셴(羅登賢)이었다. 송칭링은 그들의 구출에 적극적으로 나서 "중국 인민에게 호소함-체포된 혁명가들을 지키기 위해 일치단결하자!"는 성명을 발표했다.[170] 이러한 그의 투쟁으로 요승지는 석방되었다. 그 외에도 송칭링은 두 차례에 걸쳐서 중국 홍군의 장군인 천껑을 살리기 위해 다양한 방책을 강구했으며(천껑은 나중에 지하활동을 하다가) 또다시 체포되어 장기간 구속되자 송칭링은 쟝제스를 직접 찾아가 설득하여 목숨을 구할 수 있었다. 그 후 천껑은 항일전쟁, 인민해방전쟁, 그리고 한국전쟁에 참전하였으며 1961년 대장이 되었고 국방부 부부장(차관)에 재임 중 사망했다.

연속되는 측근들에 대한 사건이 일어나자 1932년 12월 그녀는 다음과 같은 동맹의 임무를 설명했다. 첫째, 중국의 정치범 석방과 현행의 감금, 고문, 처형 제도에 반대하기 위해 투쟁한다. 우선 그 대상은 수많은 무명의 정치범들이다. 둘째, 정치범에 대한 법률적 변호와 그 밖의 지원을 제공하며, 나아가 감옥의 상황을 조사하고 국

---

169) 이스라엘 엡스타인(Israel Epstein) 저, 이양자 옮김, (1998), p.355.

170) Edgar Snow, Journey to the Beginning (New York: Random House, 1958), p.88.

내의 인권유린 사실을 공표함으로써 여론을 환기시킨다. 셋째, 언론.
출판 및 집회. 결사의 자유를 위한 인권을 요구하는 투쟁을 지원한
다.171) 그 후 송칭링은 노동운동지도자의 한사람인 등중하(鄧中夏)
의 구원활동을 적극적으로 펼쳤으나 무위로 끝나고 말았다.172) 혁명
가들을 지키는 위험한 일이 계속되자 이젠 동맹 자체가 표적이 되었
다. 1933년 6월18일 동맹의 총간사 양행불(양전)이 자객에게 암살되
었다. 당시에 송칭링과 그녀의 사업에 가해진 타격은 많은 사람들에
게 회자된 "등연달의 죽음으로 그녀는 왼팔을 잃었고, 양전의 피살
로 오른팔을 잃었다"라는 데서 짐작할 수 있다.173) 비록 동맹은 6개
월 동안 존속했지만 그 업적은 매우 컸다. 앞서 언급한 활동 외에도
동맹은 활동그룹을 북경에 파견하였다. 이 그룹은 애국적인 항일 운
동으로 인해 수감되어 있던 정치범들을 석방시키는데 성공했다. 그
들 가운데는 북경대학 교수로서 1919년 5.4 운동 때 학생활동가였
던 쉬더싱(許德珩), 기자출신의 류쭌치(劉尊棋)174)를 비롯하여 저명
한 여류작가이자 여권 운동가인 정령이 국민당에 의해 유괴된 사실
에 대해 전 세계적 주의를 환기시켜 그녀의 생명을 구했다. 이처럼
동맹은 중국에서 자행되는 백색테러에 대해 중국 및 외국의 여론을
환기시킴으로써 성공을 도모할 수 있었다.

이처럼 동맹이 이끈 이 모든 활동에는 송칭링의 명성과 언론발언
등이 큰 역할을 했다. 물론 이 과정에서 송칭링에게 생명의 위협을
느끼는 수많은 간계와 음모 암살계획이 추진되었지만 만일 송칭링

---

171) 이스라엘 엡스타인(Israel Epstein) 저, 이양자 옮김, (1998), p.357.
172) 떵중샤(鄧中夏)는 1933년 9월 33세의 나이에 총살되었다. 그는 중국노동조합 서기부 주임으
로서 쑨중산과의 회담에 참여하여 제1차 국공합작을 촉진시킨 인물이었다.
173) 이스라엘 엡스타인(Israel Epstein) 저, 이양자 옮김, (1998), p.360.
174) 쉬더싱(許德珩)은 석방된 후 동맹의 북경분회(지회)에 가입했다. 류쭌치(劉尊棋)는 그의 회고
록에서 구출활동과정에서 보여준 송칭링의 품격과 행동의 기민함을 묘사하고 있다.

이 사망하게 될 경우 전국적인 항의뿐만 아니라 국제적으로도 강렬한 항의가 빗발칠 것이었기 때문에 쟝제스와 반대파들은 이러한 음모를 취소시켰다.[175]

(2) 아동, 농민의 권익과 남녀평등을 위한 투쟁

송칭링의 아동과 여성을 위한 사회운동은 어떻게 펼쳐나갔을까? 쑨중산의 여성운동에 대한 혁명사상과 정치에 있어서 평등사상은 송칭링의 다양한 여성운동에서도 그대로 체현되고 있음을 알 수 있다. 1911년 미국 조지아 웨슬리안 대학 학생이던 송칭링은 학교잡지에 '유학생이 중국에 끼치는 영향'에서 중국여성의 전족에 대해 비평하였으며, 또한 1913년 학교잡지에 기고한 '근대중국의 여성'에서도 다른 반쪽(여성)을 높이는 것 없이는 인류의 다른 반쪽(남성)을 높이는 것은 불가능하다며 중국여성들의 교육받을 수 있도록 절규하고 있다[176]는 내용의 글을 발표하였다. 이럴 즈음 쑨중산은 1912년에 내무부를 통하여 각 성(省)에 '전족 금지령'을 내렸다.[177] 이는 중국여성들의 전통적 봉건주의관념에서 가장 큰 족쇄였던 '전족'에 대해 해방시킴으로서 여성도 한사람의 인격체를 가질 수 있었던 중요한 관건이 되었다. 그는 여성농민 아동들의 권익을 위해 국외 탐방 시 새로운 시설을 참관하였으며 이를 중국에 도입하였다. 송칭링의 활동을 크게 두 가지로 구분할 수 있다.

첫째, 토지개혁으로 여성농민의 실질적 평등을 쟁취했다. 5.4 운

---

175) 이스라엘 엡스타인(Israel Epstein)은 다음과 같이 적고 있다. "최종적으로 이 음모를 취소시켜 버린 것은 분명 쟝제스 이었다. 자신을 더럽히고 싶지는 않았던 것이다". 이스라엘 엡스타인 (Israel Epstein) 저, 이양자 옮김, (1998), p.365.

176) 이양자, "송칭링과 허향응-손중산유지의 계승과 여성운동을 중심으로", 중국사 연구 제3집 (1998), p.65.

177) 이양자, (1998), p.65.

동 시기 여자고등사범학교 학생 리촤오(李超)의 가정은 경제적으로 부유했으나 아버지가 보내주는 돈을 의붓오빠가 중간에서 가로채버렸기 때문에 학업도 중단하고 결국은 병원에도 못가고 죽게 되었고[178] 이에 중국여성들은 호적, 진독수 등 신 사상가들을 초청하여 리촤오를 추모하는 행사에 참석케 하였으며 전단 수천 장을 뿌리는 등 이 학생의 죽음에 대해 "이는 사회제도의 압박으로 죽은 것이다"라고 여성의 경제적 지위를 요구하며 정부와 사회제도를 강하게 비판하였다. 그러나 여전히 중국여성들은 남성들과 남편들에게 속박되어 개인적인 경제적 지위를 갖지 못했다. 송칭링은 한 기고문에서 "모든 여성들은 힘을 모아 단결하여 대내적으로 토지개혁을 서둘러 완성하여 경제건설을 강화하자"[179]고 주장하였다. 중국여성의 5분의 4를 차지하는 여성농민에게 이는 특별한 의미를 갖는 것이었다. 인민공화국에서 기본적 인권으로서 '공동강령'이 규정한 남녀평등을 실현하기 위해서는 토지개혁이 기본적인 작용을 하는 것이었다. 지주의 소유물은 남녀성별에 관계없이 1인을 기준으로 얼마씩 농민들에게 분배되었다. 중국 농촌여성들은 역사상 처음으로 합법적인 소유자가 되었으니 당시 중요한 생산수단이었던 경지, 가축, 농기구 등의 전체의 반을 여성이 소유하게 되었던 것이었다.[180]

둘째, 아동과 여성들을 위해 제도와 현대식 시설들을 도입하였다. 송칭링은 아시아 및 세계여성들과 교류하면서 그들에게서 사상과 제도, 잘 만들어진 다양한 현대식의 여성과 아동시설물을 참관하였다.[181] 1950년대 중반, 아시아 여러 나라를 공식방문 했을 때, 송칭

178) 하영애, 『한중사회의 이해』, (서울: (주) 한국 학술정보, 2008), p.326.
179) 상해, 해방일보, 1950. 6. 1.
180) 이스라엘 엡스타인(Israel Epstein) 저, 이양자 옮김, (1998), pp.273-274.
181) 이스라엘 엡스타인(Israel Epstein) 저, 이양자 옮김,(1998), p.272

링은 정부가 주최한 리셉션이나 중국과의 우호단체에 의한 초대연회에 참석하는 것 외에 반드시 여성들과의 회합을 가졌다. 인도, 버마(미얀마), 파키스탄, 인도네시아 등 국가의 공식방문을 통해 여성의 활동을 아시아 국제무대에 적극적으로 끌어내려는 점에서 큰 역할을 하였다. 캘커타에서 그녀는 중국과 인도에서만 5억의 여성이 있다고 언급하며 거대한 여성은 잠재세력이라고 말했다. 미얀마에서는 미얀마독립운동의 지도자로서 암살당한 아웅산 장군의 부인과 함께 각지를 여행하였고 각각 두 나라의 혁명선구자의 미망인들은 사람들에게 깊은 감동을 줬다. 그녀는 어디에서도 어머니와 어린이를 위한 시설참관에 관심을 기우렸고 그 같은 사업을 중국과 세계의 평화사업에 연계시키려 했으며 1955년 세계 어머니날의 기고에서 "각 국 여성들 상호간의 이해와 존중을 깊게 함은 세계평화에 중요한 공헌을 할 것입니다. 모든 전쟁에서 여성은 가장 비참한 피해자입니다. 어머니와 어린이를 소홀히 한다면 어떠한 나라도 번영할 수 없고 어떠한 평화도 지켜질 수 없습니다. 핵전쟁을 반대하는 데에도 여성은 선두에 서야합니다"라고 강조하였다. 이러한 그의 신념은 상해의 중국복리회(中國福利會) 국제평화여성아동보건원(婦幼保健院)의 확장공사에서 나타난다. 그는 1951년 스탈린 국제평화상으로 받은 상금 10만 루블 전액을 이 병원에 기증하여 새로운 병동의 건축비로 사용케 하였다.[182] 이외에도 그녀는 아동관련 구제 사업을 평생 진행해 나갔다. 1910년 코펜하겐에서 열린 국제사회주의 여성대회ICSW에서 Clara Zetkin 의 제안으로 3월 8일을 '국제노동여성의 날'로 선언하였는데 중국에서는 1924년 국민당 부녀부(당시 송칭링이 부녀부장)가 이날을 정식으로 '여성의 날'로 정하였다.[183]

---

182) 이스라엘 엡스타인(Israel Epstein) 저, 이양자 옮김, (1998), p.273.

(3) 국제적 혁명조직과 사회활동

송칭링의 사회운동에서 빠질 수 없는 것이 국제적 인맥과 그 활동
이라고 하겠다. 그는 실로 수많은 세계적 인물들을 만났다. 대표적
으로 소련의 스탈린, 에드가 스노우, 호지명, 버나드 쇼, 마링, 브로
딘, 요페, 이스라엘 엡스타인 등 그 수를 헤아릴 수 없다. 그들과 함
께 그가 추구하는 사회운동-삼민주의와 '3대 정책'에 대한 혁명적
실천 -을 위해 수많은 만남과 교류와 대화를 통해 뜻을 함께 하고,
이의 실천을 위해 조직을 만들었으며 함께 행동하였다. 이러한 시작
은 송칭링의 사상이 좌경화 되는 시기였으며 또한 국공합작과정에
서 시작했다고 할 수 있다. 쑨중산이 국공합작을 모색하는 동안, 송
칭링은 레닌과의 서신왕래, 볼세비키 대표, 코민테른 대표와의 접촉
교섭에 있어서 항상 동석하여 문서기초, 통역, 업무담당 등 주요한
역할을 담당하면서였다. 1923년 말부터 만난 보르딘과는 코민테른
과 중국공산당의 주요한 회담에 쑨중산과 같이 만나기 시작한 후
1924년 7월 보르딘이 쑨중산의 영입으로 '국민당 정치위원회의 최
고 고문'으로 임명되면서 부터였다. 영어가 유창했던 보르딘은 혁명
사상이 강하고 영어가 유창한 송칭링과의 접근이 쉬워졌으며, 그녀
에게 사회주의 사상, 러시아 혁명, 소련의 건설, 코민테른의 활동 및
세계의 정세 등에 관하여 일상적으로 얘기하였다. 그 후 두 부부간
의 교류는 더욱 강화되었는데 '송 씨의 좌경은 실로 보로딘의 영향
에 의했다' 고[184] 전해진다. 특히 송칭링은 스탈린의 클레물린 궁
집무실에 초대되어 한 시간 동안 스탈린과의 대화에서도 중국의 혁
명에 관해 얘기하였고 국제원조를 요청한 것으로 보인다. 즉, 송칭

---

183) 이양자, 『송경령연구-정치. 사회활동과 그 사상』, p.115.

184) 元伯, "宋慶齡左傾記", 現代史料 제2집, (香港:波文書局出版社, 1980), p.183.

링은 소련의 환대에 감사하며 국민당 좌파의 대표자로서 민족민주
혁명에서 중국공산당과 합작할 결심을 강조했다. 이에 대해 스탈린
은 그녀와 그녀의 동지들이 혁명을 지도 하기위해 곧 중국으로 돌아
갈 것을 희망한다고 밝히고, 국제원조의 명확한 형식은 코민테른에
서 토론한 다음 사절을 파견해 연락할 것이라고 말했다.[185]

송칭링의 이러한 활동들은 조용히 진행되었으며 쑨중산이 사망하
기 전 까지는 뒤에서만 돕고 크게 두각을 나타내지 않았다. 그러나
쑨중산은 작고하기 전 혁명동지이자 송칭링 보다 14살 위인 허샹잉
에게 송칭링을 적극도와 자신의 유지를 이어나갈 것을 요청한다.[186]

송칭링은 1927년 9월 모스크바에 다시 도착하여 각계군중의 환영
을 받고 '중국목전의 형세', '부녀와 혁명,' '청년과 혁명' 등을 발표
하면서 '3대 정책'을 강조하였다. 그해 12월 브뤼셀에서 열린 [國際
反帝同盟大會]에서 명예의장에 선출된다.[187] 이어서 1928년 독일에
서 [國際 反帝大同盟]을 설립하고 부회장에 선임되었으며, 1929년 8
월 [國際 反帝大同盟] 제2회 대회가 개최된 독일에서 재차 대회명예
의장에 선출되었다. 그리고 마침내 1932년 12월 18일 중국에서 [중
국민권보장동맹]을 조직하고 송칭링은 주석에 취임한다. 이 [중국민
권보장동맹]의 중앙위원회위원으로 프랑스, 클라크, 엡스타인 등 평
소에 그를 도와주었던 외국인들이 함께 동참하였다.[188] 그는 또한
1939년 홍콩에서 '에드가 스노우'와 함께 중국공업합작사(中國工業
合作社)국제위원회를 조직하였다. <표-2>를 통해 알 수 있듯이 역대

---

185) 이스라엘 엡스타인(Israel Epstein) 저, 이양자 옮김, (1998), p.287

186) 趙慶云, "論宋慶齡代孫中山事業與思想的槪述", www.syscf.org.tw/indexhome/0800/pdf1002.pdf.
   (검색일: 2013. 11. 20.)

187) 이양자, 『송칭링연구-정치. 사회활동과 그 사상』 '송칭링 年譜 중에서', pp.261-262

188) 요승지, 프랑스, 클라크, 송칭링, 요몽성, 등문교, 엡스타인의 중앙위원회 기념사진 중에서, 이
   스라엘 엡스타인(Israel Epstein) 저, 이양자 옮김, (1998), pp.287-289.

중국 사회에서 그는 다양한 정치조직에 참여였다. 世界反帝同盟 第2會 大會(독일)에서 재차 대회명예회의장에 선출되었고, <中國民權保障同盟>을 조직하여 主席에 취임하였고, <中國民族武裝自衛委員會>를 창설하여 主席에 취임했고 <全國各界救國聯合會> 성립하여 (沈鈞儒, 鄒韜奮 등)집행위원으로 피선되었음을 볼 수 있다. 또한 한국의 국회이라고 할 수 있는 全國人民代表大會(2期)때는 인민대표의 上海代表(국회의원)로 피선되었다. 1965년 1月에는 72세의 년령으로 第3屆 全國人民代表大會 第1次 會議에서 중화인민공화국 부주석에 재차 당선되는 등 실로 다양한 정치적 역할을 하고 있음을 볼 수 있다.

<표-2> 송칭링의 주요 정치사회 조직과 활동

년 도	조직참여 및 역할	비고
1921년/ (民國 10) 28세	5月, 孫文, 中華民國非常大統領에 취임	7월, 중국공산당 창당. 8월, 『婦女評論』발간
1927년 (民國 16) 34세	1月, 武漢國民政府政治委員이 됨. 2月, 「婦女政治訓練班」開校(武漢). 2/14, 漢口, 『民國日報』에 「婦女應當參加國民革命」발표	
1928년 (民國 17) 35세	독일에서 國際反帝代同盟成立, 부회장에 선임됨. 독일에서 1년간 체류(王炳南, 鄧演達 등)	10월, 南京國民 政府 성립, 主席 蔣介石.
1929년 (民國 18) 36세	8月, 世界反帝同盟 第2會大會(독일)에서 재차 대회명예 회의장에 선출됨.	
1932년 (民國 21) 39세 1934년(民國23) 41세	12/18, <中國民權保障同盟> 조직, 主席에 취임. 副主席 채원배, 총간사 양전(=楊杏佛). 「發起組織國民權保障同盟宣言」발표. 「中國民權保障同盟的任務」발표. 8/15, <中國民族武裝自衛委員會>를 성립시킴. 主席에 취임. 中共, 「抗日救國六大綱領」공포 ->송칭링 서명	

---

189) 어쩜 그는 결코 중국공산당의 정식 당원이 되는 것에 대해 그 자신 스스로는 결코 명쾌하게

1936년 (民國 25) 43세	5/31, <全國各界救國聯合會> 성립(沈鈞儒, 鄒韜奮 등) 집행위원으로 피선됨. 12月, 西安事變 발생, 송칭링은 쟝졔스에 대해 내전정지, 抗日행동을 조건으로 석방할 것을 주장.	
1939년 (民國28) 46세	1월, <中國工業合作協會國際委員會> 창립, 명예주석 就任.	
1949년 56세	10/1, 中華人民共和國 開國大典 참가. 중화인민정부 부주석 피임. 인민정치협상회의 전국위원회 위원에 선임됨. 12月, 亞洲婦女代表大會 참석,「在亞洲婦女代表會議上的講話」발표. <中華全國民主婦女聯合會> 명예주석에 추대됨.	
1951년 58세	11月, 中國人民保衛兒童全國委員會 主席, 全國民主婦女聯合會 명예주석에 피선됨.	
1959년 66세	4月, 中華 人民共和國 副 主席 당선. 全人代大會(2期) 上海代表 피선됨.	
1961년 68세	9月, 記念辛亥革命五十周年準備委員會 부주임 위원에 임명됨.	
1965년 72세	1月, 第3屆全國人民代表大會 第1次會議에서 중화인민공화국 부주석에 재차 당선됨.	
1967년 74세	1967. 11~1975. 1. 國家主席(代理)	문화혁명기간
1978년 85세	2月, 第5屆全國人民代表大會 第1次會議에서 전국인민대표대회 상무위원회 부위원장에 재차 당선됨. 9/17, 전국부녀연합회 명예주석으로 계속 피선됨.	
1979년 86세	12月, 魯迅研究學會 명예회장	
1981년 88세	5/15, 中國 中央 政治局 회의- 中國共産黨 正式黨員[189]으로 결정	

출처: 이양자,『송경령연구』, pp.257-275 참고 후, 필자 재정리.

동의하지 않은 것으로 볼 수 있다. 바로 그의 남편이며 그녀 자신의 사회운동의 핵심사상자인 중국의 국부 쑨중산과 함께 했던 국민당 부녀부장과 국민당집행위원회 위원이었던 책무에서 자유스럽지 않았다고 생각했을지 모른다. 이 위대한 중국 여성은 唐 나라에서 35년간의 정치적 역할을 통하여 周나라를 세웠던 여성 황제 武則天이 죽고 나서 그의 남편 당 고종 이치와 함께 묻친 것과는 달리 그가 죽은 후 쑨중산과 함께 묻어달라고 하지 않고 부모와 50여 년 동안 그를 돌보아 주던 보모 이연아가 있는 가족묘지에 묻어달라고 하여 상해의 공원에 안장되어있다.

5. 송칭링의 정치사회운동에 대한 평가

여성 지도자의 정치사회운동에 대해 중국 그리고 해외에서는 어떠한 평가를 내리고 있을까? 송칭링의 정치사회운동에 대해 다음같이 고찰할 수 있겠다.

1) 송칭링의 정치사회운동에 대한 평가

첫째, 혁명사상 실천과 국내외 정치조직 참여로 중국발전에 기여

우리가 주지하는 바와 같이 송칭링은 초기 미국의 유학생활을 통하여 자유와 평화 인권을 공부하였고 이는 그로 하여금 중국에 반제사상과 농민, 노동자, 어린이, 여성 등의 인권과 인민를 중요시하였다. 당시 중국이 놓여있는 국민당과 공산당이라는 양당사이에서 송칭링으로 하여금 하나를 선택해야만 했으며 송칭링은 그의 동생 송미령과 쟝제스가 대만으로 갈 때 함께 가지 않고 중국본토에 남았다. 왜냐하면 이는 그가 혁명적 사상을 강화하고 손중산의 이념을 유지계승 시킬 수 있는 정치사회운동의 역할에 충실할 수 있는 중요한 전환점이 되었기 때문이다. 黃城은 한 연구에서 '송칭링은 일생 중 여러 번 역할을 전환하였는데, 그의 정치역사 과정 중 여러 번의 역할전환 때 마다 적지 않는 갈등을 가지게 된다. 그 최대의 관건적 전환은 바로 1949년 국공내전이 끝난 후 송칭링은 송미령 쟝제스 등과 타이완으로 가지 않고 중국대륙에 머무르는 것을 결정한 것 이었다[190]고 제기하고 있다. 그 후 그는 상해에 머물며 중간입장을 견

---

190) 宋慶齡在國共之間的政治選擇-角色理論的初步分, www.syscf.org.tw/indexhome/0800/pdf1007.pdfp.1. (검색일: 2013. 11. 21.)

지하고 국민당과 공산당의 중립에 서서 '연립정부'의 건립을 주장했다. 그 후 송칭링은 신중국 건설에 동참할 것을 요청하는 마오쩌둥(毛澤東)과 쪼우은라이(周恩來)의 수차례의 서신을 받았으나 여러 번 망설인 끝에 주은래와 그의 부인 등영초의 적극적인 요청으로 역사적인 새 중국 중화인민공화국의 창립에 동참하게 된다. 그는 당시 정치협상회의(政治協商會議)에서 강연을 통해 그가 실천하고 노력한 삼민주의의 사회운동에 다음과 같이 말하였다.

> "우리는 오늘의 역사적 지위에 도달하였다. 이는 중국공산당의 영도에 의해서 이루어 졌다. 중국공산당은 유일한 인민대중의 역량적 정당이다. 이는 쑨중산의 민족, 민권, 민생 3대주의의 승리와 실현이다. 그러므로 가장 바람직하고 믿을 수 있는 보장(保障)을 이루었다."[191]

49. 10. 1. 북경에서 중화인민공화국이 창립되었고 마오쩌둥은 주석에 송칭링은 6명의 부주석 가운데 한사람이 되었다.[192] 그 후 송칭링은 <표-3>에서 볼 수 있듯이 중국의 다양한 정치조직에 참여하였다. 즉 중국인민정부의 부주석, 정치협상회의 전국위원회 부주석, 전인대상무위원회 부위원장(국회 부의장 격), 중화인민공화국 부주석을 역임하였으며, 비록 짧은 기간의 명예직이지만 최고통수권자라고 할 수 있는 중화인민공화국 명예주석에 등록되는 가장 높은 정치적 지위를 갖기도 하였다.

---

191) "在中國人民政治協商會意 第1居 全體會議上的講話", 1949.9. 『宋慶齡选集』上卷, 人民出版社, 1992. pp.190-192.
192) 장룽·존 할리데이 저(Jung Chang, Jon Halliday), 이양자 역, 『송경령 평전』, (2011), p.136.

<표-3> 송칭링의 주요 정치 참여와 직위 표

기간	직 책
1981. 5. 16- 1981. 5. 29.	中華人民共和國 名譽主席
1975. 1- 1981. 5	全國人民代表大會 常務委員會 副委員長
1959. 4.- 1972. 2	中華人民共和國 副主席
1954. 9- 1959. 3	全國人民代表大會 常務委員會 副委員長
1954. 12. 1959. 4	中國人民政治協商會議 全國委員會 副主席
1949. 10- 1954 .9	中央人民政府 副主席

출처 : 이양자, 『송경령 연구—정치, 사회활동과 그 사상』 '송경령 年譜 중에서'.

둘째, 아동복지, 여성의 정치사회 지위향상에 기여

송칭링 역시 박순천과 같이 아동, 여성 특히 농민여성운동에 많은 심혈을 쏟았다. 그는 많은 해외경험을 통해 가는 곳 마다 아동 여성 관련 새로운 시설물을 참관하고 돌아와 중국에 이를 도입하였다. 한 예로 중국은 중화전국부녀연합회(中華全國婦女聯合會; 약칭 '부련' 婦聯)이란 거대한 국가기구가 있는데 이조직의 중요업무 중에는 '아동부'(兒童部)가 따로 있으며 최근에는 북경의 이 본부 건물 뒤에 대단한 규모의 여성아동사박물관이 새로 건립되었다. 물론 그 속에는 위대한 여성인물로 '송칭링'에 대한 설명이 있다.

셋째, 국제반제국주의 사회운동가 활동

송칭링은 혁명사업을 추진하기 위하여 '中國民權保障同盟'중국민권보장 동맹 등 수많은 조직을 설립하였고 '中國民權保障同盟'은 결성후 6개월간이었지만 동료들을 구출하기위한 다양한 활동을 한것을 알 수 있다. 또한 그 활동은 사회운동전개의 중추가 된다. 왜냐하면 그 후 보위중국동맹회→중국 복리 기금회→중국 복리회로 발전하여 아동, 농민, 중국 인민들에게 적지 않는 삶의 질을 향상시키고 있기 때문이다. 또한 여성의 권익과 남녀평등을 위한 끊임없는 사회운동을 전개하였으며 특히 국제적 인맥 및 혁명조직과 사회활동을 통해 중국의 혁명이 성공하는데 커다란 정치적 역할을 했다. 그녀는 國際反帝同盟大會에서 명예주석에 피선되었으며 이후 국제적 반제 운동에 적극 참여함으로서 국제 활동가라는 또 다른 모습을 보여준다. 이러한 공로로 그녀는 '스탈린 평화상'을 받았고[193] 전액을 아동복지기금으로 희사했다.

6. 결론

송칭링(1893)은 중국사회의 다양한 분야에서 많은 업적을 이루어 내었다. 송칭링은 혁명사상 실천과 국내외 정치조직 참여로 중국발전에 기여하였고 아동복지, 여성의 정치사회 지위향상에 노력하였으며 국제반제국주의 사회운동가로 활동하였다.

일본 및 미국에서 고등교육을 받았으며 이러한 교육의 영향은 자신의 이상과 가치관을 확립하고 그에 따른 송칭링은 민권동맹을 위시한 많은 단체를 조직하고 실천하였다. 또한 송칭링은 아동, 농민의 복지문제에 그의 이상을 펼치는 것을 볼 수 있었다. 송칭링은 제 2차 국공합작시기 국민당과 공산당사이에서 중립적 입장을 견지하고 국공(국민당과 공산당) 양 정당의 합작을 이끌어냄으로서 내전을 피하고 중국으로 하여금 혁명적평화의 길을 가도록 하게 된다.(동생 송미령은 국민당의 장개석 총통과 결혼하게 되니 자매간에 국민당과 공산당으로 갈리게 되는 운명이 된다)

송칭링은 혁명 사상에 고취되었음을 볼 수 있었다. 송칭링이 추구

---

193) 장룽·존 할리데이 저(Jung Chang, Jon Halliday), 이양자 역, (2001), p.11.

하는 정치사회운동은 쑨중산의 혁명사상-삼민주의사상을 중국에 실현하는 것이었다. 이 삼민주의 사상은 동시에 송미령 자신의 이상과 신념체계이기도 했으며 말년까지 이의 실현을 위해 끈임 없이 노력하고 투쟁하였다. '송칭링이 남긴 유산은 자신의 원칙(혁명주의)를 지키기 위해 전심전력으로 헌신하였다는 사실이다.'194)라든가, '그녀는 중국혁명에 크게 공헌한 역사적 인물가운데 한사람이다'195)라는 평가에서 알 수 있다. 또한 그녀에 대해 많은 중국인들은 '중국의 위대한 여성'으로 평가 하였으며196) 특히 그녀는 반평생을 여성과 아동을 위한 사업을 벌려 이들의 보건 복지 교육에 힘썼으며 중국 사회에 깊은 관심을 기울여 빈민구제와 복지사업에 헌신한 사회 활동가였다.

그러나 한편 송칭링이 중화인민공화국에 대하여 현저한 공헌과 정치사회적 활동을 하였음에도 불구하고 왜 그가 작고 하기전의 13일을 남겨놓은 시점에서 '정식 공산당 당원'의 절차가 이루어졌는지에 대해서는 차후의 연구과제로 남겨둔다.

---

194) 장룽·존 할리데이 저(Jung Chang, Jon Halliday), 이양자 역, (2001), p.177.
195) 장룽·존 할리데이 저(Jung Chang, Jon Halliday), 이양자 역, (2001), pp.10-11.
196) 그러나 훌륭한 어머니는 아니었다. 2011년 한국의 한중여성교류협회가 주최하는 [한중여성 국제세미나]의 주제로 '양국의 미래의 어머니 像'에 대해 중국학자를 모색하는 중에 현대의 많은 중국여성들은 가장 '위대한 여성'으로서는 송칭링을 꼽았지만 '훌륭한 어머니'로서는 적합하지 않아서 중국 측 주제는 '여성의 사회참여'라는 폭넓은 의미의 다른 주제를 선정하였다. 왜냐 하면, 송칭링과 쑨중산은 결혼하여 10년(1915-1925까지) 밖에 함께하지 못했다. 1922년 廣州에서 陳炯明이 반란을 일으켜 위급한 시기에 송칭링은 '중국은 나는 없어도 되지만 당신은 없어서는 안 된다 (中國可以沒有我, 不可以沒有你)'며 쑨중산을 먼저 위급하게 피신시켰는데 그 후 그녀는 유산을 하였고 생전에 아이를 낳지 못했다. 그 후 1925년 쑨중산이 사망함으로 두 사람 간에는 친자녀를 두지 못했다. 이에 대해 전국부녀연합회 주석 등 많은 여성 지도자는 그를 '위대한 중국여성'으로 추대하였지만, 북경대의 교수들은 진정한 의미의 '어머니로'서 송칭링을 추천하기는 어려움이 있다는 결정을 내려 토론자와 주제를 바꾸었다.

제3부

한중간의 사회문화
교류와 발전

1장_한중간의 사회문화교류와 발전

1. 서론

1992년 8월 24일 한중양국은 역사적인 수교를 한 이후 정치. 경제 부문의 교류는 기대 이상으로 매우 활발히 촉진되고 있는 상태이다. 그러나 사회 문화교류는 필요성과 중요성을 감안할 때에 아직도 만족스러운 수준에 이르지 못한 실정이며 여타 교류에 비하여 상대적으로 부진한 상태를 벗어나지 못한 상태라 볼 수 있다. 따라서 앞으로 교류확대를 위한 양국의 적극적인 노력과 지원이 절실히 요구되고 있는 것이다.

중국과의 교류를 위해서는 중국에 대한 개괄적인 이해가 필요하다고 생각한다. 중국인은 중화사상을 중심으로 자긍심이 매우 강하고 제도 보다는 인간관계(꽌시: 關係)를 우선시 한다. 또한 한국 사람의 성격이 급하고 빨리빨리 하는 습관이 있는 반면 중국인은 '慢

慢地'(만만디: 천천히)하여 대조적 성격을 보인다. 우리나라와 많이 다른 부분의 하나가 음주문화에 관한 것인데 중국에서는 첨잔을 하며 술잔을 돌리는 습관은 없다. 이러한 것들은 가볍게 생각할지 모르지만 중국인의 습관과 성격으로서 각종 교류협력 차원에서 알아둘 필요가 있다고 생각한다.

교류활동의 당위성은 국가나 집단 혹은 개인이 상호교류활동을 통하여 이질적인 요소를 발전적 측면에서 통합할 필요가 있으며 부족한 것을 상호 도와주는 것이다.

본문은 발전의 개념을 가지고 양국의 사회문화교류를 연구 분석하고자 한다. 본 연구에서 발전의 의미는 양국 국민이 사회문화교류를 통해 생활향상, 참여증대, 세계시민 의식 제고로 인간의 정신적 가치와 삶의 질을 향상시키는 것을 말한다. 양국 국민은 교류활동을 통해서 무엇을 얻었으며 어떻게 변화하였는가? 이러한 물음에 대한 해답은 결코 쉽지 않다. 그러나 가능한 발전개념을 적용하여 양국민의 참여의식, 생활향상, 인식변화를 도출 해보고자 한다.

2. 사회문화 분야의 한·중 교류현황

1) 한·중 우호도시간의 교류

21세기 국제사회에서는 국경을 초월하여 많은 국가에서 지방도시와 교류협력이 강화되고 있으며 현재 우리나라에서도 많은 국가와 도시 및 지방자치단체가 교류하고 있다. 한·중 관계가 다각적으로 밀접한 관계를 유지하고 있는 시점에서 1993년 5월 30일 한국의 대구시와 중국의 남경시가 자매도시를 맺었으며 이로써 한·중 두 나라의 우호도시교류의 서막을 열게 되었다. 이러한 우호도시의 교류는 신속하게 확산되었는데 현재 한국의 많은 도시와 중국의 여러 省. 市. 自治區에서 우호자매결연을 갖고 있는 지역은 서울시와 북경시, 인천시와 천진시, 부산시와 상해시, 충청남도와 하북성, 충청북도와 흑룡강성, 경기도와 요녕성, 강원도와 길림성이 각각 우호도시로 서로 교류협력을 결성하였으며, 서울시에서는 광진구청이 북경시 방산구와 1996년 7월 4일에 교류결성을 하였다. <표 3-1>에서 양국의 우호도시간의 교류현황을 살펴보자.

<표 3-1> 한. 중 우호자매도시 결연현황

한국시.도	중국 성. 시	교류결연 년 월 일
서울특별시	북경시 (北京市)	1993. 10.13.
대구시	청도시 (靑島市)	1993. 12. 4.
부산시	상해시 (上海市)	1993. 8. 24.
인천시	천진시 (天津市)	1993. 12. 7.
충청남도	하북성(河北省)	1994. 10.19.
경기도	요녕성(遼寧省)	1993. 10. 4.
강원도	길림성(吉林省)	1994. 6.8.
서울시 광진구청	북경시 방산구	1996. 7.4.
충청북도	흑룡강성(黑龍江省)	1996. 9. 16.
광주시	광저우(廣州市)	1996. 10 .25.
대전시	난징(南京市)	1994. 11. 15.
울산시	장춘(長春市)	1994. 3. 15.
전북	강소성(江蘇省)	1994. 10 .27.
전남	절강성(浙江省)	1998. 5. 16.
경북	하남성(河南省)	1995. 10. 23.
경남	산동성(山東省)	1993. 9. 8.
제주도	해남성(海南省)	1995. 10. 6.

출처: 각 시. 도 국제교류과 및 관련부서 자료발췌 후 필자 작성

이들 양국 우호도시들은 각각 서로간의 교류는 물론이며 이를 각 시민이나 도민, 자치구에 알리어 한국을 방문할 때 자매시를 견학하곤 한다. 예를 들면 한국의 여성단체인 한중여성교류협회(韓中女性交流協會)에서 상해의 여성단체인 상해부녀연합회(上海婦女聯合會)회원들을 초청하여 국제세미나를 개최했는데 협의과정에서 상해부녀연합회에서는 서울 외에 가보고 싶은 곳으로 자매결연 도시인 부산을 가겠다고 요청하여 세미나가 끝난 후 부산과 경주를 방문하도록 주선하고 안내하였다.197) 또한 경상북도 경주시와 중국의 자매결연 도시인 서안(西安)에서는 자매결연이후 격년으로 번갈아 가며 중국과 한국에서 체육대회, 등산대회, 전통문물교류전시회 등 다양한 프로그램을 통해 더욱 친숙하고 상호 소통하는 계기를 마련하였다.198) 이러한 우호 도시교류는 현재 110개 시도로 확산 되고 있다.

2) 한·중 인적 및 학술 교류

양국 간의 인적교류는 2006년에 이미 502만 명에 달하며, 자국에 장기 거주하는 양국국민은 합계 100만 명에 이른다.199) 이러한 인적교류는 1996년도의 약 64만 명과 비교할 때 약 8배에 달하며, 수교 당시의 9만 명에 비해 약 57배 이상이 증가 되었다. 또한 2014년에 양국 간의 인적교류는 1000만 명을 돌파 하였으며, 상대거주 양국

---

197) [한. 중 여성교류협회] 창립2주년 국제 강연회 개최(1996. 5. 23-28.)후, '상해부녀연합회' 부주석, 국제부장 등 간부4명을 부산 여성경제인 연합회와 간담회를 개최토록 하고 27일 부산을 방문 하였으며, 부산주재 중국영사와도 간담회를 개최하였다.

198) 경주시 의회 최학철 의장과 '경희대 중국유학생 한국문화탐방-경주방문' 좌담회 때 설명 중에서. 2008. 3. 22. 11:00-13:00

199) 닝푸쿠이(寧賦魁)중국대사의 축사 "中韓 全面合作伙伴關系前景廣闊", 『中韓建交15周年|(1992-2007)』, 세계지식출판사, 2007. pp.10-11.

국민수도 200만 명으로 증가 할 것이라고 전망 한다.

수교이후 2017년까지 양국의 최고 지도층 인물들의 상호 방문이 있었다. 한국에서는 노태우 전 대통령을 시작으로 역대 대통령들이 중국을 공식 방문하였다. 박근혜 전 대통령과 시진핑 국가주석이 2013년 중국에서 양국 정상회담을 개최하였고, 2014년에는 시진핑 국가주석이 한국을 방문하여 양국 정상은 다시 만났다. 그리고 2017년 문재인 대통령이 당선된 이후 해외에서 양국정상 회담을 개최하였다. 또 국무총리와 국회의장도 중국을 공식 방문했다. 중국에서는 강택민 국가주석, 호금도 국가 주석, 원가보 총리가 한국을 공식적으로 방문했다. 여성으로는 전 전국 인민대표대회 상무 위원장 진모화(陳慕花)가 한국을 방문했다. 상호방문을 계기로 각 분야별 민간 교류가 더욱 활기 있게 추진되었다. 중국은 한국 기업의 중국 투자 유치를 위해 省 政府 혹은 市 政府가 각각 대규모 투자유치단을 결성하여 서울에서 투자설명회를 개최하게 되었다. 이러한 각 부문별 인적 교류 증대는 양국 간 상호 이해와 우호 증진을 촉진하게 되었으며, 사드배치와 관련하여 현재는 주춤한 상태이지만 앞으로 더욱 확대되어야 한다고 생각한다.

한국의 대학과 중국의 대학이 자매결연을 맺고 교수. 학생 교류, 학술 자료 교환, 공동 연구 추진, 취득학점 상호 인정, 교류 방문 실시, 교육자료(敎學資料) 교환 등이 활발히 추진되고 있다. 1995년에는 양국이 [중・한 교육교류와 협력협의]를 체결하였으며 6주년 때 두 나라에서 상호 방문해온 교육단체가 매년 100개 이상 된다. 한국의 70개 대학은 중국의 150여개 대학과 자매결연 관계를 맺었다. 또한 한국에서 중국어학과를 설치한 대학이 110개를 넘었고 중국에서 한국어학과를 둔 대학도 25개나 된다.[200] 그러나 2017년 현재 한국에서의 중국유학생 수는 약 6만 명에 이르고, 중국에서의 한국유학생 역시 약 6만 명에 달하며 이러한 숫자는 각국 모두 총 유학생숫자의 1위를 점하고 있다.[201]

한국국제교류재단에서는 중국에 한국어를 보급하고자 하는 문화교육사업의 일환으로 매년 수 십 명의 중국교사들을 한국에 초빙하여 서울대, 연세대, 고려대 등에서 한국어 연수교육을 시키고 있다.[202] 이 교류재단의 한국연구 지원은 1992년부터 계속되고 있는데 2007년의 '한국학 기반 확대를 위한 대학 및 기관지원' 현황에 따르면, 북경대학($435, 436), 복단대($341,984), 북경어언문화대($ 96,580), 요녕대($211,678), 산동대($116,166), 연변대 ($217,413), 절강대(전항주대)($52,500)를 비롯하여 중국사회과학원($340,000), 길림성 사회과학원($44,000) 등 총 27개의 대학 및 교육관련 기관에 1992년부터 2007년까지 총 $ 2,711,182 을 지원하고 있음을 알 수 있다.[203] 그러나 이러한 연구지원 사업이 꾸준히 끊임없이 지속되어야만 한·중 두 나라의 교육문화발달은 그 가치를 승화 시킬 수 있고 더 한층 발전할 수 있을 것이다.

수교이후 양국관계 증진을 위해 1994년부터 서울과 북경에서 번갈아 개최되고 있는 '한중미래포럼'은 양국의 각계 대표 급 인사가 참석하여 국가 간 주요현안을 상호 논의하는 상설화된 대표적 민간

---

200) 서문길, "중. 한 관계에 대한 회고와 전망", '中.韓建交五年', 주한중국대사관 발행, 1997. 8. 20. 275.

201) 한국의 중국관련 주요 NGO 대표단 초청만찬, 주한 중국대사관저, 구국홍대사의 연설에서 2017.1.20.

202) 외교부 아주2국 직원을 비롯하여 북경대, 연변대, 대련외국어대, 천진외국어 학원, 산동사범대 등 에서 한국어 강사 등 17명이 연수를 받았으며 1998년에는 무위성(繆衛誠) 공산당 대외연락부 아시아2 국부처장, 장효분(張曉芬) 런던대 한국학 석사를 비롯하여, 상해외국어대, 남개 대학, 청도 대학, 복단 대학, 중앙민족대학 등에서 15명이 거의 모두 6개월 기간의 연수교육을 받았다

203) 한국국제교류재단 對 중국사업 실적(1992-2007), 관련 부서의 자료 중에서.

대화 채널로서 중요한 교류활동의 하나이다. 주로 정부 관료. 학계. 경제계. 언론계. 문화계 등의 인사가 참여하여, 경제 협력. 환경문제. 학술문화교류 증진방안 등에 대해 광범위하고 심도 있는 논의와 교류협력방안을 모색하고, 이를 위해 양국의 정부나 연구기관들의 정책연구 수립 활동에도 도움을 주는 등, 그 동안 민간교류증진에 크게 기여해 왔다고 하겠다. [한국동북아학회]는 중국의 인민대학, 연변대학, 길림대학 등과 학술세미나를 개최하고 있으며 2008년은 "동아시아 관계의 과거, 현재, 그리고 미래"라는 주제로 6.30-7.4까지 중국에서 [중국양주대학]과 공동으로 개최 하였다. 이 학회는 거의 매년 중국학자들과 학술교류 및 문화탐방을 통해 중국과 한국의 관심분야에 대한 폭넓은 주제를 다룸으로서 학술과 지식체계에 일조를 하고 있다. 또한 [한국정치학회]와 [세계화인(華人)정치학자포럼]은 공동주최로 2006년 서울에서 "동아시아 협력체제 구축에 있어서 한·중 양국의 역할"주제의 국제세미나를 개최하여204) 미국, 일본, 중국, 대만, 한국의 5개국 학자들이 열띤 토론을 벌였다. 당시 이 학술회의의 특색중의 하나는 한국에서 최초로 주제발표자, 토론자, 사회자 모두가 '중국어'라는 하나의 언어로 회의를 진행함으로서 중국어를 통한 학문적 가치를 높이는 계기를 마련하였다.

10년을 위해서는 나무를 심고, 100년을 위해서는 사람을 길러야 한다. 우리가 이러한 마음을 항상 가지고 쌍방에 유익한 활동을 부단히 전개한다면 반드시 한중양국의 교육교류를 한 단계 높일 수 있으며 또한 더 나아가 양국사업의 새로운 인재를 양성할 수 있을 것이다

---

204) 한국정치학회, 世界華人政治學者論壇 공동주최, 회의 구성 내용으로는 정치안보, 경제협력, 사회 여성 3개 패널로서 회의 장소는 서울 경희대학교 본관 대회의실에서 2006. 9.28-29 개최하였다.

현재 양국 간에는 정치. 경제. 사회. 문화. 역사. 체육 등의 각종 형태의 학술세미나를 양국의 학술단체. 대학교. 경제단체 등이 정기 혹은 부정기적으로 개최해오고 있는 실정이다. 이러한 학술행사는 매우 활발히 개최되고 있으며, 참가인원 규모도 매년 증가되는 추세이다.

3) 여성관련 학술 및 단체교류

한·중 여성 학술 교류는 다양하다. 국제학술세미나로서 대표적인 것으로는 이화여대와 숙명여대가 1993년 12월 1일부터 2일까지 공동주최로 개최한 '제1차 동북아 여성학술대회'를 들 수 있다. 이 학술대회는 '한·중 여성의 지위' 라는 주제로 한국의 양 대학에서도 많은 학자들이 참여하였으며, 중국에서는 북경대학교수와 중국 여성 정치인 및 조선족 여성대표 등 양국의 여성관련 학자들이 대거 참여한 주목할 만한 학술대회였다.[205]

[북경대 여성연구중심(北京大 婦女硏究中心)]에서는 1998년 북경대학 개교100주년을 맞이하여 국제학술회의를 북경에서 개최하였으며[206] 이 세미나에서는 북경대 논문 33편, 중국내 기타지역 참여논문 33편, 한국 등 해외학자 및 여성관련 논문 15편이 발표되었다. 이외에도 한중양국여성들은 '아시아 여성발전'(홍콩2004), '여성학 학술대회'(서울2006), '한중일여성교류대회'(서울2007)를 통해 여성들의 상호이해를 증가시키고 있다.

[한중여성교류협회]는 중국관련 세미나와 다양한 문화행사를 하

---

205) 한.중 여성의 지위, 이대 숙대 주최제1차 동북아 여성학술대회, 1993. 12. 1-2. 자료집1.2 참고.
206) 북경대 여성문제연구중심, 100주년 개교기념 여성국제학술대회 개최, 1998. 6. 20-23. 중국 북경.

고 있다. '창립4주년 기념학술세미나'에서는 국내의 경제문제와 연
관하여 '한·중 경제 교류현황과 여성의 역할'이란 대주제하에 양국
의 경제교류현황과 전망, 중국의 외국인 투자유치정책, 한국여성 기
업인의 대중국 투자유망 업종. 한국 여성 기업인의 대중국사업 성공
사례 등의 주제발표를 이 분야의 전문가와 중국대사관의 경제상무
처 1등 서기관, 성공한 여성CEO 등을 초청하여 실질적인 문제에
대해 열띤 토론을 벌이는 등 세미나를 성황리에 개최하였다.[207] 구
체적으로는 제4부에서 고찰하겠다.

4) 한·중 양국의 문화, 예술 교류

1992년 양국 수교 이후 두 나라의 문화. 예술 부문에 많은 교류와
발전을 가져왔다고 할 수 있다. 그 동안의 문화교류는 각종 문화. 예
술 단체의 상호 방문, 연주회, 전시회, 문화 관광, 유적 답사, 유학생
교류 등을 통하여 눈부신 발전을 기록하게 되었다. 예를 들면, 한중
우호협회에서는 문화일보와 공동주최로 97년에 '홍콩반환 기념 사
진전'을 10일간 서울에서 개최하여 관람객으로부터 많은 호응을 받
았다. 또한 '한·중 수교 기념 음악회'를 수교이후 매년 8월24일을
전후하여 주한 중국대사관과 공동주최로 개최하고 있다. 이러한 각
종 활동은 양국 국민들의 적극적인 지지와 참여하에 기대이상의 성
과를 거두게 하였으며, 동시에 양국 국민 간 이해의 폭을 넓히는 데
에 크게 공헌하게 되었다.

---

207) 사단법인 한·중 여성교류협회 창립 2. 3. 4주년 기념 자료집 참조.

(1) '한·중 말하기 대회'와 언어문화 창달

한국에서 '전국대학생 양국 언어 이야기 대회'가 서울에서 열려 화제를 모았다. 이 대회는 '한중우호협회'에서 한·중 양국 대학생간 의 우호증진 및 중국어 전공자의 저변확대 도모를 위해 마련한 것으 로 1997년 8월 8일에 제1차 대회를 실시한 뒤 98년 8월 7일에 제2차 이야기 대회를 개최 하였다. 참가 자격으로는 두 가지로 구분하고 있 는데 한국어 부문에는 중국국적의 한국소재 대학 유학생이 참가 할 수 있고, 중국어 부문에는 한국국적의 국내소재 대학 재학생이 참여 할 수 있다. 심사위원은 중국 대사관외교관 및 대학 교수진으로 구성 되어있으며 수상자는 10명으로 서울-북경 왕복 항공권 및 서울-상해 왕복 항공권. 국내관광 항공권 등으로 젊은 대학생들에게 외국 언어 도 익히고 여행도 할 수 있는 일석이조의 효과를 가져 왔다.

그 외에도 한중여성교류협회에서 [한중여성 양국언어말하기]대회 를 서울, 북경에서 개최하고 있으며208) 양국여성들의 많은 호응을 받았다.209) 이러한 기회를 통하여 한·중 양국의 문화와 학문교류에 많은 발전을 가져오게 되는 기초가 될 수 있다고 생각하며 이러한 어학관련 행사는 더 많이 확산되어야 하겠다.

(2) 한국문화원/중국문화원 개원과 그 역할

양국이 수교 15년을 평가할 때 무엇보다 중요한 것은 한중교류를 더욱 심화시킬 수 있는 제도적 장치로서 양국문화원의 개원과 그 기

---

208) "한중여성 양국언어 이야기대회"는 제1회(2003.6.24, 금호아트홀) 2회(2006. 9. 4. 숙명여대 100주년 기념관)를 한국에서 개최하였고, 제3회는 북경대학에서 중국부녀연합회, 북경대학, 한중여성교류협회가 공동개최하여 중국여자대학생, 한국여자대학생과 일반성인 여성들이 참 여하는 뜻 깊은 행사를 통해 양국의 언어와 문화를 익히는 기회가 되었다.

209) 문화일보, 2006. 5. 18. 허민 기자, 양국여성이야기 대회 관련 보도 '국적이 헷 갈리네'

능이다

[한국 문화원]은 2006년 2월 말 이전의 한국 문화홍보처를 한국 문화원으로 개편한 후, 한·중 수교 15주년 되던 지난 2007년 3월 22일 북경시 조양구에 새로 둥지를 틀어 한국문화 소개의 장으로서, 한중문화교류의 핵심 거점으로서 역할을 하고 있다. 주중 [한국 문화원]은 중국인들이 한국을 이해하고 나아가 양국의 상호협력과 교류를 촉진하는데 그 목적을 두고 있으며, 각 층별 차별화된 디자인과 각종 첨단 IT로 구성된 상설전시장 및 문화상품전시장 등 한국문화를 느낄 수 있는 학술문화 체험의 현장으로서 그 역할을 다 하기 위해 노력하고 있다. 특히, 한국문화원의 자랑인 "한국문화교실"은 가장 인기 있는 프로그램이다. 우수한 교수진들로 구성된 초·중·고급 회화교실, 드라마와 노래로 배우는 한국어, 온라인 한국어교실 등을 통해 한국어를 배우고 싶어 하는 외국인을 대상으로 무료로 진행되고 있으며, 도서실은 1만 여권의 한국 최신도서를 배치하여 무료로 열람, 대여 하고 있다. 또한 연중 각종 전시회를 개최하고 있으며, 한국영화 및 애니메이션을 주기적으로 상영하여 한국문화에 관심이 많은 사람들에게 좋은 길라잡이를 하고 있다.

중국정부는 2005년에 아시아에서는 처음으로 한국에 [중국 문화원]을 개원하였다. [중국문화원]에서는 초급, 중급의 중국어회화를 중국 교수로 하여금 강의하게하고 있으며, 이곳에서도 요리실습, 영화상영 등 다양한 프로그램이 개설되고 있으며 대학생들도 [중국문화원]을 탐방하여 이론뿐만 아니라 실습과 체험교육을 병행하는 계기를 가진다. [210] 이외에 중국문화원은 첫째, 현대중국의 발전상과

---

210) 경희대 사회학과의 개설과목 '중국사회의 이해' 과정의 학생전원이 중국문화원을 탐방하고 전시회참관, 도서관 시설견학, 중국 영화 관람을 하였다. 2008. 5. 30. 16:00-18:00까지.

중국 문화를 정확히 소개하여 중국을 이해하려는 한국인들에게 정보서비스를 제공한다. 둘째, 중한 양국의 문화교류를 한층 활성화시켜 여러 형태의 문화 활동 개최와 중국어, 지식. 강좌개설 등을 통하여 이해와 친선도모. 셋째, 중한 양국문화에 관한 협력을 한 단계 높여 서로협력 교류 및 친선의 장을 제공한다.

이외에도 <표 3-2>에서 보여지는 바와 같이 양국은 '한·중 서예교류전'을 비롯하여 영화와 텔레비젼 분야에서도 쌍방은 상대방 나라에서 각기 영화주간(映畵週間)를 개최 하였다. 따라서 안방의 TV를 통해 중국영화 '홍등(紅燈)', '측천무후(測天武后)', '패왕별전' 등 중국영화가 상영되었으며 만화영화 '무란(木蘭)'도 절찬리에 상영되었다. '한·중 친선협회'에서는 97년 2월과 12월에 탁구와 농구종목을 가지고 두 번의 '한·중 친선 체육대회'를 실시하였다. 중국은 한국에서 개최된 아시아 10개국 청소년단체가 벌이는 전통문화예술공연, 부산에서 개최된 제2회 부산 동아시아 경기대회(411명 참석), 충주시에서 개최된 제5회 한·중·일 청소년 종합경기대회(83명 참석)에 참가하는 등 대규모 인원이 참여했다. 이외에도 양국의 문화단체들은 각종 형태의 문화 활동 행사에 적극 참여하여 문화 교류 증진에 기여하고 있다.

<표 3-2> 한·중 문화예술교류현황

일 시	행사 내용	장 소	비 고
'93/7/9-7/12	'93아시아 오페라단 동남아 순회공연	상해(시립 음악회관)	아시아오페라단
'93/5/18-5/30	'93한중수교기념 중국근대서화 진품전 개최	한국 예술의 전당	중국근대화가17인의 작품 100여점
'94/7/26-7/29	'94아름다운 한국서예전 개최	중국연길시 연변박물관	작품전시, 학술강연 등
94/9/4-9/23	'94 대중국 문화교류 사업	북경, 천진, 하얼빈, 제남, 광주	디딤무용단 33인
94/12/11-12/17	'94 문화재 조사 사업	장춘, 연길, 용정박물관	
95/4/7-4/26	'95 한국 현대회화 중국전	북경중국미술관	한국현대미술가36인의 작품69점
96/8/16-9/8	'96 중국화 정품점	한국 국립현대미술관	중국 근현대 회화100점
2004/12/25	중국문화센터개관	서울	중국도서서관
2006/9/23	감지 중국.한국행 TV문호공연	서울 KBS공개홀	중국정부주관450명참석
2007/3/21~23	한중수교15주년기념 중국 국립심포니 오케스트라 내한공연	서울 예술의전당, 세종문화회관	
2007/4/10	한.중 교류의 해	서울국립 중앙극장	양국문화부장관 개막 :서울 폐막: 북경
2010-2016	매년 양국수교 기념 음악회 개최	금호아트홀	한중우호협회, 주한 중국대사관 공동주최
2017/8/26	한중수교25주년 기념음악회	예술의 전당	한중우호협회, 주한 중국대사관 공동주최

출처: 『中韓建交15周年 (1992-2007)』, 세계지식출판사, 2007. 관련항목 발췌

3. 양국의 상호교류에 대한 평가와 활성화 방안

1) 양국의 상호교류에 대한 평가

(1) 타 문화 창조를 통해 삶의 질 향상

각국 국민은 생존과 발전의 역사 속에서 자신만의 독특한 문화를 창조하였다.[211] 한중일 문화는 유교적 가치를 공통분모로 하면서도 서로 다른 역사의 길을 걸어왔고 서로 다른 삶의 양식으로서의 문화를 형성하여왔다. 한국문화에 대한 연구를 한 정인화 교수는 한 연구에서 한국의 고급문화로서 생명과 평화, 자기희생, 가족주의를 들고 있다.[212] 교류활동의 가장 보편적인 양상은 각 국가의 문화유적 탐방에서 시작된다. 한국인은 중국의 유적지 만리장성의 거대함과 장가계와 원가계, 계림의 빼어난 경관을 통해 중국의 문화를 배우고 느끼고 이해할 수 있으며, 중국인은 또한 한국의 불국사, 8만대장경, 석굴암의 오묘함에 옛 신라수도 경주를 찾고 이를 통해 한국문화를 이해하고 익히고자한다. 또한 제주도의 평화스러움과 수려한 장관에 극찬을 아끼지 않고 다시 찾고 싶어 한다. 또한 양국 국민은 중국경극과 한국 판소리의 예술문화에, 한국김치와 중국만두(餃子)의 음식문화 등 이질적 문화교류를 통해 상호문화를 존중하고 답습하고 그 가치를 공유할 수 있는 관계로까지 발전하였다.

특히 주목할 것은, 양국의 '언어문화' 향상을 위한 각종 대학생, 여성, 중고생 등의 어학경시대회는 두 나라간의 다양한 주제를 어학

---

211) 중화인민공화국 후진타오(胡錦濤)주석의 [感知 중국. 한국행]행사 축하전문 중에서, 2006. 9. 15.

212) 정인화, "일본, 중국, 한국의 문화교류와 동아시아 공동체 형성 : 한류를 중심으로", <2006년 도명지, 관동, 오비린, 이라바키 기독교 대학공동 심포지엄> 대주제 : 일본과 한국의 외래문화 수용과 전개, pp.6-7.

을 통해 피력함으로서 상호친선유대강화를 높이고 있다. 이는 어학교류를 통해 양국이 상호이해하고 각 분야가 발전함은 물론 동아시아문화공동체 형성에 일익을 담당할 수 있는 기반을 구축할 수 있는 의미에서 중요한 기능을 갖는다.

이처럼 수교이후 양국 국민은 다양한 교류활동을 통해 자국이 가지고 있는 문화의 장점을 타 국가에 선보이고 지속적으로 유지계승함으로서 정신문화와 동양문화창달을 통한 상호발전을 가져왔다고 하겠다.

(2) 상호이해 및 협력증가

문화예술은 그 나라 국민의 생활수준을 가름하는 중요한 기준이된다. 1992년 양국 수교 이후 두 나라의 문화. 예술 부문에 많은 교류와 발전을 가져왔다고 할 수 있다. 그 동안의 문화교류는 각종 문화. 예술 단체의 상호 방문, 연주회, 전시회, 문화 관광, 유적 답사, 유학생 교류 등을 통하여 눈부신 발전을 기록하게 되었다. 이러한 각종 활동은 양국 국민들의 적극적인 지지와 참여하에 기대이상의 성과를 거두게 하였으며, 한국의 한류(韓流), 중국의 한풍(漢風)을 비롯하여 특히 [感知. 중국-한국행]행사, [한국문화원]과[중국문화원] 개원은 양국 국민을 더욱 친근한 관계로 성숙케 하였으며 동시에 양국 국민간의 이해의 폭을 넓히는 데에 크게 공헌하게 되었다.

(3) 세계시민의식 향상과 NGO 정신함양

오늘날 연대의 가치는 그 어떠한 가치보다도 우선한다. 25년간의 사회문화교류를 통해 양국 두 나라는 각 분야 여성 간, 청소년 간, 우호 도시 간 끈끈한 우정과 네트워크를 구축하고 있다. 특히 각 자매도시, 우호도시간의 교류는 잔잔한 정을 솟게 하는데 예를 들면,

경주시와 시안(西安)시는 격년제로 중국과 한국을 상호방문하며 친선체육대회를 개최하고 있으며, 또한 양국은 언어경연대회 시행, 각국 음식문화 시범대회 등을 통해 연대와 친선을 더욱 돈독히 하고 있다. 이러한 연대의식은 국경을 넘어 중국 쓰촨성 지진피해지역 돕기 운동으로 확산되었다. 즉, 한국 국민들은 교육기관213)을 비롯하여 크고 작은 단체와 사찰 등에서 쓰촨성 지진 피해 돕기 모금운동을 전개하였다. 이러한 문화시민 의식, NGO 정신이 SNS 움직임을 통해 중국시민, 개인, 단체 등에서도 동참하도록 이끌어낼 수 있는 계기가 되고 있다. 일련의 의식변화는 자국민들에게도 문화시민의식, NGO 정신을 함양시켜 중국시민, 개인, 단체 등에서도 노력봉사, 성금 지원 등 적극적인 동참을 이끌어내게 되었으며 이는 중국사회주의 체제에서 보기 드문 자본주의 시장경제 사회의 장점인 후원하는 시민문화를 만들어 내어 중국내의 변화하는 모습을 볼 수 있다.

(4) 기금 부족으로 계획의 지연, 미 실행

지금까지 교류활동의 성과가 양국의 발전에 모두 긍정적인 요소만은 아니었다. 계획의 지연, 행사의 무산. 경비 확보가 여의치 않아 애석하게도 행사규모가 축소되거나 연구비 지급의 지연 등 예기치 못한 사례가 발생하기도 하였다. 한국국제교류재단의 사업 중 1998년의 연구지원은 97년과 비교해 볼 때 연구지원인원수나 연구지원 기간에 있어 많은 차이를 알 수 있다. 자료에 따르면 1998년에는 전체 연구자가 11명이며 그중에서 10명이 3개월이며 6개월 기간은 한 사람도 없고 반면에 2개월의 연구기간이 1명이었다. 뿐만 아니라 이들 11명의 연구자 중 북경대학의 왕소포 교수와 복단대학의 장석창

---

213) 경희대학교와 경희의료원 등에서는 "쓰촨성 지진돕기 성금"을 전 교직원이 참여한 가운데 총 78,779,000원을 모아 중국 대사관에 전달하였다. 인터넷 Future 2008. 6. 13. 관련 기사.

한국연구소장은 연구계획을 1999년으로 이월되기도 했었다. 이러한 상황은 미루어 짐작하건대 한국의 당시 경제상황에 영향을 받은 것으로 볼 수 있다.

문화관광부에서도 수교15주년 행사를 위해 다양한 거시적 계획을 추진하였으나 문화행사기금후원의 제한으로 축소하여 추진하였다. 따라서 양국의 문화교류의 확산을 위해서는 뜻있는 단체나 개인의 후원금 등 문화기금이 조성되어야 할 것이다.

한·중양국의 미래지향적인 사회문화 교류를 위해 발전방안을 몇 가지로 고찰해본다.

2) 미래지향적인 교류발전방안

(1) 정책지원을 통한 교류의 확대

양국 정부는 민간 교류를 통한 학술교육 교류와 문화 예술 교류를 촉진시키기 위해 필요한 제도적 지원을 배려해야 할 것이다. 바로 관련 부서의 신청, 심사, 허가, 지원 등의 행정업무를 신속하고 관대하게 처리해야 한다. 그리고 필요한 경비 지원 혹은 보조금 지급 등에 대하여도 가능한 범위 내에서 지원하는 방안을 모색해야 할 것이다.

그 동안 양국 간 교류 추진 과정에서 간혹 의외의 불쾌한 사례 출현 등으로 친선 교류 방문이나 행사가 축소되었거나 취소되었던 사례도 발생했었다. 따라서 양국의 관련 부서와 단체는 금후 이러한 사례가 재발되지 않도록 효과적인 개선 방안을 강구해야 할 것이다 만약 관련 부서나 담당자가 바뀌더라도 일은 계속 추진 되도록 해야 한다. 그래야만 양국 간의 다양한 교류가 더욱 확대되는 가운데 학술교육 교류와 문화예술 교류 등이 활발하게 전개될 것이다.

(2) 상호 어학실력을 위한 프로그램계발

양국의 어학향상을 위한 다양한 프로그램 계발이 무엇보다 시급하다. 양국은 정부간. 기업 간. 학교 간. 각종 단체 간. 종교간 등에서 다양한 교류를 하고 있으며 이러한 교류증진은 나날이 증가하고 있다. 그러나 상호교류 중에는 사람의 만남. 회의. 각종 대화. 협의 등 많은 부분이 대화를 통해서 이루어지고 있으며 대화에 따라 친선과 친목. 우정이 싹트게 되며 '말 한마디에 천냥 빚을 갚는다'는 우리의 속담처럼 말은 무엇보다 중요하다. 유엔에서 개최하는 국제회의의 5개 국어 중에는 '중국어'가 통용되며 어느 교수는 "21세기는 중국어를 모르면 엘리트가 아니다"라고 할 정도로 동북아에서의 중국어의 중요성을 강조한다. 따라서 정부차원에서나 민간차원에서 현재 실천하고 있는 것 몇 배 이상의 효율적인 방안이 연구되어야 하고 '한·중·일 아동미술전'처럼 민박 하는 것도 한 방안이 될 수 있다. '느린 것을 두려워하지 말고 멈추는 것을 두려워하라'(不怕慢, 只怕站)라는 중국 격언과 같이 회화를 시작하되 속도가 늦은 것이 문제가 아니고 꾸준히 지속적으로 추진되어야 할 것이다.

(3) 여성관련 학술 및 여성단체의 교류 증징

오늘날 세계 각국은 여성문제에 많은 관심을 기울이고 있으며 동북아에서 한·중 두 나라 여성의 힘은 다각적인 양국 여성간의 교류를 통해 꾸준히 추진되어야 한다. 정부차원에서는 외무부 동북아과에 고위여성인력이 한사람도 없는 상태를 벗어나야 하며(2015년 현재 여성인력 증가) 한때 추진되었던 -여성장관들의 상호방문이후 추진되었던 여성분야 상호교류협력 증진방안-여성정책 자료교환 양국의 지도급 여성인사의 상호교류 등이 계속적으로 추진되어야 한다. 또한 여성단체들은 중국의 여성관련 중요사항은 '중화전국부녀연합회'가 전국적인 행정단위로 조직되어 있는 점을 감안하여 교류협력을 추진해야한다는 것을 알아야 한다.

이제 21세기 동북아시대에 양국 여성들은 학술교류뿐만 아니라 여성단체들의 지속적 교류협력을 통해 국가의 일에 여성들도 일익을 담당해야 할 것이다.

(4) 문화기금 조성

양국 간의 사회분야의 다양한 교류를 촉진시키기 위해서는 필요한 최소한도의 행사비가 소요되며 행사에 따라서는 경비 지원이 절실히 필요한 경우가 있는 것이 사실이다. 또한 이러한 필요 경비 확보가 여의치 않아 애석하게도 행사규모가 축소되거나 취소되는 사례가 발생한 바도 있었다. 따라서 양국 간 친선 교류에 유익한 학술연구. 문화예술 행사와 활동을 촉진시키기 위해서는 반드시 교류 기금을 조성해 나아가야 할 것이다.

학술교류 부분은 기초과학. 환경보호. 여성관련 학술교류. 첨단과학은 물론 역사, 정치학, 해양, 응용과학 분야를 주축으로 전개되어야 할 것이다. 문화예술교류는 체육, 음악, 서예, 동양화, 종교, 전시회 등을 주축으로 전개 되어야 할 것이다. 또한 이들 분야별 공동 연구나 학술회의 및 학자 교류 등을 촉진시키기 위한 제도적 근거를 구체적으로 마련해야 할 것이다.

또한 이러한 교류 활동이나 공동연구 및 학술행사를 효과적으로 지원하기 위한 교류기금 운영기구를 조직해야 할 것이다. 왜냐하면 학술단체나 개인이 필요한 소요 경비를 전액 확보한다는 것은 사실

상 많은 난관에 직면하게 됨으로써 유익한 행사나 활동이 때로는 애석하게 무산되기 때문이다. 양국 간 교류 촉진 활성화 여부는 바로 교류기금 조성의 실현 여부에 달려있음을 인식해야 한다. 이외에도 양국 문화교류와 관련하여 동양문화에 대한 이해심과 문화감상의 소양을 높이는 것도 중요하다고 하겠다. 오랫동안 많은 준비와 노력을 했음에도 불구하고 관중이 없고 자리가 많이 비어지면 정말 맥빠지는 일이다. 따라서 프로그램을 기획집행 하게 되면 폭넓게 알려서 가능하면 관람객이 많을 수 있도록 홍보 하는 것도 무엇보다 중요하다.

(5) 친선교류 확대의 노력

양국의 정부 산하 관련 기관, 학술 단체, 문화 단체, 민간단체, 교육 기관 등은 국제교류 촉진을 위하여 친선교류를 확대해 나가는 동시에 적극적인 자세로 노력해야할 것이다. 지난 십 수 년 간 양국 간의 친선 교류는 학술, 문화, 체육, 종교, 전시회, 친선 방문 등의 분야가 주축을 이루었으며, 교류규모와 교류회수도 급속한 증가 추세를 나타내고 있는 추세이다.

한편 그동안 양국 간 친선 교류가 급속히 진전되는 과정에서 예기치 못했던 부작용과 다소의 불미스러운 사례들이 발생했던 것이 사실이다. 그러나 양국 간 우호 증진은 큰 영향을 받지 않고 여전히 촉진되고 있는 것은 양국 국민의 상호이해와 부단한 노력의 결과이다.

이제 수교 25주년을 맞으면서 양국 국민은 차원 높은 선린 우호 관계를 구축하기 위해 미래 지향적인 자세로 더욱 노력할 것을 다짐해야 할 것이다. 그리고 이러한 교류 촉진 노력은 다양한 민간 교류를 통하여 학술교류와 문화교류가 더욱 확대될 것이다.

4. 결론

1992년의 8월은 그간 양국 국민간의 단절되었던 소통의 고리를 열게 해주었다. 가까우면서도 먼 나라로 여겼던 양국 국민들은 새로운 친구, 새로운 문화, 새로운 음식을 통해서 조금씩 서먹함과 다름을 서서히 줄여나갔으며 서울-북경 직항로 개설 등을 통해 더욱 가까이 다가갈 수 있었다. 상호 인적교류는 수교당시의 9만 명에서 16년을 지나면서 502만 명이란 놀라운 수적 발전을 가져왔을 뿐만 아니라 이제 1,000만 명을 돌파하였다. 특히 양국의 유학생 수는 더욱 급속한 증가 양상에 있다. 한국 캠퍼스에서의 중국 유학생들의 대화는 아주 자주 듣게 되고 어느 과목의 수강생은 한국학생보다 중국학생의 비율이 훨씬 더 많은 경우도 있다. 한국과 중국 두 나라 모두 각국의 유학생이 상대국에서 가장 많은 1위를 차지하고 있다. 한 중년여성은 며느리가 중국인이라고 학원에서 중국어를 배우고 있는 현실이다. 이제 중국과 한국은 뗄래야 뗄 수없는 관계에 있다.

앞에서 논의한바와 같이 한중양국은 우호도시간의 교류가 더욱 끈임 없이 지속적인 관계를 가지고 상호신뢰와 협조 속에서 발전하고 있음을 느낄 수 있다. 한국의 市. 道와 중국의 省. 市는 역사와 문화 현행조건과 가장 유사한 지방끼리 자매결연을 맺었기 때문에 마치 잠시 흩어졌다가 다시 만나는 '대가족'의 끈끈함이 묻어 있는 것과 같다. 이 우호도시간의 교류는 두 나라를 묶는 가장 중요한 가교 역할을 하게 될 것이다. 양국 국민은 상호 문화유적탐방, 친선방문, 어학문화학습 등 각기 다른 문화 창조를 통해 상호 발전 하고 있으며, 문화예술교류를 통하여 양국 국민간의 상호이해 및 협력을 증가할 수 있었고, 청소년 간, 여성 간, 사회단체간의 교류와 네트워크를 통해 다양한 의견을 합의할 수 있는 의식을 기르기도 했으며 봉사할 줄 아는 세계시민의식과 NGO 정신을 함양하고 있다고 하겠다. 이러한 발전의 긍정적인 현상들은 양국 국민들로 하여금 인간의 정신적 가치를 높임으로서 삶의 질을 향상시킬 수 있었다. 그러나 이러한 발전의 긍정적인 요소 외에 각종 교류활동이 다양하게 증가하면서 나타나는 부작용을 어떻게 줄일 수 있을 것인가 하는 것은 커다란 사회문제이다. 앞서 보았던 "중국동포 자녀를 살립시다"라는 캠페인을 도출하게 했던 한국과 중국인들의 상호사기피해사건들, 학업을 빙자한 돈 벌기 위해 입국하여 교실에 없는 가짜대학생 문제, 양국의 사기유학, 유학생 탈선 등은 교류활성화와 더불어 더욱 늘어나는 문제점들로서 풀어나가야 할 큰 과제라고 하겠다.

2017년 8월 24일 수교25주년을 맞이하는 한·중 관계는 그동안 전반적으로 비약적인 발전을 이룩했으며, 특히 사회문화 분야에서 학술교육 교류, 문화예술 교류, 인적교류 등 활발하게 교류활동을 전개해왔다. 이러한 교류추세는 앞으로 더욱 확대될 전망이며, 바로 지리적. 역사적. 문화적 배경이 촉진제가 된다고 볼 수 있을 것이다.

이제 양국 정부가 동아시아시대에서 성숙된 동반자 관계를 착실히 구축하기 위해서는 경제교류 확대와 더불어 학술교육 교류와 문화예술 교류를 더욱 촉진 시켜 나아가야 할 것이다. 그래야만 밝아오는 21세기 동아시아 시대를 풍요로운 문화 사회로 발전시키게 될 것이며, 동시에 동양 문화 창달을 실현하게 될 것이다. 한·중 양국 간의 학술교육 교류와 여성교류 문화예술 교류의 중요성 및 필요성을 다시 한 번 강조하면서 앞으로 더욱 확대되기를 기대 한다.

2장_한국 포항과 중국 심천의 문화관광 교류

1. 서론

동북아시대의 교류 활성화와 더불어 해외 유학과 문화탐방 및 관광의 기회가 증가하고 있다. 중국에 있는 한국 유학생 수는 6만 명에 이르고 한국에 있는 중국 유학생 수도 5만 3천여 명에 이르고 있으며 이는 상호 각국 유학생 수에서 각각 1위를 차지한다.[214] 또한 양국 여성 NGO들의 상호방문 기회와 교류 활동이 증가하면서 문화탐방과 관광에 대한 기회 역시 많아지고 있다. 그러나, 각국 정부 고위지도자의 상호방문을 비롯하여 학술 교류활동과 문화교류활동 예술 활동 또한 중앙위주로 이루어지고 있다. 대부분의 교류 활동이 중앙정부나 대도시에 한정되어 있었다고 해도 과언이 아니다. 분권화를 중요시 했던 영국의 지방자치가 민주주의 활성화의 으뜸이었

---

214) 주한중국대사관 장승강(張承剛)참사관의 '중국청년단 한국방문(2010.4.6.)' 축사에서.

듯이 양국의 교류활동도 지방중심으로 이루어져야 한다고 생각한다. 이에 필자는 중국 광동성의 심천(深圳)과 한국 경상북도 포항(浦項)의 문화교류에 주목하고자 한다. 심천은 작은 어촌에서 시작하여 지금은 중국에서 가장 발전하고 있는 도시로서 많은 사람들의 선망이 되고 있는 곳이다. 심천의 발전사는 국민소득이 2,500$도 채 안 되는 가난했던 한국의 70년대 박정희 시대의 새마을 운동의 발상지였던 경상북도의 작은 항구 도시인 포항의 발전사와 매우 흡사하다. 포항이 한국 정부의 계획개발정책에서 발전한 것과 마찬가지로 심천 역시 중국 정부의 계획개발정책을 통해 발전하기 시작하였다. 본 연구의 사회문화 교류 발전의 지향 모델이 될 포항과 심천은 작은 항구도시에서 계획경제 정책을 통해 산업 발전을 이루었으며, 또한 주변에 역사적, 문화적 관광지가 근접해 있는 관광연계도시로서의 지역적 특징을 가지고 있다는 유사성에 주목했다.

따라서 본 연구는 이러한 유사성에 착안하여 두 도시의 교류분석을 통해 지역사회발전의 유형과 방향 등을 모색해보고자 한다. 우선 포항과 심천의 문화산업의 현황을 개괄해보고, 계속해서 향후 학습된 신념과 전통 및 지침들을 내면화하여 포항과 심천의 문화산업을 어떻게 지속적으로 유지 발전시킬 수 있는지를 고찰해보고자 한다.

2. 이론적 고찰

1) 문화와 문화개념의 다양성

문화에 대한 개념은 학자들마다 다양하므로 한마디로 정의 하기는 쉽지 않다. 광의의 문화란 인류가 창조하는 정신과 물질재화의 총체를 말하며, 협의의 문화란 정신문화로서 즉 인간의 생활방식과 정신교화라고 하겠으며 이는 인류의 지식, 정감, 예술, 교육, 과학기술 등의 내용을 포함한다.[215] 박이문은 문화에 대해 '한 인간 집단의 기질, 관 습, 풍습, 전통, 가치관, 세계관 등으로 총칭되는 한 인간 집단의 양식, 개성, 색깔을 뜻 한다'라고 피력한 뒤 인간의 보편적인 기본적 전제조건이 의식주 이지만 지역 및 시대마다 다르기 때문에 문화의 지역성, 특수성, 다양성을 중요시 한다.[216] Richard A. Barrett에 따르면 문화란 '어떤 인류사회의 구성원들 사이에 공유된 형태들에 대한 학습된(learned) 신념들, 전통들, 그리고 지침(guides)들의 총체'[217]라고 정의 내리고 있다. 또한 문화는 한 사회나 한민족의 생활양식으로 규정하고 있다. 여기서 생활양식은 의식의 반응현상을 말하게 되는데 즉, 한 사회나 한 집단을 형성하고 있는 개인의 의식이 어떠한 동질성을 바탕으로 하여 생활의 공동체를 형성한다는 인식을 근거로 한다.[218] 그러나 문화는 지역적이고 다원적이다. 그 이유는, 자연은 지구적(global) 이지만 문화는 언제나 지역적(local)이다. 왜냐하면 문명과 문화는 인간도 다른 동물과 마찬가지로 절대적으로 동일할 수 없는 자연적 환경 속에서 존재하면서도 동물과는 달리 인간은 가변적인 주관적 기호, 지적 노력, 계획, 창의력,

---

215) 李思屈·李濤 編著, 文化産業槪論 (浙江大學 出版社, 2007), p.2.

216) 박이문·장미진 외, 세계화 시대의 문화와 관광 (서울: 경덕 출판사, 2007), pp.8-12.

217) Richard A. Barrett, *Building a Values-Driven Organization: A Whole System Approach to Cultural Transformation* (Butter worth Heinemann,2005),pp.2-3;최한수, "문화는 교 육과 모방에 의해서 형성되는 산물", 인간성회복실천운동을 위한 공동정책 연구 제1집, 요인분석을 통한 사회안정도 측정 및 문제 극복 방안 조사연구 (서울: 한국 인간학회, 1991), pp.116-117.복 방안 조사연구 (서울: 한국 인간학회, 1991), pp.116-117.

218) 하영애, "문화향수의 사회적 실천", 인간성회복실천운동을 위한 공동정책 연구 제1집, 요인분석을 통한 사회 안정도 측정 및 문제 극복 방안 조사연구 (서울: 한국 인간학회, 1991), p.93.

의지의 개입에 의해서 재구성된 자연환경의 산물이기 때문이다.[219]

2) 문화산업의 개념과 연구동향

문화산업은 '특정산업'이 '특정문화'를 만들어 내는 데 중요한 기제로 작용한다. 예를 들면, 정치적 요인이 문화에 영향을 미칠 때에는 통치계층의 의지와 능력이 결정적으로 작용하며, 피통치자의 의사와 능력은 적극적으로 작용 되지 않는다. 대조적으로 어떤 산업이 어떤 문화를 형성시키는 과정에는 그 산업의 최고운영자들뿐만 아니라 그 산업의 종사자가 자신도 모르게 참여하게 된다. 왜냐하면, 그 산업의 결과로 발생하는 이익을 모두가 분배 받을 수 있기 때문이다. 바로 이러한 점 때문에 어떤 특정산업이 특정문화를 만들어 내는 데 발휘하는 영향력은 매우 크며 뿐만 아니라 직접적이며 또한 정치나 종교보다도 매우 강력한 작용을 하게 된다.[220] 이처럼 문화와 산업은 밀접한 관계에 있다. 정홍택은 문화가 홀로 설 수 없듯이 산업도 문화의 동반 없이 홀로 설 수가 없다는 것을 강조한다. 특히 문화산업에서 '생활문화'의 영향력과 사람의 역할을 중요시 했다.[221] 문화관광산업이 그 지역의 사회발전에 뿌리를 내리기 위해서는 관광과 문화산업을 매개할 수 있는 인적매체(유학생, NGO 단체, 지방자치단체, 관광객)와 장소가 구성되어야 한다. 이는 관광과 문화산업의 사회적·공간적 결합으로 설명될 수 있다. 첫째, 단순히 문화제품을 생산하는 공간이 아니라, 관광객들이 와서 보고, 즐길수 있는

---

219) 박이문·장미진 외(2007), pp.11-12.

220) 한창수·김영구 공저, 중국문화개관 (서울: 한국방송통신대학교 출판부, 2007), p.90.

221) 정홍택, 문화의 사업화? 산업의 문화화? Industrialized Culture or Culturalized Industry, 전자논문. pp.3-4.

스펙터클과 이벤트 공간이다. 생산을 통한 산업경제활동과 이벤트, 볼거리를 통한 관광경제활동간의 시너지를 통해서 새로운 형태의 경쟁력이 형성될 수 있다. 즉 인지도의 증가와 장소브랜드 형성효과이다.[222) 둘째, '사회적·공간적 결합'에서 '공간적 결합'은 일련의 물리적 공간에 집적하고 상호연계 되어야 한다는 의미이다. 이는 산업클러스터 이론에서 강조하는 기능적 측면의 근접성(proximity)에 더하여 양자 간의 결합을 통한 새로운 상징적 공간의 출현을 의미한다. 최근에 문화유산으로 등재된 포항지역의 '양동마을'이 그 한 예가 될 수 있다. 또 '사회적 결합'은 그러한 공간을 형성하고 만들어나가는 주체가 하나의 공동체로서 긴밀하게 네트워크화 됨으로 해서 통합성을 유지해야 한다는 점이다. 그럼으로써 지방도시가 갖는 문화산업생산요소에서의 비교열위 (대도시에 비해)를 만회할 수 있는 새로운 경제발전의 자원으로서 장소자산이 형성되는 것이다.[223) 이러한 논의들은 용이하지만은 않다. 그러나 문화와 관광산업을 연계하고 네트워크 도시를 연계하여 시공간적인 면과 지방의 특색을 살리고, 이를 통해 문화산업교류의 경제적 측면과 문화생활을 통한 의식향상 등을 가져올 수 있도록 해야 한다. 이 점은 미래의 문화비전과 관광교류활성화를 위해서도 중요하다.

문화산업분류는 학자마다 다소 차이는 있지만, 문화 산업(게임 영화 음반 출판 공연 방 송 캐릭터 애니메이션 등), 기타 문화산업(건축 및 조경설계 서비스업 사진촬영 및 처리업 광고업 전문 디자인업 도서관 박물관 등)이 있다. 여기에다가 테마파크, 레저산업 등도 포함되고 있으므로 관광업도 넓은 의미에서는 문화산업에 포함할 수

---

222) Evance G., "Hard-branding the cultural city-from prado to prada", International Journal of Urban and Regional Research, Vol. 27.2 (Butter worth Heinemann, June 2003), pp.436-437.

223) 박이문·장미진 외(2007), pp.188-189.

도 있다. 그러나 선행연구들은 예술분야, 영상 음반 산업, 문화콘텐츠 등의 문화산업에 중점을 두고 있으며 문화사업의 사회적 실천에 대한 연구는 극히 찾아보기 어렵다. 따라서 본 연구의 방향은 자연히 사람중심의 문화산업교류에 중점을 두게 되었다. 즉, 한·중 양국 유학생과 여성 NGO단체, 그리고 지방자치단체의 교류활동이 문화산업으로 어떻게 연결 될 수 있을지에 중점을 두고 관련내용을 분석했다. 왜냐하면, 양국 유학생들은 동북아 국가의 지리적 근접성과 구미 각 국에 비해 상대적인 저렴한 학비 등으로 그 수가 나날이 증가하고 있으며, 이러한 경향은 미래에 국가경쟁력에 근간이 될 수 있기 때문이다. 또한 양국여성들은 '북경행동강령(北京行動綱領, The platform for Action of Beijing)'[224]과 이행보고서를 통해 다양한 활동을 하고 있으며, 특히 사회 문화교류분야에서 양국 여성 NGO들은 중추적 역할을 하고 있다. 또한 미래 지역사회의 발전에서 지방자치단체의 역할과 교류활동의 중요성은 더욱 강조되고 있다.[225]

따라서 본 연구에서 문화산업의 함의는 한·중 양국학생, NGO단체, 지방자치단체가 국내외의 문화탐방, 교육학습, 관광여행, 우호도시교류활동 등의 수단을 통하여 타 지역의 문화를 이해하고, 또한 이렇게 학습된 신념과 지침들이 자신은 물론 타인에게 영향을 끼치고 나아가 양국과 각 지역의 산업과 경제에 직간접적으로 촉진제 역할을 한다는 의미를 포함한다. 따라서 연구의 범주는 양국 유학생, 여성 NGO 단체, 지방자치단체로 포항과 심천지역을 중심으로 삼았다.

---

224) 1995년 북경에서 개최된 이 회의는 세계여성들의 인권 권익 정치 참여에 준거가 되는 북경 행동강령을 제정 하였으며 총 6장 361항으로 구성되어있다.

225) 하영애, "한중간의 사회문화교류를 통한 양국의 발전방안 모색", 한국동북아 논총, 제13 권 제4호(통권 49집) (한국동북아 학회: 2008), p.234.

3. 포항과 심천의 문화산업의 개괄

1) 포항과 심천의 지정학적 유사성

포항과 심천은 역사적으로 농촌과 어촌이었다는 유사점을 가지고 있다. 포항의 역사 를 개괄해 보면, 포항은 한국의 경상북도 남동부 동해안에 있는 시(市)로서, 인구는 약 51만 명(2011년)이며 면적은 1127.24km이다. 남쪽으로는 경주시, 서쪽은 영천시, 북쪽은 영덕군·청송군과 접한다. 포항은 1914년 행정구역이 개편되면서 연일군·흥해군·청하군·장기군 4군이 통합되어 영일군이 되며, 이와 같은 체제는 1949년 포항시가 출범할 때까지 이어졌다. 2010년 포항시는 61주년을 맞게 되었다. 그러나 포항의 지명이 공식적으로 처음 등장 된 것은 1731년(영조7년) 포항 창진(浦項倉鎭)을 설치하면서 비롯되었다.[226] 심천과 마찬가지로 포항 역시 과거에는 작은 섬 마을 이었다. 자료에 따르면, 예로부터 형상강의 북하구의 중심지류 연변인 포항리가 조운과 물화교역의 요충지로서 주목되어 오다가 포항 창진이 설치되면서 많은 인구가 유입되었다. 이들에 의해 도내 (島內) 리를 비롯한 5도 등의 섬마을이 동해안 물류교역의 중심항구로서 잠재적인 역할을 발휘하게 됨으로써 포항발전의 획기적인 전기를 마련하게 되었다.[227]

심천의 역사를 개괄해보면, 심천(선쩐: 深圳)은 중화인민공화국 광동성의 부 성급시 (副省級市)로서 면적은 2020km² 이며 인구는 약

---

226) 창진이 설치된 마을 이름을 기존의 영일면 북면의 대흥리(大興里)를 포항리(浦項里)로 개칭하고, 창 진의 이름을 포항 창진으로 등재하였다. 임 득유의 인생, 취미 삶-경북 포항의 역사, 인물, 민속, 지명, 문화재 중에서. blog.daum.net/limyouduck/1409?srchid=BR1http%3A%2F% blog.doum.net (검색일: 2010. 3. 20.)

227) 포항의 해양문화와 관련된 대표적인 설화가 바로 '연오랑과 세오녀'이다.

700만 명228)으로, 1979년 덩샤오핑은 인구 30만 명의 농촌과 어촌이었던 이곳을 경제특구로 지정하여 개혁과 개방의 실험을 수행하였고, 오늘날 일인당 국민소득은 중국에서 홍콩과 마카오에 이어 세 번째로 높은 지역이다. 심천은 중국 전체의 성공 모델이 되었다. 청나라 말기가 되면서 난징(南京) 조약과 베이징(北京)조약으로 신안현의 일부가 되어 홍콩 섬 및 구룡반도를 영국이 조차하게 되면서 신안현이 분할되었고, 홍콩과의 국경을 이루는 역사가 시작되었다. 그 후 홍콩과 인접하는 지리적 중요성으로 1979년 3월, 보안현을 성할시(省割市)인 심천으로 승격시켰고, 1980년에는 개혁개방 노선을 채택한 덩샤오핑의 지시에 의해 심천이 경제특구로 지정되면서 급속히 발전했으며 1981년 부성급(副省級)시로 승격하였다.229)

포항과 심천은 농촌과 어촌이었던 유사점 외에도 포항이 한국 정부의 계획개발정책에서 발전한 것과 마찬가지로 심천 역시 중국 정부의 계획개발정책을 통해 발전하기 시작하였다. 심천의 발전 동력은 덩샤오핑의 중국개혁개방정책의 일환으로 경제특구 제1호로 지정된 것이다. 심천의 지정학적 요인 또한 포항과 유사한 점이 있다. 심천과 홍콩은 40여분 소요되는 거리로 문화와 산업을 공유할 수 있고, 포항과 경주가 역시 인접하면서 산업적 문화적 가치를 함께 가지고 있는 것과 유사하다.

2) 포항과 심천의 문화산업 비교

포항과 심천의 문화산업에 대해서는 두 지역의 교육기관, 주요 문

---

228) http://cafe.naver.com/forhchina.cafe?iframe_url=/ArticleRead.nhn%3Farticleid=19(검색일: 2010. 5. 20.)
229) China Academic Journal Pulishing House. All rights reserved Special Zone Economy. 2009. (검색일: 2009. 5. 20.)

화관광산업으로 고찰 하였으며 다음과 같다.

(1) 포항의 문화산업

가. 포항의 교육기관

포항의 대학교육기관으로는 포항공대와 한동대학을 대표적으로 들 수 있겠다. 이들 두 대학들은 무엇보다도 국제화에 주력하고 있으며 '해맞이 한마당'을 대학의 축제로 하고 있어 지역특색을 느끼게 한다. 포항공대는(Pohang University of Science and Technology) 4년제 사립대학이다. 포스텍, POSTECH, 포항공과대학, 포공 등으로 불리우며 현재 대외 명칭으로 POSTECH를 많이 사용하고 있다. 포항공대는 1986년 12월 3일 포스코에 의해 설립되어 2008년까지 1만 명 이상의 졸업생을 배출하였으며 졸업생들은 대학 교수, 연구원, 벤처기업 CEO 등 다양한 분야에 진출해 있으며 포항공대 는 국내외적으로 우수대학으로 평가되고 있다. 한동대학교(Handong Global University) 는 1995년에 설립되어 2010년까지 재학생 4,312명과 졸업생 5,609명을 배출하였다. 'Why not Change The World?' 라는 대학의 목표를 가지고 국제화 교육에 주력하고 있으며[230] 특히 UNESCO Campus를 조성한 것이 특색이라고 하겠다.[231]

나. 포항의 주요문화산업

포항은 최근 환동해 거점도시로 부각하고 있으며 시 정책, 학계,

---

230) http://www.han.ac.kr/index.html (검색일: 2010. 6. 27.)

231) 김영길총장은 UNESCO와 협력 하에 캠퍼스 내에 UNESCO Campus를 조성하여 체계적으로 개발도상국 학생 및 정부 인사들을 교육하고 있다고 피력하였다. 김영길, "환동해경 제권의 활성화와 환동해 거점도시회의 역할", 제15회 환동해 거점도시회의 (경북: 포항시, 2009). p.26.

산업계, 여성단체 등에서 다각적인 활동을 진행하고 있어 주목된다. 포항의 주요 문화관광산업으로 포스코(POSCO: 포항종합제철), 영일만 신항 개항, 환동해 거점도시 국제회의 개최, 국제 불빛 축제 등으로 고찰할 수 있다.

첫째, 포스코는 세계 2위의 철강 회사이다. 1968년, 대한민국 정부와 대한중석의 합작투자로 설립된 포항종합제철 주식회사는 국영기업으로 운영되다가, 2000년 10월 민영화되었고,[232] 2002년 명칭을 포항종합제철주식회사에서 포스코로 변경하였다. 현재 포스코는 포항시와 광양시에 2곳의 일관 제철소가 있으며, 일본의 오사카부의 물류센터와 미국 캘리포니아 주, 피츠버그 시에 US철강과 1986년 4월 1일 합작 법인으로 설립한 냉연 단순압연 법인인 UPI(USS-POSCO Industries)가 있다. 이 밖에도 중국 강소성 장가항에 중국 사강 그룹(沙钢)과 합작으로 1997∼2000년, 완공한 '장가항 포항불수강 주식회사(張家港浦項不銹鋼株式會社)' 등이 있다. 대한민국의 자동차, 조선업 등 각종 기간산업들은 포스코에서 공급하는 철강 제품에 의존하고 있기 때문에, 1970년대 이후 40년간의 급속한 산업 발전의 원동력으로 여겨지고 있다.

둘째, 포항은 산업문화의 다양화에 주력하고 있다. 2009년 8월에는 '영일만 신항'을 개항하였으며, 포스코의 발전 전문자회사인 포스크 파워는 이 영일만항 배후산업단지에 2020년까지 미국 FCF사와 조인트벤처 등의 현태로 총 2880억을 투자한다고 한다. 포항 영일만항에서는 4U Port를 지향하고 있다. 4U Port란 Unique port, Ubiquitous Port, Universal Port, yoU Port의 머리글자로 '고객중심의 포항영일만항'(浦項迎日灣港)을 캐치 프레이즈로 하고 있다.[233]

---

232) http://www.posco.co.kr (검색일: 2010. 6. 12.)

셋째, 포항은 환동해 거점도시로 부각하고 있다. "환동해거점도시 국제회의"는 한국, 중국, 일본, 러시아 4개국의 도시들이 회의를 개최하는 것으로 1994년에 결성된 이후 매년 각국에서 돌아가며 개최하고 있다. 제1회(1994. 10.)-2회(1995. 10.)는 일본의 사카이미나토, 요나고시가 공동개최 하였고 이후 한국, 중국, 일본, 러시아 등지의 시에서 개최하였는데 2009년 제15회 회의는 한국의 포항에서 개최하였다. 이 회의의 결성목적은 거점 도시 간 국제협력, 경제교류, 관광개발, 우호협력 확대방안 논의로써 지리적 장점과 자원을 바탕으로 다양한 경제 인프라 구축이다.[234] 제15회 환동해 거점도시 국제회의는 한국(포항시, 동해시, 속초시), 중국(훈춘시, 도문시, 연길시), 일본(요나고시, 시카 이미나토시, 돗토리시, 니가타시), 러시아(블라디보스톡시) 등 총 4개국 11개 도시에서 50여 명이 참가하여 '환동해 지역의 실질적 경제협력 방안 논의'의 주제를 가지고 회의를 개최하였다. 회의 후 각국의 도시에서 참석한 시장과 지도자들은 산업시찰과 영일만 항을 탐방하였으며 '환동해권의 새로운 도약'에 다양한 중점을 두었다.

넷째, 포항은 지역주민과 지방자치단체 및 산업체가 연계해서 환경보호에 주력하고 있다. 즉, 포항시가 심혈을 기울여 추진하고 있는 또 하나의 문화산업은 국제 불빛 축제이다. 이는 원래 포스코가 송도해수욕장 등 주위의 시민들에게 포스코 건립 시 여러 가지 민폐를 끼친 것에 대한 보답의 의미로 7년 전에 시작하였는데 최근에는 포스코와 포항시가 공동으로 이 축제를 개최하고 있다. 이 국제 불빛 축제는 1,241억 원의 경제 유발효과를 갖는다[235]고 한다. 내용으

---

233) 環東海商務中心港, 浦項迎日灣韓國諸集藏商集産港, 浦項市의 홍보팸플릿. www.ipohang.org
234) 제15회 환동해 거점도시회의(The 15th Conference of Major Cities in the East Sea Rim Region) 자료집 (포항시 발행, 2009), pp.8-9.

로는 세계 뮤직불빛 쇼 및 미니불꽃 연출, 불빛 퍼레이드 등 대형콘서트를 비롯하여 각종문화행사, 체험행사를 함께 개최한다.

(2) 중국 심천의 문화산업

가. 중국 심천의 교육기관

심천의 대학 교육기관으로는 심천대학교와 남방과학기술대학(南方科技大學)을 들 수 있다. 심천대학교의 특색은 50개 이상의 고교와 교류합작관계를 건립하였으며 중국내에서 먼저 영미고교합작을 개설하고 '두 개 학교 두 개 언어와 복수자격증 혹은 단수자격 증(雙敎員, 雙語種)형식으로 학생을 배출했는데 '쌍교원(雙敎員)'의 본과생이 합계 2,000 여명에 달한다. 또한 66개 국가의 유학생이 심천대학에서 수학하고 있으며 유학생의 수는 1,500여 명에 달한다. 심천대학은 특히 '쌍증합일(雙證合一: 졸업증과 학위증)'제도를 실행하고 있다.[236] 남방과기대학은 중국 고등교육개혁발전의 폭넓은 홍보를 배경으로 이공계열 위주로 경영대학과 일부 문과계열의 학과를 중립학과로 발전시키고 있다. 학교는 국내외 대학의 발전경험과 아시아 일류를 지향하는 학과와 대학원과 결합한 연구소등을 구비한 연구형 대학이다. 남방과기대학은 심천이 개혁개방과 경제체재 개혁에 크게 공헌한 점을 높이평가 받았고 현재 초 일류 대학을 지향, 인재양성에 매진하고 있다.

---

235) 포항시의 관련자료 수집 시 국제교류협력팀의 담당자와의 대화에서. 2010. 6. 23.

236) 한국의 대학교는 졸업 시에 반드시 졸업증과 학위증을 같이 발급하고 있으나, 중국의 대학교는 두 개를 분리 하는 경우가 많다. 즉 졸업은 했지만 학위증이 없는 경우도 있다.

나. 중국 심천의 주요 문화산업

심천이 작은 어촌에서 전국에서 손꼽는 부자도시로 거듭날 수 있었던 것은 관광과 문화를 중요시하고, 이를 '상품화'하여 심천 경제 발전에 일익을 담당했기 때문이다.

첫째, 관광과 문화산업의 결합이다. 현재 심천의 관광업은 음식, 숙박 사업 외에 여행, 레져, 쇼핑(食, 住, 行, 遊, 娛, 購) 6개 요소에서 성과는 이미 상당한 궤도에 오르고 있다. 풍부한 지방문화와 자연경관에 근거하여 관광특정지역을 지정하여 50여 개 지역으로 확산했다. 2006년에 심천시위시정부(深圳市 委市政府)는 심천을 국제관광 도시로 지정한 이래 그 해의 관광수입은 전국의 1/18를 점유했고, 관광외환수입은 전국의 1/14에 달했다. 또한 2007년 1월부터 9월까지 관광 외환수입은 16.64억 달러에 이르렀다.[237] 즉 심천시의 관광업은 전시(全市) GDP의 5.6% 에 달하며 심천관광업은 심천경제의 신성장산업이 되었다.

둘째, 심천의 대표적 명소로 세계지창, 금수중화, 중국민속 문화촌을 들 수 있다. 그 중에서 심천의 문화와 관광을 체험해볼 수 있는 대표적인 곳이 세계지창(世界之窓)이다. 이곳은 홍콩기업과 중국 화차오청(華僑城)그룹이 합작하여 66억 위안을 투자한 테마파크 이다. 1994년 4월에 개장했으며 세계 각지의 유명건축물이나 거리, 자연경관을 축소 제작하여 전시했다. "당신이 나에게 하루만 주신다면 나는 당신께 하나의 세계를 드리겠습니다 (您给我一天 我给您一个世界)"를 표방하여 많은 관광객의 호평 속에 대성공을 거두고 있다.[238] 이외에도 심천은 금수중화(錦琇中華) (1989년 개장), 중국민

---

237) 任珺, "深圳文化創意産業發展現狀及政策環境", 南方論叢, 深圳市特區文化硏究中心 (廣東深圳, 2010), p.30.

238) 스지에즈창은 세계 광장, 아시아, 태평양, 유럽, 아프리카, 미국, 조각공원, 국제거리 등 8 개

속문화촌(1991년 개장) 등 많은 볼거리를 제공하며 인근 도시 홍콩과 마카오의 중간지점이라는 지리적 여건이 관광과 문화산업을 아우를 수 있는 장점으로 꼽히고 있다. 셋째, 창의성 문화 사업이다. 심천은 문화산업을 4대 주요산업의 하나로 선정했다.[239] 특히 창의성 문화산업으로 디자인과 광고 설계, 산업설계, 건축과 실내설계, 의류디자인 등으로 이미 비교적 큰 산업규모로 발전했고, 그 발전의 중점은 기계설계에서 디지털설계로 바뀌고 있다. 심천의 디자인의 수준은 대형그룹과 문화방면의 단체 및 국내외 저명한 기업브랜드를 설계하기도 했다. 심천은 현대적 개념의 디자인이 발원된 곳이라 할 수 있다. 넷째, 2006년 심천시는 문화산업 발전촉진을 위한 경제정책을 채택하고, 문화산업 발전기금 설립, 개인 및 외국인 투자 장려를 위한 계획을 시행했다. 특히 국가수준의 애니메이션, 만화, 게임의 저작권 무역과 보호센터의 설립계획도 세우고 있다.[240]

4. 한중문화교류 및 포항과 심천간의 사회교류

이상으로 포항과 심천의 문화산업을 개괄해보았다. 한중간의 문화교류는 다각적으로 추진되고 있다.[241] 포항과 심천 간의 사회교류 활동은 어떠한가? 지면관계로 양국관련 모든 분야를 다루기는 어려

구역으로 나뉘어 있다. 예를 들면, 이집트의 피라미드, 파리의 에펠탑, 로마의 콜로세움, 나이아가라 폭포 등을 볼 수 있으며 한국의 경복궁도 볼 수 있다.

239) 劉混, "深圳文化産業發展狀況研究", 深圳大學 藝術學系, 1994-2010 China Academic Journal Pulishing House. All rights reserved. Special Zone Economy. (검색일: 2009. 1. 20.)

240) 코트라(www.kotra.or.kr), 심천 애니메이션 (검색일: 2011. 3. 17.)

241) 하영애, "한중간의 사회문화교류를 통한 양국의 발전방안 모색" (한국동북아학회, 2008), pp.234-245.

운 점이 있어 한중학술회의, 한중여성NGO의 상호문화탐방과 교류
활동, 중국유학생의 지역문화탐방과 체험실습, 지방자치단체의 우호
도시교류에 대해서 고찰해 본다.

1) 심천한중학술회의 – '한중경제문화와 사회발전포럼'

한국과 중국의 교류활성화는 대도시를 중심으로 학술교류, 기업
교류, 문화예술교류, 체육교류 등이 다각적으로 추진되고 있으며, 적
지 않는 성과를 거두고 있다. 그러나 양국의 지방도시간의 교류는
크게 활성화 되지 못하고 있는 실정이다. 2010년 1월 한중양국의 학
자들과 기업인은 지역사회의 활발한 교류활동을 위하여 제도적인
기구의 설립을 구상하고 여러 가지 논의를 거쳐 '한중문화교류연구
소'를 개소하고 제1차 창립학술세미나를 심천에서 개최하기로 하였
다.242) 동년 7월에 '한중경제문화와 사회발전포럼'를 개최하고 경제,
사회, 문화 분야에서 양국의 학자와 전문가들이 다양한 주제로 발표
를 하였다.243) 사회 분야에서는 중국학자들의 주제로 "建交18周年
中韓兩國交流与發展", "大平衡核心價値觀前提"를 비롯하여 글로벌
시대의 한중관계가 다루어졌다. 경제 분야는 중국내수시장 성공사
례, 기업리스크 분석과 관리방안, 문화 분야는 경북권 주요문화유적
의 재발견, 여성과 사회발전 등이 논의되었으며, 양국학자, 기업인,
상공인, 한국교민 등 참석자들에게 양국 지역사회에 관해 논의해보
는 토대를 마련하였다. 특히 김장환 광주 총영사, 이홍종 세계지역

---

242) 북경대학교 徐凱, 王春梅, 李繼興 교수, 길림대학 徐文吉 교수, 경희대 하영애 교수, 김주창
    교수, 冬剛 변호사 등이 양국의 지속적인 발전을 위하여 연구소설립을 논의하고 2010년 2월
    23일 오픈하였다.
243) 한국세계지역학회, 북경대학, 한중문화교류연구소 공동주최, "한중경제문화와 사회발전포럼",
    중국 심천 개최 (2010. 7. 29.) 자료집, pp.7-180.

학회 회장, 현태식 심천 한국 상공회 회장(당시), 2017년 현재는 하정수 회장 등은 축사와 종합토론에서 미래 심천과 포항의 지역사회 발전을 위하여 인적교류와 지속적인 교류활동을 제시 하였다.

2) 양국 여성 NGO단체의 상호문화탐방과 교류활동

한국의 한중여성교류협회와 심천부녀연합회는 2009년 8월 6일 심천부녀연합회에서 상호 교류협력 및 발전에 관한 간담회를 개최하였다. 후리쥔(胡利群) 심천부녀연합회 주석은 중국정부에서 지방 도시 발전계획(城市發展計劃)에 따라 해외의 지방도시와 교류협력의 중요성을 강조하며 심천과 한국의 지방도시와의 교류를 제의하였다. 그러나 국제교류라는 특성상, 양국 지역사회의 여성NGO단체가 적극적으로 교류하고 참여하기란 쉬운 것이 아니다. 포항여성단체 중에서 국제적 성격을 띠고 있는 한중여성교류협회 포항지회는 중국의 여러 지역과 다각적인 교류활동을 전개하고 있다. <표 3-3> 한중여성교류협회 포항지회의 중국지역 내 교류활동현황을 분석해보자.

<표 3-3>에서 살펴보면, 양국여성 GO와 여성NGO들은 한중수교 10주년을 맞이하여 "韓中女性經濟포럼 및 靑少年文化交流大會"를 중국 북경에서 개최하였으며 한국에서는 한중여성교류협회 포항지회 회원 28명을 포함하여 총 110명이 참석하였다. 이 회의는 여성들의 경제세미나와 청소년들의 문화예술을 포함하여 다양한 문화 활동이 다루어졌으며 양국의 좋은 반응을 얻었다.[244] 따라서 이듬해는 동일 주제로 한국서울에서 개최하여 일회성이 아닌 지속적인 양국 NGO의 활동으로 이어졌으며, 또한 2회 서울대회에서는 양국의 대학생들

---

244) 인민일보, 2002. 8. 20. '中韓婦女研討會在京召開'; 동아일보 2002. 8. 20. '한중여성 경제세미나'.

<표 3-3> 한중여성교류협회 포항지회의 중국지역과 교류활동 현황

( )인원은 한국참가자 수

주제/ 대회명	일시	장소	인원	내용	주최
韓中婦女經濟研討會及靑少年文化交流大會	2002.8.19	북경, 전국부녀연합회 국제회의장	포항지회 28(110) 총 250여명	경제, 여성정치참여, 생활 등 주제 발표	全國婦女聯合會/한중여협 공동 주최
심천부녀연합회/한중여성교류협회좌담회	2009.8.6	심천부녀연합회 2층	6명 (각3명)	교류협력 논의	심천부녀연합회
포항지회/西雙辦納부녀연합회 방문 및 교류협정서 체결	2003.10. 5-8.	중국 운남성 서쌍판납부녀연합회	포항지회 15명	학용품,컴퓨터 구입비 전달	한중여성교류협회 포항 지회/운남성 서쌍판납 부녀연합회
장학금 지원 사업	2007.5. 19-22.	중국 운남성 경 홍시 제3소학교	포항지회 10명	장학금전달	한중여성교류협회 포항 지회
西雙辦納부녀연합회포항지회 방문 및 문화탐방	2004. 5.10-13.	한국포항/ 포스코	서쌍판납부녀연 합회 6명	포항산업탐방/ 포스코 견학	운남성 서상판납부녀연합회/ 한중여성교류협회 포항 지회
韓中女學生双中言語 比賽 (第3次)	2007.5.17	북경대학교 정대(正大)국제회 의장	포항지회 30명 (95명)	북경대학 여학생 예선합격자 본선 진출/여성주부 본선진출	한중여협/북경대/ 전국부녀연합회 국제부

출처: 인민일보, 2002년 8월 20일; 동아일보, 2002년 8월 20일; 한중여성교류협회 발행 각 종 세미나 자료(2007), 중국전국부녀연합회 발행 팸플릿(2007), 포항지회 활동자료집 발췌 후 필자 작성.

의 문화 예술 공연이 다양하게 전개되어 양국청년문화를 이해하는 계기가 되었다. 특히 2007년에는 "제3차 한중여대생 양국언어말하기 대회" 가 북경대학에서 개최되어 언어교류를 통한 양국의 생활을 이해하였고 '한국어와 중국어'를 체득하는 커다란 효과를 가져왔다.[245] 무엇보다도 주목할 것은 2003년에 중국 운남성(雲南省)의 서쌍판납 부녀연합회와 한국의 포항지회는 '교류협의서'를 체결하였으며 컴퓨터 구입비 전달, 장학금 지급 등 지속적인 상호교류가 이어졌다.

---

245) 문화일보, "국적이 헷 갈리네", 2007. 5. 18.

2004년에는 서쌍 판납 부녀연합회 회장단 및 임원들이 한중여성교류협회 포항 지회를 방문하여 다도회를 개최 함으로써 양국의 차 문화에 대한 이해와 우호를 돈독케 하는 계기가 되었다. 또한 포스텍을 산업시찰하고 포스텍의 간부들과 좌담회를 통해 철강 산업에 대한 교육과 학습의 시간을 가졌다.

3) 중국유학생의 지역문화탐방과 체험학습

최근 교육과학기술부가 집계한 외국인 유학생 통계에 따르면, 지난해 4월 1일 기준 으로 국내 대학에 재학 중인 외국인 학생은 총 7만 5천850명으로 전년도(6만 3천952명) 에 비해 18.6% 증가했다. 전체 외국인 유학생 중 92.4%인 7만 133명이 아시아 출신이었으며, 그 중에서 중국인 유학생 수는 5만 3천461명으로 전체의 70.5%를 차지했다.246) 중국학생들의 한국유학에 대해 교과부 관계자는 "지리적으로 가깝고 영미권에 비해 유학비용도 저렴하다 보니 한국행을 택하는 중국 학생들이 많은 것 같다."며 "다양한 학생들을 유치하려면 여러 나라의 문화적 차이를 배려하려는 대학의 노력이 더 필요하다."고 말했으며 외국인 유학생 수를 대학별로 보면 경희대가 4천 677명으로 가장 많았고, 이어 이화여대 2천819명, 연세대 2천802명, 한양대 2천68명, 고려대 1천753명, 건국대 1천741명, 성균관대 1천 698명 등의 순이었다.247) 지역문화탐방과 관련하여 경희대학 유학생을 사례로 살펴본다. 경희대학을 대표로 든 것은, 경희대학이 국내 대학 가운데 가장 먼저 대학의 국제화에 주력하여왔고,248) 그 결

---

246) 세계일보 2010. 6. 20.

247) 세계일보 2010. 6. 20.

248) 경희대 유학생 교육지원팀 설립 TFT 보고서 자료 참고.

과 전국에서 유학생이 가장 많은 대학이며, 특히 학교당국이 아닌 자발적인 한 교과과목에서 문화탐방과 체험실습을 지속적으로 해온 것은 보기 드문 현상이기 때문이다.[249]

<표 3-4> 중국유학생들의 지역 문화탐방 사례 (경희대학교 중국유학생의 예)

일 시	장 소	참석인원	내 용
2009. 5. 10-11.	경주불국사, 경주시의회, 포항시청, 포스텍, 포스코	42명	- 경주신라문화 체험 학습 및 탐방 - 시의회 의장과 좌담회/포항시청 방문
2009.11. 26-27.	오죽현 강릉시청 강릉단오제 시행 장소, 설악산	53명	- 신사임당 답습/강릉시청 견학 - 단오제관련 영상물시청 및 단오제 시행 장소 답습/- 설악산 관광체험
2010. 5. 7-8.	안동, 문경세제, 영주, 구미	76명	- 선비촌 / 영주 부석사 - 하회마을/문경 도자기실습체험 - 구미최첨단 산업공단 견학

출처: 필자 자료제공 (2010. 11. 25).

<표 3-4> '중국유학생들의 지역문화탐방 사례'에 따르면, 2009년 5월10일에 유학생42명은 경주의 불국사, 석굴암, 경주시의회를 탐방하고 신라문화에 대한 이해와 특히 경주시의회 의장 및 의원들과 좌담회를 개최하여 질의 토론의 시간을 가짐으로서 한국의 지방의회를 직간접적으로 체험하게 되었다. 이는 비록 100여 년 전에 중국이 의회정치를 실험해본 경험이 있고 좋은 평가를 받기도 하였으나,[250] 아직은 민주정치가 궤도에 오르지 않는 상황에서 중국유학생들에게

---

249) '한국사회의 이해' 과목은 수강한 전체외국학생들에게 지역사회의 문화탐방과 체험 실습 을 학습케 한다. 이 과목은 처음에는 몇 교수들의 지원으로 경비를 충당하였으며 현재는 실습비 와 학생들의 참가비로 추진되고 있다.

250) 청 정부는 청말 의회정치를 실험하는 자의국(諮議局)을 전 성(省)에 설치하였으며, 호북성 자의국은 탕화룡(湯化龍)의장을 비롯하여 간부들이 지방의회의 역할을 충분히 발휘하여 타 성 의 모범이 되었다. 하영애, "중국 호북성(湖北省) 자의국(諮議局)에 관한 연구", 한국동북아 논총, 제13권 제1호 (2008), pp.233-235.

의회제도에 대한 이론과 실천을 병행할 수 있 다는 점에서 좋은 경험이 될 수 있다. 다음날 이들은 또한 포항시청, 포스텍, 포스코를 견학하고 포항의 산업과 문화를 고찰하였다. 동년 12월에는 강원도를 탐방하고 강릉단오제 영상물시청 및 단오제를 시행하는 장소를 답습하였다. 유학생들 중의 일부는 또한 한국의 음식문화에 대한 체험실습을 했다. 김치는 한국의 대표적 음식이다. 김치는 다양한 맛과 멋으로 해외에서도 많이 선호하며 한국의 대표적 상품으로 브랜드화 되고 있다. 김치는 한국음식문화의 근간으로서 유학생의 한국생활에서 뗄 수 없는 '생활문화'로 자리 잡고 있다. 이처럼 한국으로 유학 온 외국학생들에게 '김치담기 체험실습'은 단순히 맛뿐만 아니라 한국인의 정신, 한국의 얼을 익히고 답습하게 하는 하나의 중요한 '학습과정'이라고 할 수 있다. <표 3-5> 중국유학생의 한국김치담기 체험실습현황 사례를 살펴보자.

<표 3-5> 중국유학생의 한국김치담기 체험실습 현황(경희대학교 중국유학생의 예)

일 시	참석인원	실습내용	비 고
2007. 5월 / 10월	41/43	1. 김치의 연혁(시청각)	- 2007~2010년 상반기까지
2008. 5월 / 10월	38/40	2. 김치담그기의 공정	강원도 횡 성 견학실습 (각
2009. 5월 / 10월	42/35	3. 김치이름의 변천사	국의 교환교수 동참)
2010. 5월7-8일	62	4. 김치의 종류	- 2010년 11월 서울 인사동.
2010. 11월10일	60	5. 한국 김치 담기 실습	김치박물 관 개관.
합 계	361		

출처 : 한국 종가 집 김치(강원도 횡성 생산 공장)자료제공. 2010. 11. 20.

<표 3-5>에서 볼 수 있듯이 일부 유학생들은 한국의 음식문화를 대표하는 김치담기를 2007년부터 매 학기 실습과 체험을 하고 있다. 2010년까지 360여 명의 유학생들이 한국음식 김치담기를 직접 만들었다. 또한 학생들 외에도 미국·영국·중국에서 온 교환 교수들도

함께 문화탐방에 동참하고 직접 김치담기를 해봄으로써 생활문화 속에서 한국을 체득해보는 기회를 가졌다. 이에 대해 학생들과 교수들은 한국문화를 깊이 이해하는 계기가 되었다고 피력하고 있다.[251]

4) 한중지방자치단체의 우호 자매도시 체결과 교류

21세기 국제사회에서는 국가를 초월하여 많은 국가에서 지방도시와 교류협력이 강화 되고 있으며 현재 우리나라에서도 많은 국가와 도시 및 지방자치단체가 교류하고 있다. 한. 중 관계가 다각적으로 밀접한 관계를 유지하고 있는 시점에서 1993년 8월 24일 한 국의 부산시와 중국의 상해시가 자매도시를 맺었으며 이로써 한·중 두 나라의 우호도 시교류의 서막을 열게 된 계기가 되었다. 이러한 우호도시교류는 신속하게 확산되는 추세에 있다. 또한 최근 중국학자들의 연구 자료에 따르면, 양국의 우호도시는 72개 성·시에서[252] 점차 발전하여 1993년부터 2006년까지 90여개의 성 및 시와 우호 관계를 수립하고 있음을 제시하고 있다.[253]

또한 <표 3-6> '포항시의 해외 자매도시 및 우호도시 현황'에 따르면, 포항시는 중국의 훈춘시(琿春市)와 자매도시를, 장가항시(張家港市)와 우호도시를 맺고 있다. 훈춘시와 농업, 화공, 석탄, 기계, 식품

---

251) 미국 Ever Green University Helena Meyer-Knapp 교수, 정화열 교수, Jacguelin Pak 교수, 중국의 朱平 교수 등이 동참하였다. Helena Meyer-Knapp 교수는 김치담기는 한국생활을 체 험하는 대단히 유익한 기회였으며 사진을 강의시간에 활용하였다고 메일을 보내 왔다. 학생 들은 김치문화의 다양성, 과학적이며 위생적인 제공 과정에 대해 한국김치를 새롭게 이해하였다고 한다. 경희대 중국유학생들의 경북문화탐방기(2010. 5. 30. 책자 발간). 참고.

252) 方秀玉, "合作和平的韓中關系發展", 韓國東北亞學會, 中國楊洲大學共同主崔, 2008年度中韓 國際學術會議, 東北亞國際關係的過去, 現在及將來會議 論文集 (中國楊洲, 2008), p.34.

253) 徐文吉, "中·韓建交十五周年双边關系盤点与前景展望", 中華人民共和國 教育部 東北亞論 壇 編輯部 發行 東北亞論壇 Northeast Asia Forum, 第16卷, 第4期(總 第72期) (吉林: 東北亞論壇 編輯部 發行, 2007), p.42.

에 중점을 두고 있으며, 장가항시와는 포항산업의 대표성을 갖고 있는 철강, 화공, 자동차부품 등이 중점을 두고 있는 것이 두드러진다.

<표 3-6> 포항시의 해외 자매도시 및 우호도시 현황

국가명	도시명	시 장	자 매 결연일	인 구 (천명)	면적 (k㎡)	주요산업	비 고
중국	훈춘시 (琿春市)	姜 虎權	1995. 5. 15.	250	5,120	농업, 화공, 석탄, 기계, 식품	T86-440-751-3532 F86-440-751-2177
	中國 吉林省 琿春市 龍源街 481号						
	장가항시 (張家港市)	徐 美健	2009. 7. 26.	898	999	철강, 섬유, 유화, 화공, 자동차부품	T86-512-5879-2062 F86-512-5822-4770
	中國 江蘇省 張家港市 楊舍鎭 暨陽中路 63号('07.8.28 우호교류의향서 체결)						

출처: 경북 포항시청 국제협력팀 자료제공 (2010. 6. 23. 필자 포항방문).

그 외에도 포항시에서 추진하고 있는 자매 및 우호도시는 하북성의 당산시(唐山市), 산동성의 일조시(日照市), 광서성의 북해시 (北海市), 운남성의 곤명시(昆明市), 내몽고 자치주의 포두시(包頭市) 등을 추진하고 있다. 포항시는 중국의 많은 도시들과 다양성 산업문화를 추진하고 있으며 특히 물류도시, 항만물류확보, 천연자원확보, 신항만개항에 따른 물류기지확보 등을 통해 해양시대의 환동해 산업 중심도시로의 발전을 도모하고 있다.[254] 또한 시의 국제협력팀에서는 중국전문인을 고용하여 자료의 번역, 중문책자발간 등 활발한 움직임을 보이고 있으며[255] 이는 포항을 찾는 외국인 특히 중국인들의

---

254) "포항시의 향후 해외 자매·우호 도시 추진상황", 경북 포항시청 국제협력팀 자료제공 및 필자와 간담회 개최. 2010. 6. 23. 포항방문.

255) 포항시 60년 홍보팜플릿, 環東海商務中心港 浦項迎日灣港國際集裝箱集散港, Green-way 2010 進入迎日灣復興時代的浦項 市政現況 등 다양한 자료가 중문으로 번역되어 있어 포항시에 대한 외국인들의 이해를 돕고 있다.

이 해를 높이는 데 기여하고 있다고 하겠다. 이러한 국제 도시 간 자매결연과 관련하여 행자부 훈령(47호/2000.3.27)으로 규정되어 있는 것을 자율적으로 운영하도록 규정이 폐지(2004. 1.6)됨으로써 국제화 시대에 있어서 양국 간의 우호도시교류는 더욱 가속화 될 수 있겠다. 특히 포항과 심천 간의 다양한 문화산업교류를 확산하기 위하여 두 지역 간에 아직까지 이루어지지 않는 양 지역의 우호도시교류 체결은 지방화 시대에 우선적으로 추진해야 할 사항이라고 하겠다.

우리는 포항과 심천 두 지역 간의 심천학술회의, 양국여성NGO, 유학생문화탐방과 체험실습, 우호 도시교류의 문화산업교류활동들을 고찰하였다. 흔히 사람들은 본 만큼 알고, 관습이나 습관은 바꾸기가 쉽지 않다. 다시 말하면 자신의 학습된 신념과 전통 및 지침들을 내면화하여 그것을 실생활에 적응하고 내재화한다. 이러한 양 지역사회의 인적 매체를 통한 부단한 교류활동으로 삶의 질을 향상 시킬 수 있으며 나아가 지역 산업 발전에도 도움이 될 수 있을 것이다.

5. 포항과 심천 간의 문화산업교류 활성화를 위한 사회적 실천방안

한국에 오는 세계유학생 중 중국유학생 수가 70%를 넘고 있으며 여성들은 한류와 교육수준의 향상, 남녀평등화의 사회적 요구에 힘입어 한국으로 오는 관광객의 수는 점차 증가하고 있다. 본 장에서는 양 도시의 문화산업교류 활성화를 위한 지역사회발전 방안을 모색해보고자 한다.

1) 여성 NGO · 유학생의 문화산업체험의 확산과 지방정부의 정책지원

한국과 중국 두 나라간의 여성교류는 수교 이후 활발한 활동을 하고 있다. 양국수교 10주년 (2002년)때 [한중여성경제세미나 및 청소년 문화예술대회]를 북경에서 개최하여 당시 김하중 주중한국대사, 펑페이윈(彭佩云) 중화전국부녀연합회주석 등 여성 수백 명이 참석하였으며 한국에서는 110명이 이 대회에 참석하여 여성과 경제, 정치참여, 여성과 생활 주제의 세미나와 문화행사를 개최하여 사회각계 각층의 관심과 언론의 주목을 받았다.[256) 2004년에는 이 대회를 한국에서 개최하였고 양국의 많은 대학에서 유학생들이 각종 활동에 참여하여 청소년문화교류에 중요한 계기를 마련하였다.[257) 이외에도 한국 여성부와 중국 전국부녀연합회가 주최한 활동 '동북아여성지도자회의'(2001), 21세기 한중교류협회가 주최한 '제7차 한중여성지도자회의', 한중여성교류협회 주최의 '한중 여성 양국언어이야기 대회'(2003-2009) 등을 통해 두 나라 여성들은 학술활동, 각 국의 문화 선보이기, '한국 음식문화체험' 등 꾸준한 교류활동을 통하여 양국 민간외교에 큰 역할을 하고 있다. 지역사회에서는 '한중여성교류협회 포항지회'가 현재 '서쌍판납 부녀연합회'와 교류하고 있으며 장학금 지급, 교육물품 지원 등을 하고 있다. 앞으로는 문화산업교류의 일환으로 '심천시 부녀연합회' 등 타 여성단체와도 협력교류할 필요가 있으며 '포항의 날'을 심천에서, '심천의 날'을 포항

---

256) 인민일보, 2002. 8. 20. "中韓婦女研討會在京召開"; 동아일보, 2002. 8. 20. "한중여성 경제세미나".

257) 中韓婦女研討會及靑少年藝術交流大會 (서울: 사단법인 한중여성교류협회, 2002 · 2004),관련 자료집 참고.

에서 개최하는 것도 좋은 아이템이 될 것이다. 앞에서 논의하였듯이 유학생들은 한국지역사회에서의 문화탐방, 김치체험실습 등을 통해, 그리고 중국 사막에서의 미래 숲-나무심기를 통해 상호문화의 이해와 호의를 갖게 되었다. 그러나 이러한 문화교류탐방이 지속화되기 위해서는 지방정부의 정책이나 지원이 필요하다. 양국의 미래를 짊어질 청년유학생들의 상호교류가 무엇보다도 중요하다고 봤을 때 특히 유학생들이 상대국의 문화를 체험하고 탐방하는 프로그램 개발과 더불어 문화교류 기금도 조성되어야 한다.258) 또한 미래사회는 여성 NGO의 역할이 기대된다. 그들이 보고, 느끼고, 체득한 양국과 양 지역의 문화산업이 체계적이고 지속적으로 추진될 수 있도록 시(市)정책입안자, 여성단체, 대학교 및 연구기관이 관심을 가지고 꾸준히 추진해 나가야 한다.

2) 포항-심천 우호도시교류 체결 제의

앞에서 한중 양국은 수교 이후 지방도시와 자매도시, 우호도시 교류협력이 추진되고 있음을 보았다. 21세기는 양국문화산업의 양적 질적 팽창과 더불어 더욱 확산될 전망 이다. 수십 년 전에 필자가 하와이에 도착했을 때 들어서 익히게 된, 학습된 신념-안녕하세요(알로하)가 아직도 자연스럽게 튀어나오는 것은 바로 문화탐방의 중요한 체험 이듯이 심천과 포항을 잇는 중요한 가교로써 포항시와 심천시의 '우호도시 교류' 혹은 '자매도시 교류'를 제안 한다.

---

258) 김도희, "한중 문화교류의 현황과 사회적 영향", 현대중국연구, 제9집 2호 (현대 중국연구회, 2007), p.334.

3) 관광문화개발과 연계

심천이 오늘날 가보고 싶은 지역, 소득수준이 높은 지역으로 정착된 데는 무엇보다도 관광과 문화를 연계하여 추진한 것이 가장 중요했다. 또한 심천시위원회는 심천시가 이러한 문화산업을 '창업문화'로 까지 발전할 수 있도록 다양한 환경을 제공하였다.[259] 이는 대단히 중요하다. 최근 포항시는 국제 협력팀의 부서를 강화하고 영일만신항 개항과 더불어 컨테이너 물류산업 외에 4U 정책으로 포항을 찾는 문화관광객의 서비스의 질적 향상을 위해 최선을 다하고 있다. 또한 문화관광 국제교류 협약서를 체결하였다. 포항시와 심천시에서는 다가오는 해양문화시대의 동반자로서의 심천-홍콩, 포항-경주의 문화 고적 관광을 함께 아우르는 공동사업 등 다양한 관광문화개발을 연계하여 추진하면 쌍방이 윈윈할 수 있을 것이다.

4) 유학생 교류활성화와 인재 발굴 환경 및 문화인재 양성

인재육성은 동서고금을 막론하고 중요하다. 중국의 4대 현대화를 추구했던 덩샤오핑의 개방개혁 정책의 중요한 요소 중의 하나도 인재육성이었을 뿐 아니라 젊은 인재육성은 모든 국가와 지역사회의 발전을 위해서 중요하다. 양국에 유학하는 학생들로 하여금 포항과 심천을 상호 방문[260]하게 하는 방안은 문화산업교류의 중요한 근간이 된다고 할 수 있다. 최근 지적되고 있는 유학생관련 연구[261]는

---

259) 任珺(2010), pp.30-33.

260) 포항시청 방문 시 설명 자료 중에서. 2010. 7. 1. 10시-12시.

261) 임석준, "외국인 노동자인가 유학생인가", 21세기 정치학회보, 제20집 3호 (21세기 정치학회, 2010), pp.56-74. 참고.

양국청년교류활성화에 타산지석의 교훈으로 삼아야 할 것이다. 그러나 어떠한 어려움이 있어도 교육을 통한 양국의 교류는 활성화되어야 한다. 구체적으로는 학술교류, 교수교류, 교환학생제도 등을 비롯하여 유치원, 초, 중, 고학생교류 등으로 양 지역이 더욱 발전할 수 있을 것이다. 이런 의미에서 포항의 '호호유치원'은 좋은 사례가 될 수 있다.[262) 또한 포항공대, 한동대학과 심천대학, 과기대학 등의 대학과 연구기관의 자매결연 내지 교환교류협정 체결을 제의한다.

지역사회를 발전시킨 중요한 인물을 다방면으로 발굴하고 찾아볼 필요가 있다. 심천은 덩샤오핑의 경제특구지정으로 오늘의 발전을 가져왔으며 따라서 그를 기리는 대형의 초상화를 거리에서 쉽게 볼 수 있다. 포항은 한국의 대통령 이명박(李明博)을 탄생시킴으로써 작은 항구도시 '포항'이라는 지명이 국내는 물론 국외에 더욱 널리 알려지게 되었다. 인간은 고향을 떠나서는 살 수가 없다. 설혹 고향을 떠나 있더라도 그 지역 태생이라는 마음의 고향은 평생을 함께하고 있다. 고향인, 지역발전인, 문화인, 학자, 산업인을 발굴하여 양 지역을 더욱 발전시킬 필요가 있다.

5) 네트워크 도시의 역할과 연계모색

통계자료에 따르면, 외국인의 한국관광객이 2005년에 600만 명을 넘었고, 2008년에 는 6,890천 명이었으며 2009년에는 7,817천 명(전년대비 13.4% 증가)으로 사상최고치를 기록하였다. 경북지역 관광객은 2000년을 기점으로 지속적으로 성장하고 있으며, 2008년 관

---

262) 포항의 '호호유치원(好好幼稚園)'은 유아들에게 중국어를 배우게 하고 있으며 이들의 중국노래합창은 참석자들의 큰 호응을 얻었다. 한중여협 포항지회주최 '한중문화교류대회 및 여성경제세미나' (2009. 8. 20).

광객 수는 약 8,652만 명으로 2007년의 7,929만 명보다 약 9.1% 증가하였다.[263] 또한 한국을 방문하는 외국인 중에 경상북도를 방문한 경험이 있는 관광객은 전체의 20%를 넘고 있으며 그 중에서 포항이 5.0%, 경주가 15.6%를 기록하고 있다.[264] 통계에서 보듯이 경주는 한국문화를 대표하는 지역이다. 따라서 포항은 경주와 네트워크 도시를, 그리고 심천은 홍콩과 마카오를 네트워크 할 필요가 있다고 본다. 특히 한 설문조사에 따르면, 한국 여행 시 인상 깊었던 점으로 '독특한 문화유산이 있다. (24.7%), 산업이 발달한 나라이다(12.3%), 자연경관이 아름답다(31.8%)'의 응답률을 보였다. 이점을 보면, 앞으로 관광과 문화를 더욱 연계할 필요가 있으며 따라서 포항은 산업교류에 경주는 관광교류에 중점을 두는 방안을 고려해 볼 수 있다. 즉 경주의 관광객을 포항 포스코와 영일만으로 오게 하거나, 포항을 찾는 관광객을 경주도 탐방하게 하는 더욱 적극적인 프로그램으로 연계하여야 한다.

6. 결론

오늘날 우리는 과학물질의 발달로 시공간을 초월하여 다양한 번영을 추구하며 살고 있다. 과학문명으로 인간은 편익을 추구하고 시공간의 단축으로 동북아는 일일 생활권 속에 문화산업교류와 더불어 한·중 양국은 다양한 분야에 교류가 활성화 되고 있다. 본 연구는 한·중 양국의 문화체험과 관광활동의 비중을 중시하고 이를 문

---

263) 경상북도, 경북관광대도약을 위한 중국인 관광객 유치방안 (경상북도, 2010), p.11.
264) 경상북도 (2010), p.49.

화산업이란 개념을 적용하여 유학생, 여성 NGO, 지방자치단체의 교류활성화 연구를 시도하였다. 유학생들은 한국 지역사회의 문화탐방과 음식문화체험실습을 통하여 생활문화를 익히게 되었으며 이렇게 학습된 문화는 직간접적으로 교류활동증가에 영향을 미칠 수 있을 것이다. 또한 부분적인 양국 여성 NGO의 교류활동을 통해 여성경제세미나, 양국언어 말하기대회 등의 활동과 '한중 여성교류협회 포항지회'와 '서쌍 판납 부녀연합회'와의 자매결연 및 장학금지급 등 역동적인 교류활동을 고찰하였다. 지방자치단체교류에 관해서는 한중 양국이 70~90여 개 지역도시 간 자매도시와 우호도시교류를 체결하고 있음을 보았다. 그러나 심천과 포항 두 도시 간에는 이러한 긴밀한 교류가 아직 부재한 상황이다.

포항과 심천 두 도시는 어촌, 항구 도시라는 공통점에서 출발하여 현재는 경제도시로 주목 받고 있음은 주지하는 사실이다. 심천은 '스지에지촹'과 민속박물관 등 문화산업에 역점을 두고 변화 발전하였다. 특히 관광과 문화를 결합하여 국제관광 도시로 지정 되었으며 중국 내 3위의 국민소득으로 더욱 발전을 지향하고 있다. 포항은 포스코, 포항 영일만 항 신항 개항, 환 동해 거점도시 국제회의 개최, 국제 불빛 축제 등의 문화 산업으로 발전 중에 있다. 특히 포항제철 공장 외에 새로운 항만으로 '영일만 항'의 신항만 개항은 환 동해 거점도시로 포항이 발전하는데 기여 할 수 있을 것이다. 포항의 포스텍과 한동대학은 중국심천의 심천대학교와 남방과기대학 과의 대학간 상호교류를 비롯하여 교환학생 교류를 통하여 각 대학의 장점을 상호공유 할 수 있을 것이다. 또한 미래 해양시대에 대비해 환 동해 거점도시회의에 포항과 심천이 함께 교류를 시도해볼 수도 있을 것이다. 심천 시는 다양한 창의성 문화산업을 통해 고도로 성장·발전하고 있다.

그러나 심천시 문화특색의 육성을 위해서는 영향력 있는 국제성 문화 경축절, 각종 경연대회, 국제회의, 전람회 등 국내외의 문화교류를 적극적으로 전개하여 심천지역사회를 국제화 시대의 반석에 올릴 수 있어야 한다.

본 연구의 결과 포항과 심천간의 문화산업의 사회적 실천방안으로 다음의 몇 가지를 도출하였다. 첫째, 유학생·여성 NGO의 문화산업체험의 확산과 지방정부의 정책지원. 둘째, 포항－심천 우호도시교류 체결 제의. 셋째, 관광문화개발과 연계. 넷째, 인재육성 환경과 문화인재양성을 제시하였다. 다섯째, 네트워크도시의 역할과 연대모색이다. 이는 포항과 경주, 그리고 심천과 인접해 있는 홍콩, 마카오를 연계하는 방안은 관광과 문화 산업을 통한 각 지방자치단체에 지역적 특수성과 다양성으로 문화교류와 경제적 효과를 가져 올 수 있을 것이다.

제4부

한중・중한 여성의 민간외교

1장_여성이 주도한 북경과 서울의 대외협력 활동

1992년 한국과 중국이 국교를 수교한 이래 양국은 다양한 분야에서 많은 교류활동을 개최하였다. 특히 여성 분야의 교류활동에 대해 대표적으로 중국 중화전국부녀연합회, 북경대 대외부녀연구중심, 주한 중국대사관 부녀연의회, 한국 여성가족부, 한중여성교류협회 등을 중심으로 고찰하고자 한다.

1. 중국 중화전국부녀연합회(中華全國婦女聯合會)

중화전국부녀연합회(the All-China Women's Federation)는 1949년 3월 제1차 중국부녀 대표자대회가 열렸고, 그 결과 중화전국민주부녀연합이 결성됐다. 1957년 중화인민공화국 전국부녀연합회(부련(婦聯)으로 약칭)로 이름을 바꾼 이 조직은 중국에서 여성을 대표하

는 유일한 공적 여성조직이다. 그 목적은 덩잉차오(邓穎超)가 대표
자대회에서 한 보고에 잘 나타나 있다. "임무는 주로 여성을 동원하
고 조직하여 도시의 경제 건설에 적합한 각종 생산 사업에 참가시키
는 것이다."

1966년부터 시작된 문화대혁명 시기에 사회적으로는 남녀평등의
목소리가 커졌지만 오히려 이 조직은 붕괴 상태에 있었다. 여성을
생산의 도구로 여기는 태도에 대한 반발 때문이었다. 1978년 부련은
여성 권리의 옹호자처럼 비치며 재건됐고, 1995년에는 제4회 국제연
합 세계여성회의의 NGO 포럼을 주관했다. 무엇보다 중요한 것은
1995년 9월 북경에서 개최된 제4차 세계여성대회로서 8월 30일부
터 9월 15일까지 개최된 북경의 제4차 세계여성대회에 한국에서는
대통령부인 손명순 여사를 비롯하여 정부차원에서 50여명,95개 민
간여성단체에서 700여명이 참석하였고, 전체규모는 미국의 영부인
힐러리 여사를 비롯하여 GO가 15,000여명, NGO가 45,000여명에
이르렀다. 이 대회는 여성문제를 세계의 장으로 끌어들여서 논의하
였다. 가장 핵심으로는 '북경행동강령(Platform for Action)' 12개 항
목을 결정하고 각국은 매년 3월 미국 유엔에서 열리는 '유엔여성지
위위원회 회의(CSW)'에서 북경행동강령의 이행에 대하여 보고 및
발표를 하고 문제점과 해결방안에 대해 각국이 열띤 토론을 추진하
였다. 이 북경여성대회는 2015년 3월 UN에서 개최된 CSW에서
Beijing +20th 주년 다양한 주제 및 기념행사를 개최하였다. 부련은
<중국 부녀>를 발간한다.

2. 한국 여성가족부

정부차원에서는 한·중 수교 15주년 및 20주년을 맞이하여 여성 교류행사가 베이징 및 서울에서 개최한 사례를 들 수 있다.

2007년에는 한중수교 15주년 행사의 일환으로 한국의 [여성부]와 중국 [전국부녀연합회]가 공동학술세미나를 북경에서 개최하였고, 여성부장관 등 한국대표단 34명이 각 분야의 대표로 참여하여 의상 패션 쇼, 문화교류 등 다양한 활동을 추진하였고 그해 10월에는 중국부녀연합회 부주석을 비롯한 대표단이 한국을 방문하여 역시 양국여성 관련 세미나와 중국 특유의 다양한 문화행사가 개최되었다.

또한 한·중 수교 20주년 여성 교류행사가 베이징에서 개최한 사례를 들 수 있다.

한국 여성가족부와 중화전국부녀연합회는 2012년 6월 25일부터 27일까지 베이징에서 한·중 수교 20주년 기념 '한·중 동반 성장을 위한 여성 교류 협력 강화' 기념 포럼 등 교류 행사를 가졌다. 한·중 수교 20주년을 맞아 중화전국부녀연합회 초청으로 경제계, 학계, 문화계 등 30여명의 한국 대표단이 참가하여 기념 포럼과 한·중 여성정책 사진전, 고위급 면담 등이 이뤄졌다 포럼은 '여성과 사회발전' 및 '여성과 경제발전'이라는 2개 세션으로 진행되었다.

한국의 김금래 장관은 천즈리(陈至立)(중국전국인민대표대회 상무위원회 부위원장 겸 중화전국부녀연합회 주석) 부위원장과 만나 한중간 여성정책교류 확대방안에 대한 의견을 나누고 중국 교육부와 베이징 대학을 방문하여 청소년 정책과 양성평등 교육 협력을 논의하였다. 2012년 하반기에는 중국대표단이 한국을 방문하게 되었다. 당시 중국전국부녀연합회 부주석과 국제부 아시아처 등의 여성 고위직 관료들과 중국의 문화예술단이 한국 여성가족부 장관 및 참여팀 들에 대한 답방형식으로 참여하였으며, 역시 세미나와 문화예술공연을 하였는데 몽골의 의상과 문화를 선보이는 다채로운 공연을 펼쳐 한국인은 물론 참가한 청중들의 환호와 갈채를 받았다.

3. 북경대 대외부녀연구중심(北京大 對外婦女研究中心)

1) 여성학 과목 개설 및 발전

80년대 여성학관련 과목 개설, 90년대 베이징대학은 전공수업과 교양수업을 포함하여 10여개 여성학 과목을 개설. 1988년부터 베이징대학의 여성학 석사 학위를 수여함으로써 여성학의 과목: 기초이론, 발전사, 방법 및 방법론, 현황 연구과목을 개설하였다. 또한 매년 1-2명의 해외 여성학 전문가(미국 메릴랜드 대학, 웨슬리 대학, 산티아고 주립대학, 런던정치경제대학, 한국 이화여자대학, 한국 명지대학, 홍콩중문대학)등을 통해서 강연을 진행하고 있다.

2) 연구중심의 인적 구성

주임(主任): 예징이(叶静漪)
부주임(副主任): 위궈잉 상무(魏国英常务)、주윈(周云)、마이난(马忆南)、순리(孙丽)、퉁신(侈新).

3) 사회 프로그램

2006년: "여성에이즈감염자의 생존에 관한 조사"(학위논문 자료)

2006년: "중국인의 생활과 주관적 행복감에 대한 인터넷 조사"(학위논문 자료)

2006년: "중국부녀의 민간예술 창작 및 전시"(출판)

2007년: "소수민족 지역의 여성의 정치 참여와 문화 참여"(학위논문 자료)

2008년: "베이징 하이뎬구 빈곤지역의 노인과 여성의 생활조건 및 복지 수요에 대한 조사"(베이징시 부녀연합회 우수 연구보고서)

2009년: "커리어에 있어서 성별에 대한 인터넷 조사"(한국 숙명여자대학 주최 학술 세미나 발표 및 'Asia women'발간)

2010년: "여성과학자들의 보육과 직업 발전성에 대한 설문조사"

중문 관련 독자들을 위해서 다음의 내용을 부연해본다.

20世纪80年代中期, 北大在多个学科开设了有关女性研究的课程。

90年代以来, 北大相关院系在各自学科开出了十几门专业必修或选修课程。

1998年, 随着北大女性学硕士专业方向的设立, 逐步建立和完善了女性学课程的四个系统: 基础理论系统; 发展史系统; 方法与方法论系统; 现状研究系统。

每年聘请1—2位国外著名女性研究专家来妇女中心短期讲学(专家来自美国马里兰大学、韦尔斯利大学、圣地亚哥州立大学, 伦敦政治经济学院, 韩国梨花女子大学、明知大学, 香港中文大学, 等等)。

2006年以来，开展调研和社会实践项目主要有：

2006年，"女性艾滋病感染者生存状况调查"(学生学位论文选题材料)、
　　　　"中国人生活质量与主观幸福感网络调查"(学生学位论文选
　　　　题材料)、"中国妇女民间艺术创作与展示调研"(后出版著述)；

2007年，"少数民族地区女干部参政文化调研"(学生学位论文选题材料)；

2008年，"海淀区贫困边缘老年妇女生活状况与养老需求调研"(调研
　　　　报告获北京市妇联调研报告 奖)；

2009年，"职场性别生存与发展网络调研"(调研报告在韩国淑明女子
　　　　大学主办的学术研讨会上发 表，并被 ≪Asian Women≫
　　　　刊登)；

2010年，"女科技工作者孕哺期职业发展问卷调研"。

4. 주한 중국대사관 부녀연의회(駐韓 中國大使館 婦女聯誼會)

　수교이후 한국에 부임한 역대 중국대사와 대사부인 현황은 아래의 같이 볼 수 있다. (표 4-1 참조) 초대 장정연 대사부부는 한국어를 유창하게 하였으며 많은 한국인들과 자유 자재로운 인간관계를 구축해 나갔다. 언어의 강점은 정말 중요하다고 하겠다. 중국대사관 내에는 여성외교관을 중심으로 '부녀연의회'가 구성되어있는데 대사부인이 당연직회장을 맡고 있다.

<표 4-1> 역대 주한 중국대사와 대사부인 현황

연대별	대사 성함	대사부인 성함	비고
1992.09 – 1998.08	장 팅옌(張庭延)	탄 징(谭静)	
1998.09 – 2001.07	우 다웨이(武大伟)	마오 야핑(毛娅平)	
2001.10 – 2005.08	이 빈(李 濱)		부인 없음으로 알려짐.
2005.09 – 2008.10	닝 푸퀘이(宁赋魁)	추 칭링(初庆玲)	
2008.10 – 2010.02	청 융화(程永华)	왕 완(汪婉)	
2010.03 – 2013.12	장 신선(张鑫森)	손 민친(孙敏勤)	
2014.02 – 현재	추 궈훙(邱国洪)	이 산(李珊)	

출처: 중화인민공화국 외교부

이 부녀연의회는 한국의 여성단체와 교류를 하고 있는데, 아마도 어학과 관련하여 상호 소통할 수 있는 여성단체와 교류가 용이하니까 '한중여성교류협회'와 공동으로 자주 활동을 하게 되었다. 중국대사관 홈페이지에서 아래의 내용을 접할 수 있다.

1) 주한 중국대사관 부녀연의회 한중여성교류협회와 좌담회 개최 (2009-03-20)

왕완 여사는 인사말에서, 한중여성교류협회가 1994년 창립 이래로 중국 전국부녀연합회, 상하이부녀연합회, 베이징대학 대외부녀연구중심, 옌벤대학 여성연구소 등과 함께 교류활동을 진행해온 것을 높이 평가 하였고 중한양국 여성간 교류를 위한 본 협회의 노력에 감탄했습니다.

왕완 여사는 주한 중국대사관의 여성외교관협회와 한중여성교류협회간 교류 상황을 회고하였고, 양 협회가 중한 여성교류 증진과 중국어교육 보급 등을 위해 기여한 것을 긍정적으로 평가했습니다.

왕완 여사는 역대 주한 중국대사 부인들은 모두 한중여성교류협회
의 활동에 적극적으로 참여하고 지지를 보냈다고 하면서, 자신 역시
이를 위해 계속해서 노력할 것이라고 했습니다. 왕완 여사는 향후
양 협회가 더욱 긴밀히 협조하고 중한여성간 우호교류 증진을 위해
함께 더욱 큰 역할을 발휘하기를 바란다고 했습니다.

하영애 한중여성교류협회 회장은 대사부인의 좌담회 참석에 감사
를 표했고, 중·한 여성 간 학술교류 추진, 양국 여성기업가 교류와
양성, 중국에서의 한국어 보급, 한국에서의 중국어 보급과 이를 위
해 여러 차례에 걸쳐 개최된 학술토론회와 중국어말하기대회 및 한
국어말하기 대회 등 협회의 주요 업무에 관해 소개했습니다.

좌담회에서, 한국 여성 참가자들은 중국 여성들이 각 분야에서 큰
역할을 발휘하고 있는 것에 대해 매우 큰 관심과 깊은 흥미를 보였
는데, 중국여성들이 가정과 일을 어떻게 함께 돌보는지, 중국의 가
족계획 정책과 학교 교육에서의 남녀평등 문제 등에서부터 중국어
학습 방법 등에 이르기까지 질문이 끊이지 않았고 왕완 여사는 이에
대해 일일이 소개했습니다. 왕완 여사와 하영애 회장은 여성 활동을
주관했던 경험들에 관해 서로 이야기했습니다. 양측은 국가와 국가
간 우호관계는 사람과 사람간의 교우에서 시작되어야 한다는데 동
의했고, 양측 연합회간 활동은 바로 이에 대한 바램이 표현된 것이
라고 했습니다. 좌담회가 끝난 후 참석자들은 비빔밥과 떡, 김치 등
한국전통음식을 맛보았고, 3월에 생일을 맞은 내빈들을 위해 특별히
케익을 준비해 촛불을 붙이고 함께 생일축하노래를 불렀는데, 회의
장은 가족과 같은 따뜻함이 넘쳤고 분위기는 뜨거워졌습니다. 마지
막으로 양측은 한국 전통 민요인 "아리랑"을 한국어로 합창하면서
잊지 못할 아름다운 시간을 마무리했습니다.[265]

2) 주한중국대사관 부녀연의회 일행 한중여성교류협회 성립 15주년 기념행사에 참석(2009-8-21)

주한중국대사관 부녀연의회 명예회장인 대사 부인 왕완 여사가 이끄는 부녀연의회 일행 15명은 한중여성교류협회의 초청으로 8월 19일부터 20일까지 경상북도에서 열린 한중여성교류협회 성립 15주년 기념행사에 참석했습니다.

청융화 대사는 이번 행사에 축하 인사를 전했습니다. 청 대사는 중한 양국 수교 17년간 정치적 상호 신뢰가 부단히 심화되었고 경제교류가 빠르게 확대되었으며, 문화교류 또한 날로 활발해졌고 양국관계는 큰 결실을 거두었다고 했습니다. 그 가운데 양국의 여성들은 중요한 역할을 발휘하였고, 여성 친구들은 자신의 지혜와 행동으로써 사회의 발전과 문명의 진보를 위해 긍정적인 촉진 역할을 하였다고 했습니다. 청 대사는 이 행사가 양국 여성들의 이해와 우의를 증진시키고 서로의 정감을 더욱 심화시키기를 바란다고 했습니다.

주한중국대사관 부녀연의회 일행은 경상북도의 철강도시인 포항시에서 개최된 제3회 한중문화교류대회 및 여성경제세미나에 참석했습니다. 왕완 여사는 "현대중국여성의 노동과 취업"이란 제목으로 주제발표를 하였습니다. 왕완 여사는 많은 통계자료와 생생한 도표를 이용해 중국사회발전의 각 단계 별 여성의 노동과 취업 상황의 변화에 관해 소개하였고, 동시에 한일 양국 여성들의 취업 관련 통계자료를 통해 서로를 비교하고 중국 여성의 노동과 취업의 특징을 구체적으로 설명했습니다. 왕완 여사는 중한 양국 여성들이 앞으로

---

265) 출처: 중화인민공화국 주한 중국대사관, http://www.chinaemb.or.kr/kor/sgxx/t543469.htm
    (검색일: 2017. 7. 19.)

결혼, 출산과 육아, 취업, 여성권익 보장 등 공동 관심사에 관한 교류와 연구를 강화하여 동북아 여성사업의 발전과 조화로운 지역건설을 위해 긍정적인 기여를 할 수 있기를 바란다고 했습니다. 왕완 여사의 성실하고 상세한 설명에 회의 참석자들은 뜨거운 박수를 보냈습니다.

대사관 부녀연의회 일행은 경상북도 방문 기간 동안 신라 고도인 경주를 탐방하였고 석굴암, 불국사 등 세계문화유산을 둘러보았습니다. 또한 한국 최대의 철강생산업체인 포항제철소를 견학하고 한중 여성교류협회와 함께 중국과 한국의 전통문화가 한데 어우러진 멋진 만찬을 가졌습니다.

산동성 부녀연합회, 북경대학 중한역사문화연구중심, 한국여성경제인협회, 한국문화관광연구소, 한중여성교류협회 광주, 경주, 포항 등 지회의 300여 명이 초청을 받아 이번 행사에 참석했습니다. 중한 양국 여성들은 즐겁게 한 자리에 모여 우정을 나누고 서로의 생각을 교류하며 상호 이해와 우의를 더욱 깊게 다졌습니다.

한중여성교류협회는 중한여성우호교류사업에 전문적으로 종사하는 한국의 법인단체입니다. 주한중국대사관 부녀연의회는 이 협회와 우호교류관계를 유지하고 있습니다.[266]

---

266) 출처: 중화인민공화국 주한 중국대사관, http://www.chinaemb.or.kr/kor//xnyfgk/t581439.htm
    (검색일: 2017. 7. 19.)

5. 사단법인 한중여성교류협회
(社團法人 韓中女性交流協會)

'한중 여성교류협회'는 1994년에 창립된 사회단체로서 1999년에 문화관광부 허가 제72호에 의해 사단법인화 되었다. 주로 여성관련 학술대회, 문화교류, 여성기업인을 위한 자료제공 등을 하고 있으며, 상해부녀연합회, 북경대 여성연구중심, 연변대 여성연구중심등과 좌담회 및 간담회를 개최하는 등 양국 간의 사회문제에 대한 폭넓은 교류를 해오고 있다. 1996년에는 '중국동포 사기사건 피해자 자녀 돕기 운동'을 전개하여 연변동포 피해자녀 학생 88명에게 장학금을 현지에 가서 전달하고267) 그들의 생활상을 직접 참관 격려하였으며, 2008년에는 '쓰촨성 지진 참사 모금운동'으로 대형천막 10동을 구입하여 전달함으로서 이웃국가의 일이 바로 나의 일과 같이 아픔을 함께하였다. 이러한 국경을 초월한 따뜻한 인정은 양국 민간외교에 작은 밀알의 역할을 하였다고 하겠다.268)

1) 사업내용

(1) 한·중 여성교류를 통하여 상호간의 문화적 이해와 우호증진을 향상시킨다.

(2) 한·중 학술교류를 개최하고 이를 위해 자료와 연구성과를 교

---

267) 한·중 간의 사회문제중 하나로 중국 연변에서 한국인에게 사기당하여 하루아침에 부모가 자살하거나 집을 뛰쳐나가 소년소녀가장이 속출하는 상황이 발생하였다. 한중여성교류협회 에서는 모금운동을 개최하고 총 800만원을 모아 임원진 4명이 연변 현지를 방문하여 전달하였다. 이에 대해 'KBS 생방송 24시'에서 두 차례 보도하였다. 1995. 12. 24.; 1996. 1. 17.

268) 이러한 봉사활동들은 후일 주한 중국대사관으로부터 감사패를 수여받기도 하였다.

환한다.

(3) 한·중 여성기업인들의 교류증진을 위해 자료를 수집, 제공하며 여성 기업가 발굴, 능력을 키우도록 지원한다.

(4) 한·중 여성간의 전통문화와 예술의 상호교류를 적극 추진한다.

(5) 중국에는 한국어문을 한국에는 중국어문을 보급하여 국제화에 여성이 일익을 담당케 한다.

2) 전국지회

: 서울중앙회, 전남광주지회, 전북지회, 대구지회, 포항지회, 경주지회, 제주지회

≪최근 사업실적≫

· 2014년

(1) 한중여성교류협회 창립 20주년 기념 : [제5회 한·중·일 여성포럼 및 문화교류대회 행사]

  - 사업기간 / 장소 : 2014년 11월 21일~23일 / 서울 명동 로얄 호텔
  - 주최 : (사)한·중 여성교류협회/산동성 부녀연합회
  - 후원 : 한중우호협회, 주한중국대사관, 경북 관광협회
  - 참가국 및 내용 : 한·중 여성 포럼 및 문화탐방
  - 참가자 : 420명

· 2011년

(1) 제4회 한·중·일 여성포럼 및 문화교류대회 행사

- 사업기간 / 장소 : 2011년 9월 25일~27일 / 경북 경주시 코모
  도호텔 경주
- 주최 : (사)한·중 여성교류협회/산동성 인민대외우호협회/일
  본경제인협회
- 후원 : 문화체육관광부, 경상북도, 주한중국대사관, 재부산일
  본국총영사관
- 참가주요인사 : 중국 고수련 부총리, 경북지사, 경주시장, 일본
  총영사 등
- 참가국 및 내용 : 한·중·일 여성 포럼 및 문화교류
- 참가자 : 480명

· 2010년
(1) 제8차 [외국인 서울문화체험 주부도우미 교육 프로그램 사업]
 - 총8회 시행 수료생 총 약 500명
: 서울을 방문하는 외국인들에게 서울의 문화, 생활, 지리 등 실제
  환경을 이해하는데 도움을 주고 여성들로 하여금 어학능력개발
  을 통해 자신감과 봉사활동을 통한 보람된 생활을 느낄 수 있음.
 - 일정 : 2010년 3~10월(8개월간) 시행
 - 후원 : 서울특별시 여성발전기금
 - 장소 : 경희대학교 밝은사회 한국본부 5층대강당
 - 수료 : 50명

(2) 연구소 설립 : [한중문화교류연구소]
 - 일 시 : 2010. 2. 23
 - 사무소 : 중국 북경(조양구 신항기 국제빌딩 511호)

- 명 칭 : 한중여성교류협회 부설 한중문화교류연구소
- 연구소장 : 하영애 (협회 회장이 연구소 소장겸임)

(3) 중국심천 국제행사 : [여성과 사회발전] 포럼
- 일시 : 2010. 7. 28~30일
- 장소 : 중국심천 해경호텔
- 주최 : 한중여성교류협회/중국심천 한국인경제인협회
- 행사내용 : 한·중 경제/문화 세미나 및 친교행사, 한·중 경제/
  문화 세미나 발표 7건, 한·중 상공인과의 친교를 위한 만찬
- 참가인원수 : 국내외 150명

(4) 제4회 한중양국 여성과 사회발전 포럼과 문화교류행사
- 일시 : 2010. 11. 14~15 (1박2일)
- 장소 : 경주 코모도호텔
- 주최 : (사)한중여성교류협회/주한중국대사관 부녀연의회/북경
  대학교
- 행사내용 : 한.중 특강 및 문화교류와 친교행사
- 참가인원수 : 국내외 148명

· 2009년
(1) 제7차 외국인 서울문화체험 주부도우미 교육 프로그램 사업시행
- 일정 : 2009년 3~10월(8개월간) 시행
- 후원 : 서울특별시 여성발전기금
- 장소 : 경희대학교 밝은사회 한국본부 5층대강당
- 수료 : 60명

(2) 한중여성교류협회 창립15주년 기념대회
  - 제3회 한중 문화교류대회 및 여성경제 세미나 행사
  - 일시 : 2009년 8월 19-20.(1박2일)
  - 장소 : 경북 포항시청 문화 복지동
  - 참가자 : 한중 여협(중앙회, 각 지회), 주한중국대사관 부녀연
    의회, 중국대표 다수
  - 행사내용
  세미나 : 문화, 경제
  - 문화행사 : 고유 민속 의상 쇼, 춤, 소리, 경극 등
  - 참가인원 : 국내외 300여명

· 2008년
(1) 제6차 외국인 서울문화체험 주부도우미 교육 프로그램 사업시행
  - 일정 : 2008년 3~10월(8개월간) 시행
  - 후원 : 서울특별시 여성발전기금
  - 장소 : 경희대학교 동문회관, 밝은사회 한국본부 5층 대강당
  - 수료 : 60명

(2) 제4회 한중일 산동성 여성대회 참여
  - 행사명 : 산동세계여성교류대회
  - 일시 : 2008년 6월 5일~8일
  - 장소 : 중국 산동성 제남시
  - 내용 : 여성생활박람회 및 포럼, 문화예술교류공연 등
  - 주관 : 산동성 인민대외우호협회, (사)한중여성교류협회, (사)
    일중경제우호협회

- 참가인원 : 40여명

· 2007년

(1) '한·중 수교 15주년기념' 다양한 행사 개최 5. 17-21.

· 제3회 [한·중 여성 양국언어 말하기 대회]

  - 공동주최 : 한중 여성교류협회, 북경대, 중화전국부녀연합회

  - 주제 : 여성의 미, 효, 자유 소재

  - 장소 : 북경대학 100주년기념관

  - 후원 : 문화관광부

  - 대회참가자 : 53명

(2) 제5차 [외국인 서울문화체험 주부도우미 교육 프로그램] 사업
    시행

: 서울을 방문하는 외국인들에게 서울의 문화, 생활, 지리 등 실제
  환경을 이해 하는데 도움을 주고 여성들로 하여금 어학능력개발
  을 통해 자신감과 봉사활동을 통한 보람된 생활을 느낄 수 있음.

  - 장 소 : 동부여성플라자 세미나실

  - 일 시 : 3월~10월

  - 교육내용 : 관광가이드 기본, 중국어, 현장가이드 실습, 홈스테
    이 등

  - 교육인원 : 70명 (무료교육)

  - 후원 : 서울시 여성발전기금

(3) 제3회 [한.중.일 여성교류 대회]

  - 일 시 : 2007년 10월 25일

- 장 소 : 교육문화회관 거문고홀
- 공동주최 : 한중여성교류협회, 산동성 부녀연합회, 중국전국부
  녀연합회, 일중경제인협회
- 행사내용 : 학술포럼, 문화예술(의상 쇼, 춤, 노래 등), 친교만찬
- 후원 : 문화관광부, 여성부
- 참가인원 : 580명

・2004년
(1) 사업명 : 외국인 서울문화체험 주부도우미 육성 프로그램
- 기 간 : 2004년 7월 - 9월
- 장 소 : 잠실 향군회관 12층 중회의실
- 회수/인원 : 제2회 / 50 - 70여명
- 사업내용 : 주부들이 가진 잠재력 계발을 통해 외국인들에게
  한국인과 서울문화를 실제 체험시킬 수 있는 주부도우미를 육
  성하는 교육 프로그램으로 추진. (도우미 및 홈스테이)

(2) 사업명 : (사)한중여성교류협회 창립 10주년 기념행사
- 기 간 : 2004년 11월
- 장 소 : 서울 여성프라자
- 초청자 : 중국전국부녀연합회 부주석 등 간부 약간명, 국내 인
  사 등
- 사업내용 : 문화예술 공연(한.중 문화예술), 세미나
- 행사참여단체 : 한중 여성교류협회, 주한중국대사관 부녀연의
  회, 중국유학생회, 한중우호 대학생회 등

· 2003년

(1) 사업명 : 한·중 여성 양국 언어이야기 대회
  - 일 시 : 2003년 6월 24일
  - 장 소 : 금호아트 홀
  - 회수/인원 : 제1회 / 100여명
  - 사업내용 : 양국여성들로 하여금 실생활의 재미있는 이야기를
    중국어와 한국어로 말 할 수 있는 장을 만들어 실제적인 양국
    여성의 교류증진은 물론 민간외교부문의 여성참여를 유도함.

(2) 사업명 : 한중여성교류협회와 중국 전국부녀연합회 공동주최
    "韓·中 여성경제 세미나 및 청소년 문화 예술 교류"
  - 기 간 : 2002년 8월 19일 - 23일
  - 장 소 : 북경 개최 및 계림, 서안 문화 탐방
  - 참석인원 : 110명
  - 사업내용 : 한중수교 10주년 기념, 한중국민교류의 해, 한중여
    성교류협회 창립8주년행사의 일환으로 중국부녀연합회, 북경
    대학, 한중여성교류협회가 공동으로 양국 여성의 발전은 물론
    양국 청소년들의 문화, 예술교류를 증진시킴.

한중 수교 10주년을 맞이하여, 민간단체로써 중국 전국부녀연합
회와 10주년을 기념하는 양국여성문화교류행사를 가진 단체가 있다.
사단법인 한중여성교류협회는 당시 부련주석이던 펑페이윈 여사 앞
으로 직접 쓴 5장의 서한을 보내고 이에 펑주석이 승인하여 한국에
서는 협회의 여성회원 및 펄스위트 청소년 예술단 30여명 등 110명
이 함께 북경을 방문하였고, 전국부련의 회원 300여명과 함께 호원

건국반점에서 [한중여성경제세미나 및 청소년 문화예술교류 대회]를
공동으로 개최한 바 있다.

당시 이러한 양국 여성들의 커다란 움직임은 중국의 인민일보와
한국의 동아일보에서 크게 보도 되었다.

중·한 부녀 세미나 북경개최 인민일보 기사
인민일보 2002년 8월 20일 자

출처 : 동아일보 2012. 8. 20.

2장_NGO-한중일 여성의 교류대회

한·중·일 행사에 참가하는 여성들을 먹고 잠재우는 일이 문제였다. 서울은 아무래도 숙식비가 너무 비싸다. 특색 있는 곳으로 서울과 너무 멀지않은 장소를 생각한 것이 충북 영동이었다.

영동 포도주, 영동 장구춤 등이 유명하니까 문화 특색도 알릴 겸 1차장소로 결정하고, 답사를 갔다. 결과는 300여명을 수용 할 숙박시설인 콘도미니엄, 펜션이 시내 외각에 있어 여의치 않았고, 특히 중국에서 참여하게 될 여성부총리급, 전국부녀연합회 주석이 묵기에는 도저히 어려운 환경이었다. 숙박시설의 제2장소를 결정하기 위해 영동에서 문화행사를 하고 숙박시설이 좋은 무주구천동을 방문하였으나, 숙박시설은 훌륭했으나 영동에서 행사 후 버스 7대를 2일 동안 빌리는 비용이 만만치 않았다.

결국에는 서울로 결정하고 교직원들에게 우대해주는 서울 교육문화회관에서 행사를 하기로 결정하였다. 그러나 NGO의 어려움에 재정적 부담이 제일 어렵다는 것은 다 아는 일이다. 약400여명의 행사를 위해서는 커다란 비용마련이 쉽지 않았다.

일본의 소카 대학교 설립자이자 국제창가학회(SGI) 이케다 다이사쿠 회장 그리고 경희대학교 설립자 조영식 박사와의 대담 중에 '설립자의 고충'에 대해 이야기 한 적이 있다. 하물며 작은 단체의 설립자인 내게는 더욱 큰 고심이었다. 이즈음 사단법인 한중우호협회에서 중국의 부총리의 초청으로 회장단을 비롯한 임원10명이 중국에 가는데 내게(당시 한중우호협회 부회장) 참석여부를 물어왔다. 나는 학교일로 여건이 허락지 않았으나 참가하기로 했다. 왜냐하면 박삼구 회장께 "한중일 세 나라 여성교류대회"의 축사와 후원을 협의 드리고 싶었기 때문이었다.

그 후 북경에서 조찬이 끝나갈 무렵 나는 박 회장께 행사개요를 설명 드리고 후원과 축사를 부탁드렸다. 당시 다음과 같은 내용의 대화를 기억 해 본다.

박 회장 : 평상시 국내에 있는 시간이 적다. 한 달에 절반이상이 해외에 출장가게 되어 그때 국내에 있을지 몰라서 참석이 어려울 것 같다.

하영애 : 회장님 그건 문제가 안 됩니다 회장님이 국내에 계시는 일정에 맞추도록 하겠습니다.

박 회장 : 저는 젊은이들을 좋아합니다.

(하영애) : NGO여성들, 특히 세 나라에서 여성운동에 동참하려면 경륜이나 연류에서 젊은이들 보다는 어느 정도의 연령이 있는 중장년층이 대부분이다. 나는 박 회장의 말이

채 끝나기도 전에 얼른 다음과 같은 말을 했다.

하영애 : 회장님! 그것 또한 문제가 없습니다. 전 세계에 나가있는 아시아나 항공사 중에서 비번인(근무를 쉬는) 승무원 모두를 참석시키도록 하겠습니다.

평소에 말주변이 없는 필자인데 신(神)은, 대중국 여성단체의 설립자인 하 회장에게 손을 들어주었다. 그 후 박삼구 회장은 [한중일 세 나라 여성 교류대회]에 직접 참석하셔서 축사는 물론 2,000만원을 지원해주셨다. 물론 이 금액은 외국인들의 호텔 숙박비와 식사비로 전액 지출되었다. 먹고 자는 것이 국제행사의 중요한 지출비용 항목임을 다시 한 번 실감케 했다.

행사는 대성공 이었다. 중국 산동성 성 정부 판공실의 단위군(單毅軍)부회장은 돌아가기 전 아침식사에서 "나는 정부에서 일하는 외교관이다. 정부에서도 하기 힘든 이 큰일을 당신은 민간인으로써 해내다니 정말대단하다고 생각하다. 나는 당신의 그 정신과 의지력이 부럽다"라고 격찬하였다. 우린 그 후 사적으로도 서신을 주고받는 친구가 되었다.

나는 박 회장과 나눈 이날의 대화를 지금도 잊지 못한다. 가끔은 강의실에서 학생들에게 '의지'에 대해 설명하면서 노력하면 불가능은 없다며 하나의 사례로 들려주기도 한다.

수교 25주년이 되는 올해에 한중 양국의 무궁한 발전을 위해서 박삼구 회장은 한중우호협회 회장으로서, 나는 한중여성교류협회 회장으로서 더욱 바쁘고 감회롭게 움직일 것이다.

3장_여성은 천하의 절반
(婦女能頂半邊天)

"여성은 능히 천하의 절반을 담당할 수 있다(婦女能頂半邊天)."

1968년 마오쩌둥이 여성의 중요성을 강조하면서 남긴 말이다. 이때부터 중국에선 여성을 흔히 '반볜톈(半邊天·하늘의 반쪽)'이라고 부르기도 한다.

한 국가에서 퍼스트 레이디 역할이나 맏언니 역할은 보통 국가 원수의 부인이 맡는 게 관례다. 그러나 중국은 조금 다르다. 퍼스트 레이디는 후진타오 국가주석의 부인 류융칭(劉永淸) 여사이지만, 맏언니 역할은 보통 전국부녀연합회(부련·婦聯) 주석이 맡는다.

중국의 절반, 중국의 맏언니를 파트너로 한중우호 증진을 위해 활동하는 국내 단체가 있다. 지난 1994년 설립돼 내년으로 그 당시 15주년을 맞이하는 한중여성교류협회가 바로 주인공이다. 지난 23일 마포에 있는 한중여성교류협회 사무실에서 하영애 회장을 만났다.

유상철(중국연구소장) : 한중여성교류협회는 언제 어떤 계기로 만들어지게 됐는가?

하영애(한중여성교류협회장) : 한중 수교 2년 후인 1994년 3월 28일 창립총회를 열고 한중여성교류협회를 발족시켰다. 국제연합(UN)은 1975년을 '세계 여성의 해'로 선언하고 제1차 세계여성대회를 멕시코에서 열었다. 그 후 1980년과 85년에 이어 95년 베이징에서 제4차 세계여성대회가 열렸다. 베이징 대회를 1년 정도 앞두고 국내에서도 도래하는 동북아 시대를 앞두고 여성들의 활발한 국제적 활동이 필요하다는 분위기가 무르익었다. 89년 국립대만대학에서 박사학위를 받고 귀국한 내게 여성 교류를 위한 중국과의 모임을 만들자는 제의가 있었다. 처음에는 한국과 중국, 대만 3자를 엮으려고 했지만 대만에서는 적절한 파트너를 찾기 어려워 한중여성교류협회로 출범하게 됐다.

자료출처: 2007년 베이징에서 열린 제3회 한·중 양국 여성 언어 말하기대회 (한중여성교류협회, 북경대, 전국부녀연합회 공동주최)

유상철 : 중국이 대만을 포함시키는데 부담을 느낀 것은 아닌가?

하영애 : 그렇지는 않았다. 사회단체를 만들려면 첫째 끈끈한 정과 열성이 있어야 하고, 둘째 경제적 여유와 함께 조직력을 갖춘 사람이 필요했는데 대만에서는 이에 합당하는 마땅한 분을 찾기가 어려웠다. 여기서 한중여성교류협회 이름을 지으면서 생겼던 에피소드 한 가지를 말씀드리겠다. 나는 불교신자다. 설립 당시 이름을 짓기에 앞서 천안에 계신 스님을 찾아 이름을 상의했다. 대만에서 같이 공부했던 여자 스님이셨는데 길을 잘못 들어 대전까지 내려갔다. 이미 밤이 깊어 하룻밤을 대전에서 보내고 날이 밝은 뒤에 스님을 찾아 갔다. 중국인은 숫자 8을 좋아하는데 '한중여성교류협회' 이름이 여덟 자다. 스님도 좋다고 하셨다. 이름 짓는데 꼬박 이틀이 걸린 셈이다.

유상철 : 협회 설립이 쉽지는 않았을 것 같다.

하영애 : 솔직히 말해 어려웠다. 처음에는 사회단체로 시작해서 서울시에 등록을 했다. 여러 활동을 하면서 보니 중국 같은 큰 나라와 본격적으로 교류하기 위해서는 사회단체만으로는 한계가 있다고 생각했다. 법인화가 필요했다. 사단법인을 만들려 하니 아이 낳는 산고 이상으로 힘이 들었다. 하부 조직을 만들고 설립금 5000만원을 만드는 일도 쉬운 일이 아니었다. 우선 이사, 부회장 등 뜻을 같이 할 분들을 찾았다. 이사는 100만원, 부회장은 500만원씩 모아주셨다. 나는 식구들 모르게 대출을 받아 1000만원을 보탰다.

유상철 : 협회 설립 때부터 회장을 맡았는가.

하영애 : 사회단체 시절부터 사단법인 설립 이후 지금까지 계속 회장을 맡고 있다. 중국과의 사업은 사람을 중시한다는 특수성이 있다. 우선 언어가 중요한데 대만에서 공부한 것이 도움이 됐다.

유상철 : 여러 한중우호단체 회장 중에서는 하 회장께서 중국어를 제일 잘 하실 것 같다.

하영애 : 대만에서 8년 동안 공부해 박사를 받았다. 정치학으로 석사 논문을 지도 받을 때 미국에서 학위를 받아오신 지도교수께서 "앞으론 중국이다. 동양은 동양인이 발전시켜야 한다"고 용기를 주셨다. 논문 주제도 마오쩌둥의 군사사상이었다. 또 친정아버님이 한학자로 어려서부터 한문과 서예를 배웠다.

유상철 : 당시 여성으로서 마오쩌둥의 군사사상을 공부했다는 게 특이하게 생각된다.

하영애 : 사실 내가 여군 대위 출신이다. 군에 있으면서 마오쩌둥의 군사사상에 매료됐었다.

유상철 : 여군 경력이 있다니 흥미롭다.

하영애 : 학부를 졸업한 뒤 군에 매력을 느껴 여군 장교에 지원해 군 생활을 잠시 했다. 부모님께서 족보에서 **빼겠다**고 까지 말씀하셨지만 내가 좋은 걸 어떡하는가. 열정과 정열이 넘쳤던 것 같다. 군에서 전역한 뒤에는 대만으로 유학을 갔다. 당시 고(故) 육영수 여사 추모사업회 이사장, 박순천 여사 등과 함께 만날 기회가 있었는데 그분들의 도

움을 받아, 미국이 아닌 기타 지역 유학생으로서는 처음
으로 장학금을 받았다.

유상철 : 한중여성교류협회의 그동안 주요 활동을 소개해 달라.

하영애 : 협회 활동은 크게 국내활동과 국외활동으로 나눠 볼 수
있다. 국내 활동의 가장 큰 방향은 언어보급이다. '한·
중 양국 여성 언어 말하기대회'를 열고 있다. 올해 4회
까지 개최했다. 한국 여성은 중국어로, 중국 여성은 한국
어로 이야기하는 말하기대회다. 2003년 6월 금호 아트
홀에서 개최한 1회 대회는 장학금 규모도 제법 큰 대회
였다. 2회 대회는 2006년 9월 숙명여대100주년 기념관
에서 열었다. 당시 주한중국대사 부인도 참석하는 등 성
황리에 행사를 가졌다. 지난해 5월에는 베이징대학에서
한중여성교류협회, 베이징대학, 중화전국부녀연합회 등
이 공동으로 대회를 치렀다. 중국에서 열린 첫 대회였다.
한국에서만 70여 명이 참석했다.

유상철 : 다른 활동은?

하영애 : 국내 의료봉사, 장학금 지급 등을 한다. 국제 활동으로는
"한·중 여성경제세미나 개최 및 청소년 문화예술교류"
활동을 펼치고 있다. 2002년 8월 한·중 수교 10주년 기
념행사의 일환으로 중국에서 '한중여성 경제세미나 및
청소년 문화예술 교류' 활동을 가졌다. 펑페이윈(彭佩雲)
당시 중국부녀연합회 주석의 도움이 컸다. 상하이 부녀
연합회와도 교류하고 있다.

중국에는 한국이 여성 문제와 아동문제 해결을 잘하는

모범적인 나라로 알려져 있다. 다음해에는 중국의 전국
부녀연합회 부주석, 국제부장, 아시아처장 등이 '한국
여·아동 고찰단'을 구성해 한국에 왔다. 상하이부녀연
합회도 같은 프로그램을 구성해 온 적이 있다.

그리고 주한 중국대사 부인 및 주한 중국대사관 부녀연
의회(中國大使館 婦女聯誼會)를 초청해 야유회 겸 산업
시찰을 연다. 버스 두 대가 움직일 정도로 호응이 좋다.

유상철 : 내년도가 창립 15주년인데 특별한 활동 계획이 있는가?

하영애 : 내년에 한중여성교류협회 세미나 혹은 한국을 소개하는
문화행사를 열어 협회 설립 15주년 축하 행사를 가질 생
각이다. 뜻있는 분들의 많은 도움을 부탁한다.

유상철 : 중국여성들과 교류하면서 한국여성들이 중국으로부터
배워야겠다고 느낀 점은 무엇인가?

하영애 : 중국에는 한국이 여성문제와 아동문제 해결을 잘하는 모
범적인 나라로 알려져 있다. 반면 중국 여성들에게서 배
울 것도 많다. 우선 중국 여성들은 적극적이고 열정적이
다. 특히 지금은 중국 홍십자(적십자) 총재로 자리를 옮
긴 펑페이원 전 부녀연합회 주석과 왕춘메이(王春梅) 베
이징대학 역사학과 교수에 대한 인상이 깊다. 펑 주석은
일생을 여성과 어린이 문제 해결을 위해 바쳤다. 끈기와
열정으로 어려움을 극복한 분이다. 베이징대 왕 교수의
열정적인 일 추진에도 큰 감동을 받았다. 지난 14년간의
교류를 통해 양국 여성들이 서로의 문화를 이해하고 배
우는 기회가 많이 마련됐다. 이런 면에서 한국과 중국 여

성들의 삶의 질을 향상시킨 측면도 있다. 민간외교에 한 역할을 했다는 자부심을 느끼며, 이를 위해 계속 노력할 생각이다.

중앙일보 중국연구소 유상철 소장과 필자와의 대담.
[출처: 중앙일보, 한중 우호단체 탐방⑤ "중국의 절반을 상대로 민간외교 펼쳐요", 한중여성교류협회 하영애 회장을 찾아 2008. 12. 26.]

하영애

건국대학교 정치외교학과 졸업
건국대학교 대학원 정치학 석사
국립대만대학교(National Taiwan University) 정치학 박사
경희대학교 후마니타스칼리지(Humanitas College) 교수
북경대학(2010), 청화대학(2011) 방문교수
사단법인 밝은사회국제클럽한국본부 서울클럽 회장
사단법인 한중여성교류협회 회장
사단법인 한중우호협회 부회장
민주평화통일 자문위원회 위원 (역임)
고등 검찰청 항고심사회 위원 (역임)
재중국 한국인회 자문위원 (역임)
한국여성단체협의회 이사, 국제 관계 위원장 (부회장 역임)

조영식과 민간외교, 2017.
대만을 생각한다, 2016.
조영식과 사회운동, 2016.
조영식과 이케다 다이사쿠의 교육사상과 실천, 2016.
조영식과 평화운동, 2015.
한중사회 속 여성리더, 2015.
韓中 사회의 이해, 2008.
臺灣省縣市長及縣市議員 選擧制度之硏究, 2005.
밝은사회운동과 여성, 2005.
지방자치와 여성의 정치참여, 2005.
중국현대화와 국방정책, 1997.
한국지방자치론(공저), 1996.
대만지방자치선거제도, 1991.

한중여성의
교류와 정치참여

중국을
생각한다

초판인쇄 2017년 8월 10일
초판발행 2017년 8월 10일

지은이 하영애
펴낸이 채종준
펴낸곳 한국학술정보㈜
주소 경기도 파주시 회동길 230(문발동)
전화 031) 908-3181(대표)
팩스 031) 908-3189
홈페이지 http://ebook.kstudy.com
전자우편 출판사업부 publish@kstudy.com
등록 제일산-115호(2000. 6. 19)

ISBN 978-89-268-8122-4 93340

이 책은 한국학술정보㈜와 저작자의 지적 재산으로서 무단 전재와 복제를 금합니다.
책에 대한 더 나은 생각, 끊임없는 고민, 독자를 생각하는 마음으로 보다 좋은 책을 만들어갑니다.